전문가용

학습치료 프로그램 지침서

최정원 · 이영호 공저

학지사

머리말

임상심리학자로서 학습 문제를 지니고 있는 아동, 청소년 및 입시준비생들을 정기적으로 만나면서 심리치료의 원리와 기법들을 학습 문제에 어떻게 적용하고 통합시킬 수 있을지 고민하였다. 그리고 마침내 이 책을 준비하게 되었다. 학습 기술이나 학습 전략과 관련된 훌륭한 지침서와 논문들이 없지 않으나, 오랜 고심 끝에 이 책을 내 놓게 된 것은 몇 가지 이유에서였다. 첫째, 학습 문제에 대한 개입은 계획적이고 체계적인 접근이 이루어져야 한다는 것이다. 비교적 잘 계획되고 조직화된 워크북은 개입의 목표와 전략을 분명히 할 뿐 아니라 진행 과정을 알고 예측할 수 있게 하며, 이를 통해 치료자와 학생 모두에게 있어서 개입에 대한 사전 준비와 통제감을 가질 수 있도록 돕는다. 둘째, 학습 태도와 습관에 대한 교정에 있어서는 연속성 있는 훈련과 지속적인 자기 점검이 필요하다. 치료 시간 외에도 학생 스스로 연습 과제를 풀고 자기 점검하는 과정을 통해 개입의 지속성과 전이 효과를 높일 수 있다. 셋째, 임상 장면에서 학습치료적 개입에 대한 현실적인 요구가 증가하고 있다. 임상적 관찰과 관련 연구를 통해 볼 때 주의력결핍 과잉행동장애, 학습장애 및 정서적 문제와 관련된 학습 문제의 심각성이 점차 증가하고 있는 추세다. 따라서 학습 전략이나 기술은 임상적 적용이 가능하도록 보다 전문화되고 특수화될 필요성이 있다. 마지막으로, 다양한 학습 문제에 대한 다학제적 접근과 보다 체계화된 연구에 대한 관심이 있어야 한다. 미소뇌기능장애의 연속선상에 있는 주의력결핍 과잉행동장애와 학습장애는 인지적 특성, 학습 문제의 양상, 사회성, 행동 및 정서 발달 면에서 특징적인 어려움을 보인다. 따라서 심리학, 의학, 특수교육학 및 교육학 분야 등의 협력적인 접근이 요구된다고 할 수 있다.

학습과 관련된 문제와 그 원인이 다양하고 개인차도 크기 때문에 일괄적으로 적용할 수 있는 프로그램을 구성한다는 것이 쉽지는 않았다. 따라서 효과적인 학습 전략의 공통 영역 및 공통 원리를 찾으려고 노력하였으며, 개인차에 따라 선택적으로 적용할 수 있도록 문제 영역을 세분화하였다. 이와 관련하여 이 책의 특징을 열거해 보면 다음과 같다. 첫째, 학습과 관련된 제반 주제와 문제 영역들이 총체적으로 다루어질 수 있도록 구성되었다. 둘째, 각 장은 문제의 영역이나 개입의 목표에 따라 선택적으로 적용할 수 있게 되어 있다. 셋째, 다루어지는 주제는 학습과 관련된 일반 능력의 향상과도 관련되어 있어서 임상적 적용뿐 아니라 일선 교육 현장에서 활용 가능하다. 넷째, 각 장별로 학생용 워크북이 따로 마련되어 있어서 개입 준비 절차가 간소화될 수 있으며, 학생들 스스로 주요 내용을 확인하고 연습하며 자기 점검하는 것이 용이하다. 다섯째, 지침서에는 치료 시 활용하는 카드 자료를 별책으로 준비하여 약간의 수작업을 통해 즉각적으로 사용할 수 있게 하였다. 여섯째, 예시와 연습 문제의 내용을 주로 교과서에서 발췌하여 교과 내용과의 연계가 이루어질 수 있도록 하였다.

다음으로, 이 책의 제한점이라 할 수 있는 내용을 제시하면 다음과 같다. 첫째, 워크북의 특성상 학습 개입의 실제에 보다 더 집중하였고, 학습치료의 근간이 되는 심리치료이론, 원리 및 기법에 대한 내용은 체계적으로 제시하지 않았다. 치료적 지향과 경험에 따라 다양한 형태의 치료적 적용이 가능할 수 있겠으나, 기본적으로 인지치료의 원리와 기법에 대한 이해는 본 워크북을 보다 효과적으로 활용하는 데 도움이 될 것으로 생각되는바, 인지치료와 관련된 주요 저서를 참조하길 바란다. 둘째, 학습과 관련된 이 책의 구성 내용은 약 1970년 이후로 지금까지 계속되고 있는 선행 연구 결과 및 이를 토대로 한 관련 저서에 기초한 것이지만, 경험적으로 확증된 것이 아니다. 따라서 앞으로 체계화된 연구가 필요하며, 따라서 임상 및 교육 장면에서 적용하는 데 있어서는 신중함이 요구된다. 연구의 한 방향으로서는 학습 개입에서 강조되고 있는 초인지의 구성 개념과 심리적 요인 간의 관계성을 밝히고, 개입 효과의 지속성, 일반화에 영향을 미치는 정서적, 성격적 변인에 대한 탐색과 확인이 있어야 할 것이다. 또한 국내의 교육 환경에 맞는 고유한 학습치료 프로그램이 지속적으로 개발되고, 그에 따른 타당성 검증이 진행되어야 한다는 것은 큰 과제라 할 수 있다. 마지막으로, 본 학습치료 프로그램의 적용 대상이 초등학생부터 고등학생까지인데, 내용 면에서 학년이나 수준별 구분이 명확히 이루어지지 않았다. 이 역시 향후 과제로 남겨 두어야 할 것 같다.

끝으로, 이 책이 나오기까지 도움을 주셨던 분들에게 감사의 인사를 전하려 한다. 먼저, 인간에 대한 깊은 이해와 겸손의 미덕을 가르쳐 주신 가톨릭대 심리학과 교수님들께 진심으로 감사의 마음을 전한다. 학습치료에 관심을 갖게 하고 신의를 보여 주셨던 윤정섭 원장님께 감사의 인사를 빠뜨릴 수 없다. 임상 장면에서 실제 경험의 폭을 더할 수 있도록 도와주신 신지용 원장님께도 감사를 표한다. 가장 가까이서 자료 준비와 교정 작업을 꼼꼼히 도와준 김태연, 이미순 선생과 원고 준비에 여념이 없을 때 힘을 실어 준 연구원 선생님들께 고마움을 전한다. 학습치료에 관한 다양한 의견을 주신 워크숍팀 선생님들께도 진심어린 감사의 인사를 드린다. 그리고 이 책이 결실로 이어질 수 있도록 기꺼이 허락해 주신 학지사 김진환 사장님과 최임배 부장님께 깊은 감사를 드린다. 또한 세심한 손길로 원고를 손봐 주신 편집부 직원들께도 깊은 감사의 마음을 전한다. 관련 분야에서 학습 개입에 관한 연구를 해 오신 여러 학자들과 선생님들께 멀리서나마 감사의 인사를 전한다. 자료 수집의 과정에서 막막할 때 큰 도움이 되었다. 그리고 이 책의 또 다른 한켠을 채워 주실 분들은 다름 아닌 독자들이다. 아낌없는 관심으로 이 책이 새로 태어날 수 있도록 도움을 주시길 바란다. 마지막으로, 그러나 무엇보다 중요하게는 한결같은 마음으로 연구소를 방문해 주시는 부모님들과 학생들에게 깊은 감사의 마음을 전한다. 이 분들이 없었더라면 결코 이 책은 만들어질 수 없었을 것이다.

2006년 7월

저자대표

최 정 원

e-mail: wise-mind@hanmail.net

차례

제 1 장

서 론

1. 학습치료의 정의
2. 학습치료에서 활용되는 학습 개입의 분류
3. 효과적인 학습 개입의 기본 원리와 특성
4. 학습치료 지침서의 구성내용
5. 각 장의 개요
6. 지침서와 학생용 워크북을 사용할 때의 주의점

1 학습치료의 정의

학습치료는 심리치료이론과 기법에 근간을 두고 학습능력 향상을 목표로 하는 학습 전략(study strategy)이나 학습 기술(study skills)을 임상 장면에서 치료적으로 활용 및 적용하는 것을 말한다.

학업 성취는 선천적으로 타고난 지능 수준, 학습능력, 교육 및 공부에 필요한 구체적인 인지적 기술과도 관련이 있으나, 학습에 대한 인식, 태도, 습관, 자발적인 흥미, 동기, 정서, 좌절을 견디는 힘, 지속적인 노력과 끈기, 목표의식, 유연하고 창의적인 사고 및 자율성 등의 심리적 요인 및 특성과 관련이 깊다. 따라서 학습자의 인지, 정서, 사고 및 행동 간의 균형을 도모하고 강화하는 심리치료적 접근을 통해 학습자의 학업수행능력과 효율성을 높이는 것이 학습치료의 목표다. 학습치료의 세부 목표가 될 수 있는 것들을 제시하면 다음과 같다.

- 학습동기 : 내재적 동기의 발견 및 격려
- 학습에 대한 재인식
- 자기 이해 및 자기 관리
- 지적 호기심과 탐구심
- 집중력
- 사물에 대한 관찰력
- 자발적인 문제해결력
- 기본적인 언어적 이해, 표현 및 개념화, 수학적 개념 이해
- 사고력
- 좌절을 견디는 힘
- 지속적인 노력의 가치 인식
- 창의성의 격려
- 협력의 가치 인식
- 시행착오의 수용
- 실수에 대한 내성
- 과제 적극성
- 계획성 및 목표의식 함양
- 안내자 및 협력자로서 스승, 어른에 대한 가치 인식

- 과도한 경쟁심의 지양
- 인지적 의존성의 지양
- 학습의 자율성 함양
- 초인지적 문제해결(지각 및 판단, 계획, 실행, 검토, 교정적 사고활동)
- 감정 인식 및 조절
- 효과적인 학습 방법의 습득

2 학습치료에서 활용되는 학습 개입의 분류

1) 본질상의 분류

학습 개입을 본질에 따라 분류하면 크게 인지적, 초인지적, 정의적 개입으로 구분할 수 있다(Hattie, Biggs, & Purdie, 1996). 인지적 개입은 특정한 학습 관련 기술의 개발이나 증진에 초점을 두고 밑줄긋기, 필기법, 요약하기 및 기억술 등을 포함하는 다양한 학습 기술이나 전략에 관한 교육을 강조한다. 초인지적 개입은 사고에 대한 사고능력, 자기관리능력의 향상에 초점을 두고 계획, 실행, 감찰, 교정과 같은 학습 관련 태도나 문제에 대한 접근 및 해결 방식의 전반적인 변화를 강조한다. 정의적 개입은 학습자의 정서, 의지 등에 초점을 두고 학습동기, 태도, 자기개념, 자기효능감, 자존감, 귀인 양식 등 정서 및 성격적 측면을 강조한다.

본질에 따른 분류 유형은 절차적 지식이나 명시적인 기법이라기보다는 치료, 상담 및 교육 운영 체계의 특성이나 원리가 될 수 있는 것으로서 개입의 목표뿐 아니라 치료자의 학문적 배경, 지향, 임상 및 교육 경험에 따라 그 강조점이나 적용 방식이 달라질 수 있다. 학습치료에서 활용될 수 있는 본질적 분류에 의한 개입 프로그램은 개입의 목표에 따라 어떤 한 가지에 집중할 수도 있고, 세 가지 특성을 모두 지닐 수도 있다.

2) 내용상의 분류

학습 개입을 내용에 따라 분류하면 Biggs와 Collis(1982)를 참조로 하여 크게 네 가지로 구분할 수 있다. 첫째, 단일구조적 개입(unistructural intervention)은 하나의 특성이나 차원에 기초하는 것으로 알고리즘(일정한 계산 기준을 정하기 위한 일련의 규칙)에 대한 지도, 밑줄치기, 강조하기, 기억 및 불안 경감 등과 관련된 단일 요인에 초점을 둔 개입을 말한다. 둘째, 중다구조적 개입(multistructural intervention)은 개인차 혹은 내용이나 맥락적 요구에 대한 통합이나 조화는 없으나, 폭넓은 범위의 독립적 전략들이나 절차를 포함하고 있는 것이다. 예컨대, Haslam과 Brown(1968)에 의해 제안된 '효과적인 공부 기술 과정'은 효과적인 시간 활용, 독서 및 쓰기 전략, 시험 준비 및 시험 치르기 전략, 현실적인 목표 설정, 비법 주고받기 등이 주요 내용이다. 셋째, 관계적 개입(relational intervention)은 다루어지는 모든 요소들이 개별적인 자기 평가에 맞게 통합되며, 특정한 과제나 맥락적 요구에 맞게 조정되는 것이다. 다시 말하면 학습자의 개별적인 특성으로서 지능, 성취 수준, 동기 수준, 정서 및 성격적 특성 등을 고려하여 학습자 개인에게 보다 적합한 내용을 선택해서 적용하는 것이다. 넷째, 개념 확장 개입(extended abstract intervention)은 사고에 대한 사고, 초인지적 사고를 가르치는 데 초점을 둔 것으로

〈표 1-1〉 **내용 및 본질에 따른 학습 개입의 분류**

내용 본질	단일구조적 개입	중다구조적 개입	관계적 개입	개념 확장 개입
인지적 분류	• 인지적-단일구조 개입 예 효과적인 기억 방법 알기	• 인지적-중다구조 개입 예 기억술 및 노트 필기법	• 인지적-관계적 개입 예 학습장애를 갖고 있는 초등 1년 학생을 위한 음운 인식 및 낱자 변별 학습	• 인지적-개념 확장 개입 예 개념 간의 비교 및 분류
초인지적 분류	• 초인지적-단일구조 개입 예 기억 전략의 선택과 응용	• 초인지적-중다구조 개입 예 필기법에서의 기억 전략의 응용	• 초인지적-관계적 개입 예 학습장애를 갖고 있는 초등 3년 학생을 위한 수학적 문제해결 전략	• 초인지적-개념 확장 개입 예 삼단논법
정의적 분류	• 정의적-단일구조 개입 예 시험불안 다루기	• 정의적-중다구조 개입 예 시험불안 다루기, 학업 스트레스 관리, 인지행동적 주의집중 훈련	• 정의적-관계적 개입 예 강박성향을 갖고 있는 고등학생을 위한 시험불안 다루기	• 정의적-개념 확장 개입 예 추론 활동을 통한 학습 흥미 및 동기 증진

Fruerstein(1969)의 '도구적 증진 프로그램(Instrumental Enrichment Program)'이 대표적인 예다. 개입의 목적은 자율적이고 독립적인 학습이 이루어지도록 개인의 인지적 기능에 대한 구조적 변화를 꾀하고 있으며, 사고력 개발 프로그램으로 간주되기도 한다.

본질상의 분류와 마찬가지로 내용상의 분류 역시 선택될 수 있으며, 〈표 1-1〉에 제시된 것처럼 조합될 수 있다. 그러나 표에 제시된 것은 이론상의 분류이며, 두 가지 이상의 조합도 가능하다(예 : 중다구조적-관계적-개념 확장 개입). 이해를 돕기 위하여 예를 제시하였으며, 대부분은 이 책의 내용으로부터 선택되고 응용될 수 있는 프로그램들이다.

3 효과적인 학습 개입의 기본 원리와 특성

Levin(1986)은 효과적인 학습 개입 프로그램이 되기 위해서는 다음과 같은 네 가지 원리가 적용되어야 한다고 하였다. 첫째, 서로 다른 학습 개입은 서로 다른 인지 목표를 충족시킨다. 따라서 필요한 인지 습득에 적합한 학습 기술이 개발되어야 한다. 둘째, 효과적인 학습 기술은 동일하다고 증명할 수 있는 요소가 있어야 한다. 그러므로 학습 기술과 학습자 정보처리 과정에서 일상적인 공통 요소를 분석하여 수행해야 한다. 셋째, 학습 기술은 학생의 지식과 기능을 고려해야 한다. 즉, 어떤 기술이나 전략을 적용하기에 앞서 학생의 특수한 지식과 기술을 고려해야 한다. 마지막으로, 효과적인 학습 기술로 간주되기 위해서는 경험적인 타당성이 요구된다. 또한 효과적인 학습 기술을 습득하는 것은 모든 학습자들에게 가치 있는 경험이 되지만, 일반화되지 않는다면 그 의미는 제한될 수밖에 없다. 따라서 학습 기술을 습득하도록 돕는 프로그램은 일반화의 중요성이 강조되어야 한다.

위의 네 가지 기본 원리에 초점을 둔 체계적인 연구 결과들은 부족한 형편이나, 학습 기술 개입과 관련된 메타 분석을 통해 효과적이라고 생각되는 개입의 특성들이 확인되었으며(예 : Hattie, et al., 1996), 이를 요약해 보면 다음과 같다. 첫째, 대체로 학습 개입은 구체적인 학습 기술을 포함하는 인지적 측면, 사고 패턴, 학업 특성 및 기억과 이해를 돕는 기법에 대한 자기 인식과 개인적 통제와 관련된 초인지적 측면, 그리고 자기개념, 자기효능감, 성취동기와 같은 정서적 측면의 조합으로 이루어져 있다. 둘째, 성공적인 학습 개입은 수행 그 자체보다는 정서적 변인에 미치는 영향이 큰 것으로 나타났다. 이와 관련하여 McCombs(1984)는 학습에 있어서 동기를 강조하고 수행 자체보다는 정서적 변인과 과정에 초점을 두었다. 셋째, 기억 전략과 같은 단일구조 개입이 일반적으로 효과가 크다고 보고되었으나, 또 다른 연구에서는 중다구조 개입이 단일구조 개입보다 효과가 크다는 결과가 제시되었다. 특히, 학습 기술뿐 아니라 행동적 · 자기통제적 요소들이 결합된 개입이 가장 효과적이었다. 넷째, 학습 개입의 효과가 다양한 맥락에 전이되기보다는 제한적인 경향이 있다. 이와 관련하여 학습 기술 프로그램의 훈련 과제와 실제 시험 과제 및 교수 맥락은 밀접히 관련되어야 할 필요성이 강조되었다. 다섯째, 학습 개입 효과의 전이, 일반화와 관련하여 성취동기, 자존감 및 자기개념과 같은 정서적 · 동기적 측면이 강조되었으며, 이와 함께 자존감과 성취동기는 학습에 대한 접근, 처리 수준에 영향을 미칠 수 있다는 결과를 보여 주었다.

이상의 결과에 기초하여 임상 및 교육 장면에서 활용될 수 있는 성공적인 학습 개입의 특성을 크게 세 가지로 요약해 보면 다음과 같다. 첫째, 우선 학습 기술 개입은 인지적, 초인지적, 정서적 요인들을 포함하여야 한다. 둘째, 학습 기술 개입에 포함되는 구체적인 인지적 개입들은 실제의 학습 맥락과 밀접히 관련되어야 한다. 셋째, 학습 기술 개입 효과의 지속성, 일반화, 학습에 대한 접근, 처리 수준의 관점에서 정서 및 개인의 성격 변인들이 특별히 강조되어야 한다.

4 학습치료 지침서의 구성내용

학습 개입과 관련된 선행 연구 결과, 프로그램에 관한 저서 및 학습 관련 평가지를 통해 학습 개입의 구성요소 및 평가의 하위 요인이라 할 수 있는 것들을 〈표 1-2〉에 제시하였다. 본 지침서에서 제시된 학습치료의 내용은 앞에서 살펴본 성공적인 학습 기술 개입의 특성으로 요약된 사항들을 반영할 수 있도록 구성되었다. 첫째, 구체적인 학습 기술을 포함하는 인지적 측면, 자기 인식과 개인적 통제와 관련된 초인지적 측면, 그리고 자기개념과 동기와 같은 정서적 측면을 통합할 수 있도록 구성하였다. 둘째, 학습 맥락에 대한 강조점과 관련하여 치료에서 활용되는 자료, 예시문 및 연습 문제 등은 주로 현행 교과서를 참조하였다. 셋째, 학습 개입 효과의 지속성 및 일반화의 측면에서 정서적·개인적 성격 변인들이 강조되었는데, 이는 사실상 학습치료의 주요 영역이라 할 수 있다.

이 밖에 내용 면에서 임상 장면에서 자주 접할 수 있는 주의력결핍 과잉행동장애와 학습장애에 적용될 수 있는 프로그램, 시험불안 및 학업 스트레스 관리 전략 등 기존의 학습 개입 프로그램에서 주요하게 다루어지지 않았던 임상적 문제 영역을 추가하였다. 본 지침서 각 장의 내용은 다음과 같다.

- 학습동기 향상 전략
- 주의집중력 향상 전략
- 기억력 향상 전략
- 효과적인 읽기 및 필기 전략
- 사고력 향상 전략
- 효과적인 외국어 학습 전략 : 영어
- 수학적 문제해결 전략
- 학습장애를 위한 치료적 전략(학생용 워크북의 이름은 '기초학습능력 향상 전략')
- 시험불안 다루기 전략
- 시험 전략
- 효과적인 시간 및 공간 관리 전략
- 학업 스트레스 관리 전략

〈표 1-2〉 **학습 개입의 구성요소 및 평가의 하위 요인**

저 자	구성요소 및 평가의 하위 요인
김동일(2005)	• 연쇄화 학습 전략 • 다각적인 발상기법을 통한 학습 전략 • 개념도 학습 전략 • 질문 생성 학습 전략 • 전략적 읽기 학습 전략 • 자기 조절 학습 전략 • 시간 관리 훈련 프로그램 • 구조화된 협동학습 전략 • 외국어 학습 전략 • 학습 전략 프로그램

변영계, 강태용(2003)	◦ 학습 환경과 자기 관리 기술 ◦ 수업 청취 기술 ◦ 노트하기 기술 ◦ 읽기 기술 ◦ 시험 치르기 기술 ◦ 쓰기 및 보고서 작성 기술 ◦ 학습동기 향상 ◦ 기억술
한국교육과정평가원(1999)	◦ 학습동기 강화(자기존중감, 귀인, 자기조절학습능력) ◦ 학습 관리 전략(학습 시간 관리 및 습관 개선, 학습 환경 관리) ◦ 일반학습 수행 전략(주의집중, 기억, 정교화, 시험 치르기) ◦ 과제특수학습 전략(독서, 수학 문제 해결 전략)
Carter, Bishop, & Kravits(2000)	◦ 목표 설정 및 시간 관리 ◦ 자기 인식 ◦ 비판적·창의적 사고 ◦ 읽기 및 학습 ◦ 경청 및 기억 ◦ 필기 및 조사 ◦ 효과적인 쓰기 ◦ 시험 치르기 ◦ 인간 관계 ◦ 개인적 안녕 ◦ 경력 및 재정 관리
Gall, Gall, Jacobsen, Bullock(1990)	◦ 자기 관리 기술 ◦ 수업 참여 기술 ◦ 읽기 기술 ◦ 쓰기 기술 ◦ 시험 관리 기술
Haslam & Brown(1968)	◦ 효과적인 시간 활용 ◦ 읽기 및 쓰기 전략 ◦ 시험 준비 및 시험 치르기 전략 ◦ 현실적인 목표 설정 ◦ 학생들 간 비법 주고받기
Luckie & Smethurst(1996)	◦ 투입 기술 : 듣기, 노트 정리, 읽기, 투입적 수업 참여 ◦ 과정 기술 : 자기 관리, 시간 관리, 집중력, 학습 관리, 기억 관리, 시험 준비, 과정적 수업 참여

Luckie & Smethurst(1996)	• 산출 기술 : 시험 치르기, 시험불안 다루기, 논문과 보고서 준비, 산출적 수업 참여
Mckeachie, Pintrich, & Lin(1985)	• 인지적 학습 전략(시연, 정교화, 조직화) • 초인지적 학습 전략(계획, 점검, 조정) • 자원 관리 전략(시간 관리, 공부 환경 관리, 노력 관리, 조력 추구)
Roberts(1999)	• 시간 관리 • 주의집중 및 기억 • 학습 양식 • 비판적 읽기 및 사고 • 주요 아이디어 추출 • 교과서 도표 해석 • 교과서 조직화 양식 이해 • 어휘 습득 전략 • 교과서 학습법 • 필기법 • 대학에서 쓰기 • 시험 치르기 기술
Strichart, Mangrum II, & Iaanuzzi(1998)	• 정보 기억 전략 • 읽기 및 필기법 • 수학적 문제해결 • 수업 시 필기법 • 도서관 이용법 • 인터넷 활용법 • 참고문헌 활용법 • 도표 해석법 • 보고서 작성법 • 시험 준비 및 시험 치르기 • 공부 시간과 환경 관리
Thomas & Rohwer (1993)	• 초벌 읽기 • 수업 참여 활동(수업, 토론 및 기타 활동) • 시험 준비
Van Ede & Coetzee(1996)	• 정보처리 과정에 대한 효과적인 조절과 감찰 • 부호화와 회상을 돕는 기억 전략에 대한 지식과 활용 • 학습 자료에 대한 심층적인 이해, 통찰을 이끌 수 있는 과정에 대한 적용 및 탐구적 태도 • 기억 수행의 효율성과 관련된 심리적 요인

Weinstein & Mayer(1986)	• 시연 전략 • 정교화 전략 • 조직화 전략 • 이해 점검 전략 • 정의적 · 동기적 전략
Weinstein, Palmer, Schulte(1987)	• 동기, 태도, 불안 • 시간 관리 • 주의집중 • 정보처리 • 주요 아이디어 선택 • 학습 조력 • 자기 검열 • 시험 전략

5 각 장의 개요

1) 학습동기 향상 전략

동기의 개념 및 이론으로서 Maslow의 욕구의 위계를 비롯하여 내 · 외재적 동기, 성취동기에 관한 개념 등을 소개하였다. 학습동기화 모형으로 Keller의 ARCS(Attention, Relevance, Confidence, Satisfaction)를 제시하였으며, Stipeck(1998)을 참조로 하여 동기 향상의 효과적인 실천 원리를 소개하였다. 학습동기 향상을 위한 전략 프로그램은 목표 및 가치의 인식, 학습동기를 위한 실천 방안 및 자기 이해의 장으로 구성하였고, 세부 활동별로 13개의 프로그램이 있다.

2) 주의집중력 향상 전략

주의집중력과 관련된 이론적 고찰로서 주의집중력의 개념과 주의 과정의 분류를 간략히 언급하였다. 주의집중 전략으로서 자료중심적 전략, 의미중심적 전략 및 수업과정적 전략을 제시하였으며, 주의력과 관련된 대표적인 문제인 ADHD(Attention Deficit Hyperactivity Disorder)의 1, 2차적 특성과 치료에 관한 내용을 요약하였다. 주의집중력 향상 전략 프로그램은 주의집중력 평가 및 원인 탐색, 주의집중력을 향상시키기 위한 지침, 단계별 주의집중력 향상 전략으로 구성하였고, 세부 활동별로 43개의 프로그램이 있다.

3) 기억력 향상 전략

기억에 관한 이론적 고찰로서 기억의 정의, 기억이론 및 분류를 언급하였으며, Flavell과 Wellman(1976)을 참조로 여덟 가지의 기억 전략과 관련된 원리들을 제시하였다. 기억력 향상법으로서 머릿글자 활용법, 문장 만들기, 리듬이나 패턴을 이용하는 법, 시각적 이미지, 요령, 사건 계열화, 모양, 변형 및 강조 전략, 범주화, 그래픽 조직화를 포함한 열 가지 구체적인 전략들을 소개하였다. 이어, 학습장애와 주의력결핍 과잉행동장애의 학습 및 기억 과정에서의 특징과 문제를 임상적 관찰에 기초하여 제시하였다. 기억력 향상 전략 프로그램은 학습 준비, 기억 전략 실습으로 구성하였고, 세부 활동별로 21개의 프로그램이 있다.

4) 효과적인 읽기 및 필기 전략

이론적 고찰로서 읽기의 개념, 읽기능력의 발달 단계, 읽기 과정 모형, 노트필기의 개념, 가치, 경청 기술 등을 언급하였다. 읽기 지도와 관련해서는 Barrett(1976)의 읽기 기능 목록 및 세 가지 읽기 전략 지도 모형을 소개하였다. 읽기 전략 지도의 구체적인 내용으로는 자기질문법(Stewart & Landine, 1995), 읽기 시작 단계에서의 주의집중, 읽기 이해력을 증진시킬 수 있는 방법, 읽기 속도를 증진시킬 수 있는 방법 및 SQ3R 등을 제시하였다. 이어, 읽기 전략 지도의 일반적인 교수 지침을 소개하였으며, 노트필기를 위한 가이드라인, 수업 과정별 노트필기법, 핵심개념 찾기, 필기기법, SQRW(Survey, Question, Read, Write), 코넬 노트필기법 및 글의 종류에 따른 노트필기의 다양한 형태 등을 다루었다. 효과적인 읽기 및 필기 전략 프로그램은 학습 준비, 효과적인 읽기 및 필기 전략으로 구성하였고, 세부 활동별로 31개의 프로그램이 있다.

5) 사고력 향상 전략

이론적 고찰로서 사고력의 개념, 사고력의 구성요소, 사고 교육의 모형, 창의적 사고의 개념 및 창의적 사고 학습법, 비판적 사고의 개념 및 비판적 사고 학습법을 언급하였다. 사고력 신장 프로그램의 유형으로서 인지과정 접근, 발견법적 접근, 형식적 사고 접근, 언어 ·상징적 조작 접근 및 사고에 대한 사고 접근을 제시하였다. 사고력 향상 전략 프로그램은 사고력의 개념 이해, 창의적·논리적·비판적 사고를 증진시키기 위한 전략 및 언어적 추론능력 향상으로 구성하였고, 세부 활동별로 21개의 프로그램이 있다.

6) 효과적인 외국어 학습 전략 : 영어

이론적 고찰로서 외국어 학습 전략의 개념, 외국어 학습 전략의 분류에 관한 내용을 제시하였으며, 어휘 습득 전략 및 실제적인 어휘 지도 방안으로서 정교화 전략, 사전을 통한 어휘 지도, 어원을 통한 어휘 지도, 연어관계를 통한 어휘 지도, 구조적 분석 및 파생어 관련 어휘 지도, 문맥단서를 활용한 어휘 지도 및 시각적 단서를 통한 어휘 지도 등에 대한 내용을 소개하였다. 효과적인 외국어 학습 전략 프로그램은 효과적인 외국어 학습 전략 리뷰, 효과적인 외국어 학습 전략 실제로 구성하였고, 세부 활동별로 30개의 프로그램이 있다.

7) 수학적 문제해결 전략

이론적 고찰로서 수학적 문제해결의 개념, 수학적 문제해결과 초인지, 수학적 문제해결 모형을 제시하였으며, 문장제 수학문제 풀이를 위한 ISLAND(Identify, Select, Line up, Accent, Note and compute, Double check) 전략을 소개하였다. 수학적 문제해결 전략 프로그램은 수학적 태도 점검 및 수학능력 향상을 위한 실천 방안, 논리적 탐구 활동을 통해 수학과 친해지기 및 초인지적 수학능력 향상을 위한 ISLAND 전략으로 구성하였고, 세부 활동별로 9개의 프로그램이 있다.

8) 학습장애를 위한 치료적 전략

이론적 고찰로서 학습장애의 개념, 학습장애 아동의 특성, 학습장애의 평가에 대한 내용을 제시하였다. 이어, 학습장애의 치료 및 교육적 접근을 전략적 개입과 교육적 개입으로 나누어 소개하였으며, 특수한 문제에 대한 개입을 제시하였다. 학습장애아를 위한 치료적 전략 프로그램은 자모 및 낱자 익히기, 음운 인식 훈련을 통한 심화 학습, 어휘 유창성 향상, 문장력 및 읽기 이해력 향상으로 구성하였고, 세부 활동별로 30개의 프로그램이 있다.

9) 시험불안 다루기 전략

이론적 고찰로서 시험불안의 정의, 시험불안에 관한 이론적 접근, 시험불안 치료를 위한 개념적 모형, 시험불안 감소를 위한 인지행동 수정요법 및 시험불안 치료에 관한 선행 연구 결과를 간략히 언급하였다. 시험불안 다루기 전략은 시험불안의 정의와 증상, 시험불안을 극복하기 위한 아홉 단계, 시험불안 극복을 위한 그 밖의 방법들로 구성하였고, 세부 활동별로 20개의 프로그램이 있다.

10) 시험 전략

이론적 고찰로서 시험 전략의 개념에 대해서 언급하였고, 이어 시험 전략의 구체적인 내용을 소개하였다. 시험 전략 프로그램은 시험 준비 기술, 시험 치르기 기술, 시험 유형별 대처 전략 및 시험 후 학습으로 구성하였고, 세부 활동별로 10개의 프로그램이 있다.

11) 효과적인 시간 및 공간 관리 전략

이론적 고찰로서 시간 관리의 개념, 시간 관리에 제약이 되는 요소를 언급하였으며, 이어 효과적인 시간 관리 방안, 효과적인 시간 관리를 위한 프로그램 및 학습 공간의 관리에 관한 내용을 소개하였다. 효과적인 시간 및 공간 관리 전략 프로그램은 시간 관리를 위한 지침, 시간 관리 전략, 문제 분석 및 학습 환경 관리로 구성하였고, 세부 활동별로 20개의 프로그램이 있다.

12) 학업 스트레스 관리 전략

이론적 고찰로서 스트레스의 개념, 유스트레스와 디스트레스, 스트레스의 원리와 심리적 스트레스의 근원, 스트레스의 조절변인, 학업 스트레스의 개념 및 청소년들의 스트레스 대처 방식 등을 제시하였다. 이어, 효율적인 스트레스 대처 방안을 언급하였다. 학업 스트레스 관리 전략은 스트레스의 개념 이해, 스트레스 탐색, 스트레스 대처 전략으로 구성하였고, 세부 활동별로 19개의 프로그램이 있다.

6 지침서와 학생용 워크북을 사용할 때의 주의점

① 학생용 워크북은 학습장애를 위한 치료적 전략을 제외한 나머지 11개 장의 경우 초등학교 약 3학년부터 고등학생(입시생)에 이르기까지 활용될 수 있도록 구성하였다. 대체로 난이도 면에서 간단한 것에서 복잡한 것으로, 쉬운 것에서 어려운 것으로 구성하였으나, 학년이나 수준별로 명백히 구분된 것은 아니다. 따라서 종합적인 심리 평가, 지능 평가, 적성 평가, 학습 평가, 임상적 관찰 및 면접을 통해 학습 문제와 관련된 학생들의 인지, 정서, 행동, 발달, 성취 및 환경적 측면의 다양한 특성들을 면밀히 파악하여 치료자가 적절한 프로그램의 내용과 수준을 선택한다.

② 12개 장이 모든 학생들에게 일괄적으로 적용되는 것은 아니며, 주요 문제, 학년 수준, 기능 수준에 따라 적용할 프로그램의 장과 내용을 선택한다. 대표적인 문제 유형에 따라 필수적으로 포함시켜야 할 장을 제시하면 〈표 1-3〉과 같다.

③ 워크북의 각 장에 포함된 내용 역시 문제, 수준 및 목표에 따라 선택할 수 있다. 예컨대, 주의력결핍 과잉행동장애로서 저학년인 경우에는 시·청각적 주의집중력 향상 부분에 집중하는 반면, 고학년인 경우에는 인지적 접근에 초점을 둔다.

④ 임상적 경험에 기초할 때, 가벼운 정서 문제나 이로 인한 학습부진의 경우에는 약 12회(50분, 주 1회), 주의력결핍 과잉행동장애(학습장애나 정서적 문제가 공병하지 않는 경우), 임상적으로 유의한 정도의 정서적 문제와 관련된 학습부진의 경우는 최소 24회가 적당할 것으로 보인다. 학습장애를 동반한 주의력결핍 과잉행동장애, 학습장애 및 학습지진의 경우는 최소 1년 이상의 기간을 권장한다.

⑤ 학습 개입과 관련된 전후 평가는 일반적으로 학업 성취, 학습 태도, 학습 방법, 동기 수준, 정서적 문제, 주의력 및 기초학습능력 면에서 평가한다. 학업 성취의 경우는 통상 학교 성적으로 확인하며, 학습 태도, 동기 수준은 학습방법진단검사, 학습기술검사, 학습동기검사를 활용할 수 있다. 정서적인 부분에서는 소아우울척도(Kovacs' Children's Depression Inventory: CDI), 소아특성불안척도(Trait Anxiety Inventory for Children: TAIC) 및 소아상태불안척도(State Anxiety Inventory for Children: SAIC)를 사용할 수 있다. 주의력 평가는 전산화된 주의력 진단시스템(예: Gorden Diagnostic System: GDS, Attention Diagnostic System: ADS), 기초학습능력의 향상은 기초학습기능검사 등을 활용한다.

〈표 1-3〉 문제 유형에 따른 선택 프로그램의 예

주요 문제	선택 프로그램
일반적인 학습태도 및 습관의 문제	• 학습동기 향상 전략 • 효과적인 시간 및 공간 관리 전략 • 학업 스트레스 관리 전략
학습 능률 향상에 초점을 두는 경우	• 시간 관리 전략 • 효과적인 읽기 및 필기 전략 • 기억력 향상 전략 • 시험 전략 • 효과적인 외국어 학습 전략 : 영어
불안을 주로 하는 학습 문제	• 시험불안 다루기 전략 • 효과적인 시간 및 공간 관리 전략 • 학업 스트레스 관리 전략 • 시험 전략
우울, 동기 문제를 주로 하는 학습 문제	• 학습동기 향상 전략 • 학업 스트레스 관리 전략
주의력결핍 과잉행동장애	• 주의집중력 향상 전략 • 기억력 향상 전략 • 효과적인 시간 및 공간 관리 전략 • 사고력 향상 전략
학습장애	• 학습장애를 위한 치료적 전략(학생용 워크북의 이름은 '기초 학습능력 향상 전략') • 주의집중력 향상 전략 • 기억력 향상 전략 • 학습동기 향상 전략
학습지진	• 학습장애를 위한 치료적 전략(학생용 워크북의 이름은 '기초 학습능력 향상 전략') • 주의집중력 향상 전략 • 기억력 향상 전략

⑥ 개입의 목표, 치료자의 지향 및 개입의 형태(개별/집단)에 따라 다양할 수 있으나, 일반적으로 한 회기는 〈표 1-4〉와 같이 구성된다.

〈표 1-4〉 한 회기 치료 과정(50분)

도 입	인사, 과제 확인, 피드백
실 행	• 회기의 목표와 다루어질 프로그램을 소개한다(보통 세 가지). • 한 회기에서 진행할 프로그램의 순서는 되도록 학생이 선택하도록 한다. • 프로그램을 진행하고 각 프로그램을 마친 후 수행 정도를 학생 스스로 평가하게 한다.
평 가	전체 회기 수행에 관한 정리와 피드백
강 화	과제 제시, 강화(스티커, 자유시간, 놀이)
교 육	약 2~4주에 한 번씩 부모 면담

⑦ 학생용 워크북에 각 프로그램의 주요 개념과 예시가 제시되어 있기 때문에(빠져 있는 부분을 제외하고는) 각 장의 세부 프로그램에 대한 진행 방법 등은 지침서에 따로 설명하지 않는다. 치료자가 워크북을 참조로 각 회기에서 어떤 내용을 다룰 것인지 결정하고, 중요 개념과 예시에 대한 내용을 준비한다. 또한 문제에 대한 답이 지침서의 부록에 제시되어 있는 경우도 있고 그렇지 않은 경우도 있다. 대체로 답안이 제시되지 않은 경우는 답안의 내용이 쉽거나 혹은 다양하고 주관적일 수 있다. 이러한 경우에는 치료자가 사전에 답안의 예를 생각해 보고 작성해 보는 것이 필요하다.

⑧ 심리치료의 한 형태로서 학습치료는 학습, 인지, 지각, 발달 및 생리심리학을 포함하는 기초심리학적 이해와 정서, 성격, 행동, 정신병리 및 심리치료를 포함하는 다양한 응용심리학적 이해 및 임상 경험을 필요로 한다. 따라서 보다 효과적인 개입을 위해서는 관련 분야에 대한 탐구와 교육 경험이 도움이 될 것이다.

참고문헌

김동일(2005). 학업상담을 위한 학습전략 프로그램. 서울: 학지사.

변영계, 강태용(2003). 학습기술. 서울: 학지사.

이와진 외(1999). 초등학교 학습부진아용 교수-학습자료 개발. 서울: 한국교육과정평가원.

Biggs, J. B., & Collis, K. F. (1982). *Evaluating the quality of learning: The SOLO taxonomy*. New York: Academic Press.

Barrett, T. (1976). Taxonomy of reading comprehension. In R. Smith & T. Barrett (Eds.), *Teaching reading in the middle grades*. Readin Mass: Addison-Wesley.

Carter, C., Bishop, J., & Kravits, S. L. (2000). *Keys to effective learning* (2nd ed.). New Jersey: Prentice Hall.

Derry, S. J., & Murphy, D. A. (1986). Designing systems that train learning ability: From theory to practice. *Review of Educational Research, 56*, 1-39.

Feuerstein, R. (1969). *The Instrumental Enrichment method: An outline of theory and technique*. Jerusalem: Hadasah-WIZO-Canada Research Institute.

Flavell, J. H., & Wellman, H. M. (1976). Metamemory. In R. V. Kail & J. W. Hagen (Eds.), *Memory in cognitive development*. Hillsdale, New Jersey: Lawrence Erlbaum Associates.

Gall, M. D., Gall, J. P., Jacobsen, D. R., & Bullock, T. L. (1990). *Tools for teaching*. Alexandria, Virginia: Association for Supervision and Curriculum Development.

Haslam, W. L., & Brown, W. F. (1968). Effectiveness of study-skills instruction for high school sophomores. *Journal of Educational Psychology, 59*, 223-226.

Hattie, J. A., Biggs, J. B., & Purdie, N. M. (1996). Effects of learning skills interventions on student learning: A meta-analysis. *Review of Educational Research, 66*, 99-136.

Henk, W. A., & Stahl, N. A. (1985). A meta-analysis of the effect of notetaking on learning form lectures. *National Reading Conference Yearbook, 34*, 70-75.

Kulik, C. C., Kulik, J. A., & Shwalb, B. J. (1983). College programs for high-risk and disadvantaged students: A meta-analysis of findings. *Review of Educational Research, 53*, 397-414.

Levin, J. R. (1986). Four cognitive principles of learning strategy instruction. *Educational Psychologist, 21*, 3-17.

Luckie, W. R., & Smethrust, W. (1998). *Study power: Study skills to improve your learning and your grades*. New York: Bookline Books.

McKeachie, W. J., Pintrich, P. R., & Lin, Y. (1985). Teaching learning strategies. *Educational Psychologist, 20*, 153-160.

Stipek, D. (1998). *Motivation to learn: From theory to practice* (3rd ed.). Boston: Allyn & Bacon.

Strichart, S. S., Mangrum II, C. T., & Iannuzzi, P. (1998). *Teaching study skills and strategies to students with learning disabilities, attention deficit disorder, or special needs* (2nd ed.). Boston: Allyn & Bacon.

Thomas, J. W., & Rohwer, W. D., Jr. (1993). Proficient autonomous learning: Problem and prospects. In M. Rabinowitz (Ed.), *Cognitive science foundations of instruction* (pp. 1-32). Hillsdale, NJ: Earlbaum.

Van Ede, D. M., & Coetzee, C. H. (1996). The Metamemory, Memory Strategy and Study Technique Inventory (MMSSTI): A factor analytic study. *South African Journal of Psychology, 26*, 89-95.

Weinstein, C. E., & Mayer, R. E. (1986). The teaching of learning strategies, In M. C. Wittrock (Ed.), *Handbook of research on teaching*. New York: MacMillan.

Weinstein, C. E., Plamer, D. R., & Schulte, A. C. (1987). LASSI: *Learning and Study Strategies Inventory*. Clearwater, FL: H & H Publishing.

제 2 장

학습동기 향상 전략

1 동기의 개념

동기란 인간의 행동을 결정하고 목표를 향해 나아가도록 만드는 원동력이다. 즉, 동기가 부여되어 있으면 그 행동은 활성화되고 목표를 향해 나아갈 수 있게 된다. 동기와 밀접하게 관련 있는 개념에는 욕구, 추동 및 유인가 등이 있다. 생리적 욕구에 기초하고 있는 동기는 배고픔, 갈증, 성(性) 및 공격성 등이 있으며, 심리적 동기로는 안전, 수용과 인정, 자기가치감 및 유능감 등이 있다.

동기에 대한 보다 많은 이해를 돕기 위하여 Maslow(1970)의 욕구의 위계와 몇 가지 동기의 유형을 살펴보면 다음과 같다.

1) Maslow의 욕구의 위계

Maslow는 인간의 기본적인 욕구를 그 위계에 따라 생리적 욕구, 안전의 욕구, 소속감과 사랑의 욕구, 자존심의 욕구, 자기 실현의 욕구 등 다섯 가지로 분류하였다. 이후 두 가지 인식적 욕구인 지식 및 심미적 욕구, 초월적 욕구를 덧붙였으며, 일반적으로 기본적이고 낮은 차원의 욕구가 적절히 충족될 때 한 단계 높은 욕구가 등장하게 된다고 하였다.

자기 실현자들의 특징

- 현실을 효율적으로 지각하고 불확실감을 참아 낸다.
- 자신과 타인을 있는 그대로 받아들인다.
- 사고와 행동에 자발성이 있다.
- 자기중심적이기보다는 문제중심적이다.
- 유머감각이 있다.
- 창의적이다.
- 의도적으로 비관습적으로 되려는 것은 아니지만, 지나친 현실주의에 대해서는 저항한다.
- 인류의 복지에 관심을 갖는다.
- 생활의 기본적 경험을 깊이 음미할 수 있다.
- 많은 사람들보다는 소수의 사람들과 깊고 만족스러운 대인관계를 맺는다.
- 객관적 견지에서 삶을 바라볼 수 있다.

Maslow는 가장 상위의 욕구인 자기 실현이라는 개념을 명확하게 정의내리는 것은 어렵다는 사실을 인정하며, 자기 실현을 이룬 사람들에게서 보편적으로 나타나는 자질 내지 특성들을 기술하려고 시도하였다.

2) 동기의 유형

① **내재적 동기** : 학습자가 본질적으로 가지고 있는 것으로서 흥미나 호기심과 같은 내적 요인들에 의해 유발되는 동기를 말한다. 흔히 외적 보상과는 상관없이 능동적으로 어떤 활동에 참여할 때 형성된다.

② **외재적 동기** : 외부로부터 강화를 받게 됨으로써 유발되거나 유지되는 동기를 말한다. 행동주의 관점에 근거한 외재적 동기화의 예는 우수한 성적을 받았을 때 상장을 주거나 용돈을 주는 것 등이다.

③ **성취동기** : Murray(1938)에 의해서 처음으로 소개된 인간의 동기 중 한 가지다. 도전적인 과제를 성취함으로써 만족을 얻으려고 하는 동기라 할 수 있으며, 학교 학습과 가장 밀접한 관계가 있다.

④ **귀인동기** : 인지심리학에 바탕을 두고 있는 개념으로 '학생들이 학습 결과의 성공과 실패의 원인(이유)을 어디에 귀속시키느냐'에 관한 것이다. 이러한 귀인 양식에 따라 학습동기 및 학습에 대한 기대가 좌우된다고 본다. 즉, 학습동기의 유발에 있어 학생 자신의 능동적 책임을 중요시한다. 귀인 방식은 세 가지 차원인 통제의 소재(locus of control), 안정성(stability), 통제가능성(controllability)으로 구분된다(〈표 2-1〉 참조). 자신에게 주어진 결과를 내적으로 귀인하게 되면 일반적으로 통제가능성은 높아진다.

〈표 2-1〉 **귀인 방식**

안정성 \ 통제의 소재	내 적	외 적
안 정	예 : 능력	예 : 과제난이도
불안정	예 : 노력	예 : 운, 우연

⑤ **학습동기** : 학습자가 학습에 대한 욕구(drive)를 가지고 일정한 학습 활동을 전개하는 것으로서 분명한 목표 의식을 가지고 학습에 임하도록 하는 것이다. 학습동기는 내적·외적 조건에 의해 유발될 수 있지만, 일반적으로 보상 등에 의한 외적 동기 유발보다는 긍정적 자아효능감의 형성과 같은 내적 동기 유발이 중요하다. 학습동기는 내재적 동기, 외재적 동기 및 무동기 상태로 나뉘며, 내재적 동기는 다시 세 가지로 구분된다(Vallerand, Gauvin, & Halliwell, 1986). 내재적 동기와 외재적 동기의 연속선상에서 동기를 보게 되면 내재적 동기(지식 추구, 지적 성취, 지적 자극), 동일시 동기, 내적 강요 동기, 외재적 동기로 배열할 수 있으며, 이와 별도로 무동기 상태가 있다. 이들 각각을 살펴보면 다음과 같다.

- **지식추구 동기** : 탐구심, 호기심 등과 같은 개념으로 공부하는 행위 자체에서 기쁨과 즐거움을 느끼게 되는 것으로부터 출발한다.
- **지적 성취 동기** : 숙달동기(Harter, 1981)와 같은 개념이며, 유능감을 얻기 위해 또는 특별한 성취를 위해 공부하도록 이끄는 것이다.
- **지적 자극 추구 동기** : 재미와 흥분은 물론, 감각적 즐거움과 미적 경험을 얻기 위한 것이다. Maslow나 Csikszentmihalyi(1990)가 말하는 몰입(flow)과 절정 경험(peak experience)도 이에 해당될 수 있다.
- **외적 강요 동기** : 외적 보상을 얻기 위해 혹은 처벌을 피하기 위해 공부하도록 만드는 것이다.
- **내적 강요 동기** : 외적으로 주어진 행동의 이유와 동기, 즉 타인의 기대와 행동 양식을 점차 자신의 것으로 내면화한 것을 말한다. 외적 강요로 인해 내면화되었을 뿐 스스로 결정한 행위가 아니며, 내적인 긴장, 불안 및 죄책감 등을 경험하게 할 수 있다.
- **동일시 동기** : 내적 강요 동기가 완전히 자신의 것으로 변하여 외부로부터 강요나 압력, 내적인 불안이나 죄책감 없이도 자발적으로 학습 행위가 일어나도록 하는 것이다. 동일시 동기는 외적인 강화 없이 자발적이면서도 자율적으로 발생하지만, 즐거움과 호기심이 없기 때문에 순수한 의미의 내재적 동기라 할 수 없다.
- **무동기** : 학습된 무력감에 빠져 의욕도 없고 결과에 대한 기대도 없는 상태를 말한다. 지적 호기심은 물론, 내·외적 강요 등 그 어떤 것에 의해서도 노력하려는 의지나 목표 행동을 유발하기가 어렵다.

2 동기이론

일반적으로 심리학자들은 심리학 패러다임의 변천에 따라 동기이론을 분류한다. 1900년대부터 시작된 행동주의적 접근, 1940년대 대두된 인본주의적 접근, 1960년대 시작된 인지주의적 접근 등이 그 예다.

행동주의적 접근은 보상이나 유인 체계 등과 같은 개념으로 동기를 설명하였다. 행동주의적 접근은 인간의 관찰 가능하고 객관적인 외현적 행동에만 관심을 두었기 때문에 외재적 동기를 관심의 대상으로 삼았다. 따라서 특정 행동을 유발시키는 강화, 즉 보상이나 벌의 종류, 외적 조건 등에 초점을 두었다. 이후 인본주의적 심리학에서는 자아실현의 욕구 등과 같은 동기의 내재적 근원을 강조하였다.

인본주의적 관점에서 보면 학생을 동기화한다는 것은 그들의 내재적 자원, 즉 유능감, 자존감, 자율성 및 자아실현 등을 격려해 주는 것을 의미한다.

또한 인지심리학적 접근에서는 특정 행동이 단순히 보상, 처벌에 의해서가 아니라 사고에 의해 결정된다고 본다. 즉, 인간의 행동은 계획, 목표, 기대, 귀인 등에 의해 시작되고 조절된다. Lock와 Latham(1994)의 목표설정이론, McClelland(1971)나 Atkinson(1964)의 성취동기이론, Nicholls(1984)의 성취목표이론, Weiner(1980)의 귀인이론 등이 이러한 접근에 해당된다. Bandura(1977)의 자기효능감이론이나 Zimmerman과 Martinez-Pons(1992)의 자기조절이론은 행동주의적 접근과 인지주의적인 접근을 통합하는 이론이라고 볼 수 있다. 이 밖에도 본능이론, Rotter의 사회학습이론(1975), Deci와 Ryan(1992)의 유능동기이론 등이 있다.

3 학습동기화 모형 및 동기 유발 전략 : Keller(1987)의 ARCS 모형

ARCS 모형은 학습의 동기화를 설명하기 위해 인간의 동기에 관한 많은 연구 결과들을 통합하여 개발된 것이라 할 수 있다. 이 모델의 목적은 학습동기를 유발하고 유지할 수 있는 네 가지 요소들을 제시하고, 이들을 교수 설계의 체제적 접근 방법과 통합하여 설계의 구체적인 전략을 창출하도록 하는 데 있다. 네 가지 요소들과 각각에 해당되는 동기 유발 전략을 살펴보면 다음과 같다.

1) 주의

학습동기가 유발되고 유지되기 위해서는 주어진 학습 자극에 학습자가 주의를 기울이고 이를 지속할 수 있어야 한다. Keller는 학습자의 주의를 끌고 주의를 유지하기 위한 세 가지 전략을 제시하였다.

① **지각적 주의 환기 전략** : 새롭고 놀라우면서 기존의 것과 모순되거나 불확실한 정보를 수업에 사용함으로써 학습자의 주의를 유발하고 유지하는 전략이다. 지각적 주의 환기 전략에서 주의해야 할 점은 역기능적인 주의집중 효과다. 즉, 지나치게 어떤 한 부분이 강조되면 나머지 부분들에 대한 집중은 어려울 수 있다는 것이다.

② **탐구적 주의 환기 전략** : 질문을 하고 이에 대한 답을 찾게 함으로써 동기를 유발하는 전략이다. 효과적인 방식의 질문은 학습자의 호기심과 탐구심을 자극하여 학습에 대한 기대감을 갖게 할 수 있다. 더 나아가, 학습자 스스로 질문을 하고 문제해결하도록 유도함으로써 정보를 추구하는 행동을 강화할 수 있다.

③ **다양성 전략** : 수업의 요소를 변화시킴으로써 학습자의 흥미를 지속시키는 것이다. 수업을 전개할 때 다양한 방법을 사용함으로써 수업이 지루해지는 것을 방지하고 학습자들의 흥미를 유지시킬 수 있다.

2) 관련성

관련성의 원리란 학습 과제와 학습자의 개인적 흥미나 목적을 어떻게 관련시킬 수 있는가 하는 것이다. 관련성은 수업 방법과도 긴밀하게 관련된다. 예컨대, 친애의 욕구가 강한 학습자는 비경쟁적인 집단 상황에 매력을 느끼고(Alschuler, 1973), 성취 욕구가 높은 학습자는 높은 목표와 성취 수준을 정해서 그것을 성취하기 위한 개별적 책임감을 갖게 하는 상황을 좋아한다. 그러므로 학습 내용과 내용의 중요성을 학습자와 관련시켜 가면서 흥미롭게 이야기하는 방법은 관련성을 증진시키는 데 도움을 줄 수 있다. Keller는 관련성과 관련하여 세 가지 전략을 제시하였다.

① **친밀성 전략** : 학습자의 경험이나 가치와 관계가 있는 구체적 용어, 보기 및 개념들을 활용하는 것이다. 사람들은 새롭고 독특한 것에 대해 관심을 갖지만, 이미 친숙하거나 자신과 관련지을 수 있는 것들에 대해서 친근감을 느낀다. 예컨대, 이미 알고 있는 어떤 것들에 대해서는 더 잘 말할 수 있고 토론에도 적극적으로 참여할 수 있다.

② **목표지향성** : 수업의 목표와 유용성을 제시하는 진술이나 예문을 제공하고, 성취를 위한 목표를 제시하거나 학습자들이 그 목표를 정의하게 하는 것이다. 학습자들은 자신들이 무엇을 원하고 있고, 어디로 가고 있으며, 또 왜 그곳에 가야 하는지를 분명히 알 때에 강한 동기를 갖게 된다.

③ **필요나 동기와의 부합성** : 학습자들의 필요나 동기와 결합될 수 있는 교수 전략을 활용하는 것이다.

3) 자신감

지속적인 동기화를 위해서는 학습에 대한 관련성을 인식한 후 학습자들이 학습에서 성공할 가능성이 있다는 신념과 자신감을 갖도록 해야 한다. 여기서 말하는 자신감이란 성공을 보장한다는 의미가 아니라 학습자들이 받아들일 수 있는 한도 내에서 도전감을 제공해 주는 것을 의미한다. Keller는 자신감을 높이기 위한 전략으로 세 가지를 제시하였다.

① **학습의 필요조건** : 학습자에게 수행의 요구 사항과 평가 기준을 제시하면서 학습자가 과제의 본질과 성공 가능성을 평가할 수 있도록 한다. 학습자들에게 평가 기준, 평가 조건 및 학습 목표를 알려 주는 것은 자신감을 획득하도록 하는 데 도움을 준다.

② **성공의 기회** : 학습자는 새로운 지식이나 기능을 학습할 때 대체로 자신이 잘 해 낼 수 있으리라고 믿거나, 적어도 노력을 통해 해 낼 수 있으리라고 믿는 경우에 더 잘 동기화된다. 따라서 학생들의 선수 지식과 기능을 잘 반영한 교수 관리 전략을 활용하는 것이 필요하다.

③ **개인적 통제감** : 학습의 단계와 과정은 학습자의 능력이나 노력에 의해 성공할 수 있는 기회들을 만들어 주는 방식으로 구성되고 이루어져야 한다. 그렇게 함으로써 학습자에게 개인적 통제감의 획득 기회를 제공해 줄 수 있어야 하며, 이것이 성공과 결합될 때 비로소 자신감과 자기존중감으로 이어질 수 있다.

4) 만족감

동기의 한 요소로 만족감이 강조되는 이유는 학습자의 노력의 결과가 기대와 일치하게 되면 학습동기는 계속 유지될 수 있기 때문이다. 만족감에 영향을 주는 요인은 크게 학습의 내적 결과와 외적 결과로 구분할 수 있다. 내적 결과에는 학습자의 학업 수행 및 결과에 대한 인지적 평가와 기타 내적 보상이 포함된다. 인지적 평가는 기대의 측면에서 결과를 평가하는 학습자의 내적 과정을 말하며, 정의적 측면과 지적인 측면을 포함한다. 외적 결과에는 강화와 피드백이 포함되며, 그것이 학습자의 가치관이나 필요에 부합되고 학습자에게 중요한 의미가 있는 경우에 학습동기의 유지에 도움을 준다.

학습자에 따라서는 학습 과제 자체에서 흥미를 찾고 외적 보상에는 관심이 없을 수 있기 때문에 외적 보상은 학습자의 특성, 내적 보상 및 환경적 요인을 고려하여 신중하게 사용하여야 한다. Keller는 만족감을 유지하도록 돕는 전략으로 세 가지를 제시하였다.

① **자연적 결과** : 학습자의 내적 동기를 유지시키려는 것으로, 학습자가 새롭게 습득한 지식이나 기능을 실제 또는 모의 상황에 적용해 볼 수 있는 기회를 제공하는 것이다. 내적인 학습동기를 유발시키고 지속시키는 최선의 방법들 중의 하나는, 새롭게 획득한 지식이나 기능을 학습자가 의미 있는 방식으로 사용해 볼 수 있는 기회를 제공하는 것이다. 학습자가 일, 취미 또는 개인적으로 만족을 느끼는 다른 활동에서 그런 기회를 갖게 하는 것이 어렵다면 게임, 시뮬레이션, 사례 학습이나 역할놀이 학습 등에서 새로운 지식과 기능을 사용해 보게 할 수 있다.

② **보상** : 바람직한 행동을 계속 유지시킬 수 있도록 강화와 피드백을 제공하는 것이다. 동기 유발을 위한 피드백은 문제해결의 결과에 집중하는 것이 아니라 문제해결의 과정에 집중하며, 지능이나 능력을 강조하기보다는 노력과 책임감을 강조하는 것이 좋다. 일반적으로 피드백을 할 때는 생동감 있는 표현을 사용하는 것이 좋으나, 과장된 표현은 지양하고 과제의 난이도에 따라 수위를 조절한다.

③ **공정성** : 학습자의 학업 성취에 대한 기준과 결과가 일관성 있게 유지되는 것이다. 학습자가 생각하기에 자신의 수행이 공정하게 판단되지 않으며, 보상도 약속대로 주어지지 않는다고 믿게 되면 동기를 유지하기 어렵다.

4 동기 향상을 위한 효과적인 실천 원리(Stipek, 1998)

동기 향상을 위한 효과적인 실천 원리를 과제, 목표, 평가와 보상, 지원 제공, 통제 및 학급 구조와 풍토로 구분해서 살펴보면 다음과 같다.

1) 과제

① 도전감이 있고 모든 학생들이 성취할 수 있는 과제를 제공한다. 이를 위해 과제 난이도를 다양화하고, 각기 다른 수준에서 완성할 수 있는 과제를 제공하며, 성취 수준이 높은 학생들에게는 보다 도전감이 있는 과제를 제시한다.

② 자신의 능력 향상을 자주 관찰할 수 있도록 과제를 세부적으로 조직화한다.

③ 학습 내용이 실생활에서 어떠한 의미가 있는지 설명한다.

④ 모든 학생들이 실질적이고 지적인 활동을 할 수 있는 과제를 개발한다. 즉, 고차원적 사고, 확산적 사고, 능동적 문제해결이 요구되는 과제 및 창의성이 요구되는 개방형 과제를 준비한다.

⑤ 다면적 과제를 제시한다. 예컨대, 문제해결이나 전략의 설명, 해결책의 시각적 표상이 요구되는 수학 과제, 연구와 요약 및 디자인과 삽화가 요구되는 보고서 작성 등과 같은 복합적이고 다차원적인 과제를 제공한다.

⑥ 학생들의 적극적인 참여, 탐구 및 실험을 필요로 하는 과제를 제공한다.

⑦ 복잡하고 신기하면서도 경이감을 불러일으킬 수 있는 과제를 제공한다.

⑧ 학생들의 흥미와 관련시킬 수 있는 과제를 제공한다. 이를 위해 학습 주제를 선택할 수 있는 권한을 부여하고, 수업과 토론 중에는 학생들의 흥미와 경험을 활용하며, 학습 내용에 대한 개인적 의견을 표현할 수 있도록 한다. 또한 새롭거나 추상적인 개념을 친숙하거나 구체적인 개념과 연결시킨다.

⑨ 서로 협력할 수 있는 기회를 제공한다.

⑩ 과제의 형태를 다양화한다.

2) 목표

① 단기 목표를 설정한다. 단기 목표는 과제를 좀 더 조작하기 쉽도록 하기 때문에 학생들의 자기효능감을 증진시킬 수 있다. 또한 숙달감을 전달해 주는 지속적인 피드백을 제공해 주기 때문에 자신감 향상에 도움을 준다.

② 학생들의 능력에 따라 다양한 목표를 제시한다.

③ 개인적인 목표를 설정하도록 유도한다. 이를 위해서는 도전할 만한 목표를 설정할 수 있는 적절한 유인가를 제공해야 한다.

3) 평가와 보상

① 알고 있는 것을 입증할 수 있도록 다양한 방법을 제공한다.

② 무엇이 올바른가와 어느 정도 향상되었는가를 알게 한다.

③ 명확하고 구체적이며, 정보가 수반된 피드백을 제공한다.

④ 분명하게 정의된 기준을 성취했거나 개인적 향상이 있었을 때 보상한다.

⑤ 좋은 성적을 얻을 수 있도록 다양한 기회를 제공한다.

⑥ 동료들의 성공적인 수행에 대해 축하하고 칭찬할 수 있도록 격려한다.

⑦ 공개적 게시와 같은 평가는 최소화한다.

⑧ 자신의 수행을 스스로 점검하고 평가할 수 있도록 한다.

⑨ 일관성을 유지한다.

⑩ 외적 평가를 강조하지 않는다.

⑪ 상대 평가보다는 개인 내 평가를 통해 노력, 향상, 성취 정도를 알린다.

⑫ 성적의 진정한 의미를 강조한다.

⑬ 성적을 산출하는 준거를 명확하고 공정하게 유지한다.

⑭ 점수보다는 실질적이고 정보를 줄 수 있는 피드백을 제공한다.

⑮ 가시적인 외적 보상은 최소한도로 사용한다.

4) 지원 제공

① 필요한 때 도움을 요청할 수 있도록 격려한다.

② 필요 이상의 도움을 제공하지 않는다.

③ 친구들의 지원을 활용할 수 있도록 격려한다.

5) 통제

① 실패의 원인을 노력 부족이나 비효과적인 전략으로 귀인하도록 한다.

② 성공은 노력과 능력으로 귀인하도록 한다. 따라서 노력과 능력 모두를 균형 있게 인정하는 교사의 태도가 중요하다.

③ 과제를 생산적으로 처리할 수 있도록 가능한 한 많은 재량을 부여한다. 학업 과제 설계, 과제를 완성할 수 있는 방법 결정, 숙제나 과제 난이도 선택, 과제 완성 시기에 대한 약간의

재량, 숙제 대한 자기 평가 및 개인적 목표 설정 등이 이에 해당될 수 있다.

④ 학생들의 행동 자체를 점검하고 감찰하기보다는 학습 자료에 대한 이해나 관련 활동을 점검한다.

⑤ 학생들의 성취를 촉진시켜 줄 수 있는 적절한 도움을 제공한다.

⑥ 자신의 인생에 대한 책임감과 의무감을 갖도록 한다.

6) 학급 구조와 풍토

① 학생들 간의 과제를 차별화하고 수시로 과제를 다르게 제시한다.

② 기능 수준에서 '개인 내' 차이를 강조한다.

③ 모든 학생들이 학습 활동에 생산적으로 참여하도록 한다.

④ 부족한 기능을 학습시키기 위하여 '능력별 집단 편성'을 융통성 있게 활용한다.

⑤ 다양한 종류의 기능에 가치를 부여한다.

⑥ 수행 수준이 비교적 미숙한 학생들에게 '전문가' 역할을 수행해 볼 수 있도록 한다.

⑦ 학생들을 존중하고 그들의 가치를 인정한다. 인간적 측면에 대한 관심과 존중을 보여 주고, 비난하거나 당황하게 하지 말며, 빈정거리지 않는다.

⑧ 실수가 허용되는 환경을 조성한다. 실패나 오류를 학습의 자연스러운 과정으로 간주하고, 오류의 정보적 가치를 강조하며, 오답을 생산적으로 활용한다.

⑨ 학생과 교사가 함께 참여하는 학습자 공동체를 조성한다.

⑩ 서로 만족스럽고 건강한 인간관계를 유지할 수 있도록 한다.

5 프로그램의 내용 및 지침

1) 프로그램의 내용

프로그램의 내용	세부 활동
목표 및 가치의 인식	내가 공부하는 이유는?
	내가 좋아하는 것들은?

학습동기를 높이기 위한 실천 방안	학습동기를 높이기 위한 여섯 개의 관문	• 나의 소망 확인하기 • 미래를 위한 프로젝트 계획하기 • 실천하고 누리기 • 방해물 탐색하기 • 책임감의 열쇠 쥐기 • 다시 시작하는 용기 보여 주기
자기 이해의 장	자기를 비추어 주는 다섯 개의 거울	• 흥미 • 나의 장단점 바로 알기 • 나의 지적 특성 파악하기 • 나의 습관 분석하기 • 자신을 정확하게 보기

2) 프로그램의 지침

① **목표 및 가치의 인식** : 탐색적 질문은 학년 수준에 따라 한두 가지를 선택하여 다루며, 구체적인 진로 방향과 관련 분야를 탐색하기 위해 프로그램의 일부인 자기 이해의 장을 활용한다. 흥미도검사, 적성탐색검사 및 적성검사 등을 활용하는 것도 좋다. 탐색적 질문의 예는 다음과 같다.

- 내가 진정으로 원하는 것은?
- 공부를 해야만 하는 이유는?
- 대학에 진학해야만 하는 이유는?
- 구체적인 진로의 방향과 관련 분야는?

대답의 예에서 자신에게 해당되는 것에 표시하게 하고 그 밖의 이유에 대해서는 따로 기록하게 한 후 함께 이야기를 나눈다. 자신이 선택하거나 기술한 것이 진정 가치 있는 목표인지 생각해 보게 하고 의견을 나눈다. 대체로 외적 강요나 의무, 막연히 훌륭한 사람이 되기 위해서 등은 내적 동기화로 이어지지 않는다. 따라서 학생들의 소망, 욕구 및 바람 등을 구체화하고 이를 공부하는 이유와 연결시키도록 격려한다.

② **미래를 위한 프로젝트** : 목표에 대한 탐색과 공부하는 이유에 대해 논의한 후에는 이를 위한 구체적인 실천 방안과 계획을 세워 보는 단계로 이행한다. 목표는 장・단기 목표로

구분하되, 우선 단기 목표에 집중하고 실천할 수 있는 구체적인 행동 지침을 정하는 것이 좋다. 행동 지침의 실천 정도를 매일 자기 평가해 보도록 하며(5점 : 매우 잘했다, 4점 : 잘했다, 3점 : 보통, 2점 : 잘하지 못했다, 1점 : 매우 못했다), 치료자와는 일주일 단위로 점검한다.

③ 실천하고 누리기 : 실천 및 자기 강화에서는 실천에 근거한 자기 강화 목록을 작성해 보도록 한다. 연령, 개인적인 취향, 욕구 및 흥미에 따라 차이가 있겠으나, 일반적으로 자기 강화의 내용으로 바람직한 것과 그렇지 않은 것들의 기준과 목록 작성의 예는 〈표 2-2〉와 같다. 자기 강화 목록을 장기적인 관점에서 논의할 때 학생들 자신의 목표와 즐기고자 하는 내용들이 거의 일치한다는 것을 깨달을 수 있다. 이는 공부에 대한 필요성 인식과 내재적 동기화에 도움이 된다.

〈표 2-2〉 강화로서 바람직한 것과 그렇지 않은 것의 예

강화로서 바람직한 것	강화로서 바람직하지 않은 것
· 다양한 가치의 경험과 활동이 이루어질 수 있도록 하는 것 예 선호하는 취미, 음악 감상, 영화 관람, 스포츠, 독서, 친구들과 야외활동, 갖고 싶던 책이나 CD · 창조적이고 생산적인 것 예 그림, 작문, 노래 부르기 등 다양한 취미활동, 캠프 등 실험적 특성을 지니고 있는 것 · 대체로 활동적인 것 · 주변의 진심어린 관심, 칭찬 및 인정 · 가족과 함께 하는 특별한 예식 예 별식, 파티, 소풍, 운동, 관람, 외식 · 지나치게 자극적이지는 않은 것 · 강화에 어떤 위계가 있을 것 예 1~2주 실천은 용돈, 3~4주 실천은 특별한 외식, 5주 실천은 스포츠 관람 · 강화의 내용이 다양하고 생동감이 있는 것 · 만족 지연이 이루어지고 점차 지식, 사회, 관계 및 성취 등의 내면적 가치에 집중할 수 있도록 하는 것	· 지나치게 물질적인 것에 제한되어 있는 것 예 선물, 용돈, 옷, 가방, 게임 머니 · 의례적이고 소비적인 것 예 쇼핑, 외식 · 비활동적인 것 예 수면, 휴식 · 지나치게 과장되어 있거나 빈번한 칭찬, 비수반적 강화 · 일방향적이며 혼자 하는 활동 예 혼자 하는 게임, 만화 보기, TV 시청 · 자극적인 것 예 컴퓨터게임, 폭력 만화, 경쟁적 경기, 놀이기구 · 체계가 없고 만족감에 있어서 차이나 유인가가 부족한 것 · 늘 비슷비슷하여 기대감이 덜한 것 · 즉각적인 만족을 주면서 물질적인 가치에 집중하게 하는 것

④ 방해물 탐색하기 : 약속 실천을 어렵게 하는 요인들을 탐색하는 시간으로서, 내적 이유와 외적 이유로 구분하여 살펴보도록 한다. 실제로, 학습 부진을 호소하는 사례에서 주의집중력 문제와 학습장애가 확인되는 경우가 생각보다 많다. 이러한 경우에는 이에 적절한 전문적

개입이 이루어져야 한다. 임상 장면에서 자주 확인할 수 있는 내·외적인 이유의 목록과 실천을 어렵게 하는 원인 분석하기의 예가 〈표 2-3〉, 〈표 2-4〉에 제시되어 있다.

〈표 2-3〉 **실천을 방해하는 원인**

실천을 어렵게 하는 내적 원인	감정의 문제	• 학습된 무기력/자신감 결핍 • 우울과 불안 • 비합리적 신념
	학습 관련 문제	• 지능 • 인지적 불균형 • 주의력 • 학습장애
	성격의 문제	• 충동적, 통제력 결핍 • 끈기, 인내심 및 내성 결핍 • 만족 지연의 어려움
	태도 및 행동의 문제	• 부정주의 • 냉소적 • 지나친 비판적 태도 • 자기장애화 책략 • 지연 행동
실천을 어렵게 하는 외적 원인	학습 환경 문제	• 가정 내 공부방 부재 • 나이 어린 형제와 방을 함께 사용해야 하는 경우 • 감독자의 부재 • 산만하고 정돈이 안 된 공부방 • 컴퓨터, 오디오, TV 등 주의집중을 방해할 수 있는 자극으로부터의 통제와 감독이 불충분한 경우 • 기타 소음 등 주거 환경의 문제
	부모의 훈육 방식	• 일방적 • 강압적/침투적 • 권위주의적 • 비공감적 • 무관심/감독 소홀 • 비일관적
	친구 혹은 학교 환경	• 면학 분위기를 흐리게 할 수 있는 지나치게 폭넓은 대인관계(내적 요인과도 관련), 대인적 자극 및 이와 관련된 학교 환경

〈표 2-4〉 실천을 어렵게 하는 원인 분석하기(예)

내적 원인	• 집중이 안 된다. 자꾸 딴 생각이 난다. ⇨ 주의력 문제 확인 • 내겐 …공부 내용이 너무 어렵다. ⇨ 지능 수준과 인지적 특성, 학습장애의 가능성 확인 • 끈기와 인내심이 부족한 것 같다. ⇨ 주의력 문제, 충동성, 성격 경향 등의 확인 • 왠지 귀찮고 짜증스럽다. 해도 안 될 것 같다. ⇨ 학습 부진의 원인과 함께 감정적 문제에 대한 확인 • 불안하다. 시험이 걱정된다. ⇨ 시험불안 문제에 대한 확인
외적 원인	• 부모님의 잔소리가 너무 싫다. 얼굴만 보면 공부하라고 한다. 짜증나서 더 하기 싫다. ⇨ 관계 문제 및 훈육 방식의 확인 • 친구들과 놀다보면 시간 가는 줄 모른다. ⇨ 대인관계 및 통제 문제에 대한 확인 • 공부방이 너무 지저분해서 공부할 맛이 안 난다. ⇨ 학습 환경과 환경 통제 • 동생이 너무 시끄럽게 한다. ⇨ 학습 환경과 환경 통제 • 왜 그렇게 잠이 오는지? 여름이라 그런가? ⇨ 생리적/감정적/환경적 요인에 대한 이해

참고문헌

Alschuler, A. S. (1973). *Developing achievement motivation in adolescents: Education for human growth.* Englewood Cliffs, NJ: Educational Technology Publications.

Atkinson, J. (1964). *An introduction to motivation.* Princeton, NJ: Van Nostrand.

Bandura, A. (1977). Self-efficacy: Toward a unifying theory of behavioral change. *Psychological Review, 84*, 191-215.

Csikszentmihalyi, M. (1990). *Flow: the psychology of optimal experience.* New York: Harper Perennial.

Deci, E., & Ryan, R. (1992). The initiation and regulation of intrinsically motivated learning and achievement. In A. Boggiano & T. Pittman (Eds.), *Achievement and motivation: A social-developmental perspective* (pp. 9-36). New York: Cambridege University Press.

Harter, S. (1981). A model of mastery motivation in children: Individual differences and developmental change. In W. Collins (Ed.), *Minnesota symposia on child psychology* (Vol. 14, pp. 215-255). Hillsdale, NJ: Lawrence Erlbaum Associates.

Keller, J. M. (1987). Development and use of the ARCS model of instructional design. *Journal of Instructional Development, 10*, 2-10.

Locke, E., & Latham, G. (1994). Goal setting theory. In H. O'Neil & M. Drillings (Eds.), *Motivation: Theory and research* (pp. 13-29). Hillsdale, NJ: Lawrence Erlbaum Associaties.

Maslow, A. H. (1970). *Motivation and personality* (2nd ed.). Princeton, NJ: Van Nostrand.

McCelland, D. (1971). *Motivational trends in society.* New York: General Learning Press.

Murray, H. A. (1938). *Exploration in personality.* New York: Oxford University Press.

Nicholls, J. (1984). Achievement motivation: Conceptions of ability, subjective experience, task choice, and performance. *Psychological Review, 91*, 328-346.

Rotter, J. (1975). Some problems and misconceptions related to the construct of internal versus external control of reinforcement. *Journal of Consulting and Clinical Psychology, 43*, 56-67.

Stipek, D. (1998). *Motivation to learn: From theory to practice* (3rd ed.). Boston: Allyn & Bacon.

Vallerand, R., Guavin, L., & Halliwell, W. (1986). Negative effects of competition on children's intrinsic motivation. *Journal of Social Psychology, 126*, 649-657.

Weiner, B. (1980). The role of affect in rational (attributional) approachs to human motivation. *Educational Researcher, 9*, 4-11.

Zimmeman, B., & Martinez-Pons, M. (1992). Perception of efficacy and strategy use in the self-regulation of learning. In D. Schunk & J. Meece (Eds.), *Student perception in the classroom* (pp. 185-207). Hilsdale, NJ: Lawrence Erlbaum Associates.

제 3 장

주의집중력 향상 전략

1 주의집중의 개념과 분류

1) 주의집중의 개념

주의(attention)는 의식적인 노력 없이도 외부 자극에 자연스럽게 반응하는 수동적 의미로서의 주의와, 과제 수행 및 문제해결과 같은 보다 능동적인 의미로서의 집중(concentration)을 포함하는 개념으로 흔히 주의집중력이라는 용어로 사용된다.

주의라는 용어는 크게 세 가지 의미를 지닌다. 첫째, 집중과 집중의 전환(shift)으로서 어떤 특정한 대상에 초점을 맞추고 또 다른 대상으로 그 초점을 옮길 수 있는 능력을 의미한다. 둘째, 정신적 자원의 효율적 분산으로서 동시에 발생하는 대상에 주의를 배분하는 능력을 의미한다. 셋째, 자극에 순간적으로 반응하기 위한 경계성(alertness)이나 준비성(preparedness)으로서 중요한 단서에 반응하기 위해 준비하고 경계를 유지하는 능력을 의미한다.

정보처리 관점에서는 주의집중을 유기체와 환경 간의 상호작용에서 가장 기초가 되는 과정으로 보았으며, 동시에 사고를 포함하는 모든 심리적 기능에 매우 중요한 요소로 보았다. 이와 관련하여 주의집중을 선택적 입력, 부호화, 통합 및 통제의 과정으로 설명하였다(Keeler & Neil, 1979).

2) 주의 과정의 분류

(1) 유기체의 능동성에 따른 분류

① **수동적 주의**(passive attention) : 특별한 노력 없이 외부로부터의 감각 정보들이 시각, 청각, 촉각 등 여러 종류의 감각 기관과 신경회로를 통해 들어와 뇌의 뇌간 및 시상을 거쳐 의식 활동의 중추인 대뇌피질에 전달되는 과정을 말한다. 이것은 지각(perception)과 유사한 개념으로서 전체적인 주의 과정의 첫 단계로 기능한다. 수동적 주의를 쉽게 끄는 자극의 특성으로는 시각적 자극, 대비되는 자극 및 자기참조적 자극이 있다.

② **능동적 주의**(active attention) : 의식적인 노력하에 외부로부터의 감각 정보들이 선택되고 적극적으로 처리되는 과정을 말한다. 능동적 주의 활동이 이루어질 때 우리의 뇌는 외부 감각의 피상적인 특성을 넘어서 그 외부 자극이 담고 있는 의미와 유기체와의 상호작용에 영향을 받으며 정보처리를 진행해 나간다. 능동적 주의에 영향을 주는 요인으로는 학습자의 태도, 과제에 대한 목표 의식과 방향감, 호기심과 내재적 동기 및 자기효능감 등이 있다.

(2) 주의집중 대상 수에 따른 분류

① **선택적 주의**(selective attention) : 여러 감각 자극들 중에서 보다 의미 있는 자극을 선택하여 이를 집중적으로 처리해 나가는 것을 말한다. 선택적 주의 과정은 수동적 주의나 능동적 주의 모두에서 발견된다. 수동적 주의 과정에서는 감각 자극 자체의 단순하면서도 외현적 특성에 기초하여 특정 자극이 선택되는 경향이 있는 반면, 능동적 주의 과정에서는 감각 정보가 지니고 있는 의미적(semantic) 특성이나 과거 경험 등이 처리할 자극 선택에서 영향력을 발휘한다.

② **분할된 주의**(divided attention) : 주위에 있는 환경 중 어느 한 가지에 내포된 부분적 요소들을 동시에 처리하거나, 두 종류 이상의 환경 자극 전체를 어느 정도의 깊이까지 동시에 처리하는 것과 관련된 주의를 말한다. 뇌에서 주의 분할이 가능한 이유에 대하여 인지과학자들은 여러 양식의 감각 자극이 일차적으로는 서로 다른 부위에서 처리되고 있기 때문인 것으로 보고 있다. 즉, 대뇌피질에서 시각적 자극은 일차적으로 후두엽 뒷쪽 부분, 청각적 자극은 측두엽 부분, 촉각으로 들어온 자극은 두정엽 맨 앞부분에서 처리하는 등 피질의 여러 부분이 여러 종류의 감각 자극들을 동시에 처리하고 있으며, 뇌의 좌측에서는 주로 언어적, 수학적, 순서적 자극을, 우측에서는 주로 공간적, 총체적, 통합적 형태의 자극을 일차적으로 처리하는 것으로 본다.

③ **감찰적 주의**(monitoring attention) : 외부에서 들어오는 많은 감각 정보들을 그 중요성, 의미 등에 따라 신속하게 선별하는 일차적 판단과 관련된 주의 과정이다. 우리의 뇌는 매순간 수없이 많은 자극을 모두 받아들여 깊이 있게 처리해 나갈 수 없다. 이러한 한계 때문에 수많은 감각 정보들을 중요한 것과 그렇지 않은 것으로 구분하여 그에 적합한 수준의 정보처리 대상이 되도록 해야 한다.

2 주의집중력 향상 전략 및 치료

1) 주의집중력 향상 전략

① **자료중심적 전략** : 학습자에게 제시되는 자료의 외적 특성에서 그들의 주의를 끌 만한 요소들을 많이 포함하는 전략이다. 대부분 교육 초기 단계에서 가장 많이 실천된다. 자료중심적 전략을 효율적으로 실천하기 위한 원리는 다음과 같다. 첫째, 흥미를 유발할 수 있는 자극을 선택한다. 즉, 특징적이거나 대비적인 속성을 지니고, 학습자의 일상 경험 및 현상과 관련된 것을 활용한다. 둘째, 다감각적인 방식을 취한다. 즉, 한 가지 자극에 대한 의존을 지양하고 시각, 청각, 촉각, 운동 감각 등 다양한 방식으로 가르친다. 셋째, 학습 자료를 다양화한다. 즉, 똑같은 학습 자료를 고수하거나 같은 방식으로 문제를 제시하기보다는 다양한 자료와 함께 서로 다른 방식으로 문제에 접근해 나갈 수 있도록 안내한다.

② **의미중심적 전략** : 학습자가 교과 내용의 의미를 이해하면서 흥미를 느끼고 학습에 임하도록 안내하는 전략이다. 자료중심적 전략이 제시되는 자료의 외적 특성을 강조하는 반면, 의미중심적 전략은 학습 자료의 내적 의미에 초점을 둔다. 의미중심적 전략을 효과적으로 실천하기 위한 원리는 다음과 같다. 첫째, 성취 가능한 목표를 설정한다. 즉, 개인차를 고려하여 노력을 통해 수행 가능한 목표를 정한다. 둘째, 경험 및 선행 학습과의 관련성을 갖도록 한다. 즉, 학습자의 경험, 앞서 배운 학습 내용과 새로운 학습 내용을 연결짓고 조직화한다. 셋째, 인지적 갈등을 활용한다. 즉, 기존에 알고 있던 지식이나 상식으로는 해결되지 않는 문제 등을 통해 호기심을 유발한다. 넷째, 단계적인 학습이 이루어질 수 있도록 학습 과제를 체계적으로 조직화한다. 즉, 현재 배우고 있는 학습 내용이 다음 단계의 문제해결을 위한 선행 조건이 될 수 있도록 한다.

③ **수업과정적 전략** : 학습 내용의 외적 특성과 내적 의미가 학습자의 주의를 이끄는 주요 변인들이기는 하지만, 학습의 시작 단계나 진행 단계에서 치료자가 주의집중을 위해 노력해야 할 일이 있다. 수업과정적 전략을 효과적으로 실천하기 위한 원리는 다음과 같다. 첫째, 긍정적 기대를 전달하고 격려한다. 둘째, 주의집중능력의 개인차를 고려한다. 셋째, 학생들이 모델링할 수 있는 열의, 탐구심 및 배움에 대해 긍정적 태도를 갖는다. 넷째, 주의집중을 돕기 위하여 학습 환경을 적절히 관리하고 통제한다.

2) 주의집중력과 관련된 대표적인 문제 : ADHD

(1) ADHD 아동의 주요 특성

ADHD 아동의 진단 준거에는 부주의, 과잉행동, 충동성과 관련된 문제들이 포함된다. 즉, ADHD 아동의 주된 특성은 해당 연령과 발달 단계에 비추어 볼 때 주의집중 시간이 매우 짧고, 불필요한 움직임과 충동을 잘 억제하지 못하며, 자신의 행동을 잘 규제하지 못한다.

① **부주의** : 주의집중이 어렵고 적절한 수준으로 긴장을 유지할 수 없는 상태로서 ADHD 아동은 과제에 대한 노력의 유지 혹은 과제에 대한 주의력의 유지에 매우 어려움을 느낀다. 부주의와 관련된 문제는 흔히 '잘 듣지 않는다, 쉽게 산만해진다, 주어진 과제를 완성하지 못한다, 멍하니 있다, 물건을 자주 잃어버린다, 자기 스스로 뭔가를 하지 못한다, 끊임없이 지시를 반복해야 한다.' 등으로 표현된다.

② **충동성** : ADHD 아동은 같은 연령이나 같은 성의 아동들과 비교해 볼 때 환경 자극에 대한 반응을 억제하는 데 어려움을 보인다. 충동성은 의도된 행동을 지연하지 못하는 성향으로 이들의 문제는 반응 억제에서 비롯된다고 볼 수 있다. 이러한 아동들은 지시가 채 끝나기도 전에 혹은 어떤 상황에서 요구되는 적절한 이해 없이 빨리 반응할 가능성이 높다. 그 결과 부주의한 실수가 자주 나타나고, 사고를 당하거나 상처를 입는 일이 흔히 발생한다. 만족 지연에 어려움이 있고 즉각적인 보상을 선호하기 때문에 참을성 있게 기다리지 못하고 좌절에 대한 인내력이 매우 부족하다. 충동성이 두드러지는 ADHD에 대한 일반인들의 인상은 자기 통제가 부족하고, 무책임하며, 미숙한 아이 같고, 게으르며, 무례하다는 것이다. 그래서 이러한 아동은 어른이나 또래로부터 지적과 비난을 자주 받는다(예 : Barkly, 1990).

③ **과잉 행동** : ADHD의 세 번째 주요 특성은 과도하거나 또는 발달적으로 적절치 않은 활동 수준을 나타낸다는 점이다. 끊임없이 움직이고, 안절부절못하고, 불필요한 움직임이 많다. 따라서 가만히 앉아서 과제를 수행해야 하는 학습 상황을 매우 힘들어할 뿐 아니라, 생각하기보다는 행동화하는 경향이 매우 높기 때문에 학교생활에 원만히 적응해 나가는 데 어려움을 겪는다. 이와 관련하여 교사와 또래들로부터 거부감을 일으키고, 그 결과 자기존중감이 낮아지며 점차 위축되고 불안과 우울 등의 정서적인 문제가 생겨날 수 있다. 그러나 ADHD 아동 모두가 과잉행동적인 것은 아니며, 과잉행동이 없는 경우는 ADD(Attention Deficit Disorder)로 칭하기도 한다.

(2) ADHD 아동의 이차적 특성

ADHD 아동의 이차적 특성은 〈표 3-1〉과 같다(Barkly, 1990; Zeigler Dendy, 2000).

〈표 3-1〉 ADHD 아동의 2차적 특성

학습 문제	작업 기억의 문제, 표현 기능의 부진, 작문의 어려움, 경청 및 읽기 이해력의 부족, 비조직화, 느린 정보처리, 미세 운동 협응 능력의 결함 및 충동적인 학습 스타일을 보인다.
발달 지연	(연구 결과 간에 불일치가 있음.)
적응 기능의 문제	운동 기술, 자조 능력, 개인적 책임감, 독립성 및 또래관계의 발달에서 문제를 보이며, 평균적인 지능을 지니고 있음에도 불구하고 적응 기능이 평균 이하이거나 경계선 상에 위치하는 경우가 많다.
실행 기능의 문제	각성, 언어의 내재화, 계획, 감정의 조절 및 복잡한 문제해결 등에 있어서 취약하다.
행동 문제	ADHD 아동의 많은 수가 고집, 좌절에 대한 내성의 결핍, 불복종, 적개심, 규칙 위반, 절도, 거짓말, 공격 행동 등을 나타낸다. 이러한 행동장애는 학습부진과 정서장애로 이어지며, 청소년기에 이르러서는 청소년 비행이나 일탈 문제로까지, 성인기에는 반사회적 행동 문제로까지 발전할 수 있다(Sandberg & Garralda, 1996).
사회성 및 감정 통제의 문제	ADHD에 관한 임상적 연구에 의하면 그들은 신경질적이며, 적대적이고 타인에 대한 과도한 감정적 반응을 보인다. 사회적 상호작용에서도 상황에 맞는 적절한 행동을 하지 못하며, 또래의 행동을 의도적으로 공격적 행동으로 해석하는 경향이 있다(Pelham & Milich, 1984).
보상과 처벌에 의한 훈육의 어려움	문제 행동을 반복하고, 규칙 준수가 어려우며, 만족 지연, 경험으로부터의 학습에 어려움을 보인다.
다양한 공병 질환	불안(37%), 우울(28%), 양극성(12%), 물질 남용(5%), 뚜레(11%), 적대적 반항장애(59%), 품행장애(43%) 등으로 보고된다.

(3) ADHD 아동의 치료

ADHD 아동들은 다양한 정서・행동 문제와 학습장애 등의 공존 질환을 가지고 있는 경우가 많다. 따라서 아동 개개인에 적합한 포괄적이고 다학제적 치료가 필요하다. 대표적인 치료적 접근을 요약하면 〈표 3-2〉와 같다.

〈표 3-2〉 ADHD 아동에 대한 치료적 접근

약물 치료	ADHD의 치료에서 가장 효과적인 것은 중추신경 자극제로, 1937년 Bradely에 의해서 암페타민(amphetamine)이 산만하고 부산한 아동을 침착하고 차분하게 만든다는 사실이 보고된 이후, 많은 임상 사례와 약리학적 연구를 통하여 그 효과가 증명되었다. 중추신경 자극제는 도파민 운송체 DAT와 MAO의 활성도를 억제하고 시냅스에서 도파민의 기능 저하 상태를 교정한다. 대표적인 약물로는 메틸페니데이트(methylphenidate), 덱스트로암페타민(dextroamphetamine)이 있다. 70% 이상에서 증상의 호전이 있으며, 그 효과는 즉각적이며 극적인 경우가 많다.
행동 치료	규칙을 따르지 못하고 자기 규제가 어려운 ADHD 아동에게는 행동 치료가 효과적인 것으로 알려져 있다(예 : Barkly, 1989). 성공적인 행동 치료를 위해서는 적합한 행동을 강화하고, 효과적인 방향을 지시하며, 일관성 있는 훈련을 해야 한다. ADHD 아동이 바람직한 행동을 하게 하려면 칭찬과 보상을 많이 사용하는 것이 도움이 된다. 이는 ADHD 아동들이 부모, 또래 또는 교사들로부터 불평과 질책을 많이 받아 온 결과, 자아개념에 문제가 있을 수 있고, 감정적 문제에 빠질 수 있기 때문이다.
인지행동적 요법	행동 치료 기법은 내재적 동기를 이끌어 내는 것이 어렵다는 이유로 비판의 소지를 안고 있다. 이에 대한 대안으로 행동을 조절하고 문제해결능력을 개선시킴으로써 자기통제능력을 기를 수 있는 인지행동 치료 방법이 제기되었다. 인지행동 치료 모형에서는 ADHD 아동이 결함을 지닌 것이 아니라 문제해결 전략 사용 능력에서 일반아동과 차이가 날 뿐이라고 가정한다. 따라서 ADHD 아동을 위한 치료에서는 자기통제적 행동과 문제해결능력의 개선에 초점을 맞춘다. Meichenbaum(1977)은 인지의 변화는 적절한 인지 전략과 자기 관리 및 자기 조절 기능을 개발함으로써 가능하다고 하였다. 이 치료 모형에는 내재적 통제, 언어적 치료, 합리적 정서 치료, 문제해결 훈련, 자기 교시 훈련, 자기 점검, 자기 강화 훈련, 분노 조절 훈련 및 사회성 인지 기능 훈련 등이 포함된다.
사회성 훈련	ADHD 아동에 관한 연구에서 일관되게 보고되고 있는 것 중의 하나는 사회적 관계에서 어려움을 보인다는 것이다. 한 예로, Levine(2001)은 ADHD 아동의 사회성 문제의 유형을 공격적이고 파괴적인 유형, 수줍어하고 위축된 유형의 두 가지로 구분하였는데, 특히 전자의 경우는 매우 충동적이고 자신의 행동이 미치는 영향과 결과를 예측하지 못하기 때문에 문제의 심각성이 높다고 하였다. 이는 ADHD 아동들이 사회적 상호작용에서 지속적으로 문제를 발생시킬 수 있음을 나타내는 것으로, 또래관계의 개선을 위한 사회성 기술 훈련이 필요함을 나타내는 것이라 할 수 있다.

부모 교육	ADHD 아동의 문제는 비단 학교에만 국한되는 것은 아니다. 따라서 그러한 자녀들을 둔 부모들은 자녀 양육에 따른 심한 스트레스로 인하여 무력감을 느끼거나 우울, 불안 등의 문제를 경험할 수 있다. 부모 교육은 ADHD 아동을 둔 부모들의 내적 통제와 심리적 안정감을 되찾고 자기존중감을 높일 수 있도록 돕는다. 즉, ADHD 아동의 제한된 능력과 요구를 정확히 파악하고, 자녀들과의 관계를 개선할 수 있는 정보를 제공하고 기술을 가르쳐 자녀들이 바람직하게 성장하고 발달할 수 있도록 하는 것이다.

3 인지적 자기 통제 훈련 : 자기 교시 훈련 프로그램

인지적 중재의 한 기법인 자기 교시 훈련 프로그램(Self-instructional training program)은 Luria (1961)와 Vygotsky(1962)의 '언어와 행동 간의 기능적 관계의 발달 이론'에 기초를 두고 Meichenbaum(1971)이 개발하였다. 그는 장애 아동이 자기 자신에게 말하는 내적 언어를 사용하여, 잘못된 인지 양식을 바꾸게 하고 행동도 바르게 변화할 수 있도록 단계별 훈련법을 제시하였다. 이 훈련 방법은 ADHD 아동이 문제해결 장면에서 자기통제력을 높여 장애를 감소시켜 나가는 데 있어서 강력하고 지속적인 효과를 나타내었기 때문에 계속적인 연구가 진행되어 왔다.

최근에는 단순히 자기 교시 훈련과 몇 가지 행동 계약을 결합한 방법 이외에 모델링, 정서적 교육, 역할놀이, 반응대가, 강화 등의 혼합적인 방법이 등장하였으며, 효과가 있음이 입증되고

〈표 3-3〉 자기 교시 훈련의 절차

인지적 모델링	성인 모델이 소리 내어 혼잣말을 하며 과제를 수행한다.
외현적 지도	성인 모델이 하는 말을 큰소리로 따라하면서 같은 과제를 수행한다.
외현적 자기 지도	모델의 시범이 없이 혼자서 큰소리를 내면서 과제를 수행한다.
외현적 자기 인도	아동이 작은 소리로 혼잣말을 하면서 과제를 수행한다.
내적 자기 교수	문제해결의 단계 문제에 대한 정의 내리기 ⇨ 문제에 대한 접근(계획) ⇨ 주의집중(당면 문제에 집중) ⇨ 해결 방안의 선택 ⇨ 자기 강화

〈표 3-4〉 혼합형 자기 교시 훈련의 구성요소

모델링	관찰 학습에 의해 사고와 행동을 금지, 해제, 요구하도록 돕는 과정이다.
행동 계약	자기 보상, 사회적 보상, 반응대가, 자기 평가 등을 포함한다. 유인가 있는 행동 계약은 훈련에 활력을 준다.
정서적 교육	자신의 감정뿐 아니라 다른 사람의 가정을 이해하고 정확하게 깨닫도록 한다. 감정과 상황 간의 연관성을 의식하도록 한다.
역할놀이	실제의 상황이나 가상의 상황을 꾸며, 그 문제에 대처하는 방법들을 실제 행동으로 시연해 봄으로써 문제점을 인식하고 새로운 적절한 대안을 선택하도록 한다.

있다. Kendal은 ADHD 치료 프로그램으로 '멈춰서 생각하기(Stop and Think)'를 개발하였다. 이는 언어적 자기 교시 훈련뿐 아니라 행동 계약, 정의적 교육, 모델링, 역할놀이가 포함된 혼합적 인지행동적 훈련 프로그램으로 국내 연구에서도 그 효과가 입증되고 있다(예 : 조현승, 2000). 자기 교시 훈련의 절차와 혼합형 자기 교시 훈련의 구성요소가 〈표 3-3〉, 〈표 3-4〉에 제시되어 있다.

인지적 훈련(cognitive training)의 구체적인 기술들은 ADHD 아동과 학습장애아를 위한 인지행동적 치료에서 다루어질 수 있는 내용들이다. 특히, 학습치료를 시행할 때에는 이를 참조하는 것이 필요하다. 20가지 인지적 기술을 제시하면 〈표 3-5〉와 같다(Sandford & Sandford, 2000).

〈표 3-5〉 ADHD와 학습장애 치료에서의 인지적 기술의 목록

교대로 주의 기울이기	동일한 감각 내에서 서로 다른 두 가지 자극에 번갈아가며 주의를 기울이고 적절히 반응할 수 있는 능력
청각적 처리 속도	청각적 자극을 지각, 부호화, 해석하고 적절한 반응을 산출하는 데 걸리는 시간
주요 처리 속도	주의의 초점이 되는 모든 감각 자극의 의미를 부호화, 범주화 및 이해하는 데 걸리는 시간
개념적 추론	개념 형성(두 가지 사물 간의 관계성 분석), 추상화(상징적으로 사고하는 능력), 연역적 논리, 귀납적 논리를 포함하는 인지적 기술
상세화된 읽기	읽고 이해하며 지시에 정확하게 따르는 능력

분할된 주의	동시에 혹은 근접해서 제시되는 두 가지 이상의 서로 다른 감각 자극에 대해 적절히 주의를 기울이고 처리하고 반응하는 능력
미세 운동 통제력	미세 운동을 정확하게 통제하고 오류가 많은 반응을 피할 수 있는 능력
미세 운동 속도	주요 처리 속도와는 독립적으로 단순한 운동 반응을 수행하는 데 걸리는 시간
초점적 주의	특정한 자극을 재인하고 이에 대해 반응하는 능력
일반적인 주의	관련 자극에 선택적으로 주의를 기울이고 유지하면서 정확한 반응을 만들어 내는 능력
반응 억제	작업 기억 체계 내에서 정반응으로 규정된 규칙을 이해하고 유지하며 오반응에 대해 자동적으로 반응하는 것을 피하는 능력
선택적 주의	과제를 수행하는 동안 경합 혹은 산만하게 하는 자극이 주어졌을 때 정확한 반응을 지속적으로 유지하는 능력
지속적인 주의	지속적이고 반복적인 활동이 이루어지는 동안 지속적으로 정확한 반응을 유지하는 능력
시·공간적 분류화	하나의 개념 혹은 규칙에 근거하여 시각적 대상의 특징을 정확하게 변별하고 세고 그룹으로 만드는 능력
시·공간적 계열화	하나의 개념 혹은 규칙에 근거하여 시각적 대상의 계열적 순서를 정확하게 구분하고 식별하는 능력
시지각	육안으로 고정된 시각적 자극을 정확하게 식별하고 반응하는 능력
시각적 처리 속도	시각적 자극에 대해서 지각, 부호화, 해석 및 적절한 반응을 하는 데 걸리는 시간
시각적 탐지	어떠한 단서 없이 무작위로 제시되는 시각적 대상을 정확하게 식별하고 이에 대해 적절히 반응할 수 있는 능력
시각적 추적	움직이는 시각적 대상에 대해 단서를 따르고 정확하게 식별하고 적절히 반응하는 능력
작업 기억력	정보처리를 하는 동안 지각적 정보를 부호화하고 유지하며 정확한 반응을 위해 관련된 절차적인 규칙을 회상하고 적용할 수 있는 능력

4 프로그램의 내용 및 지침

1) 프로그램의 내용

<table>
<tr><th>프로그램의 내용</th><th colspan="2">세부 활동</th></tr>
<tr><td rowspan="2">주의집중력 평가 및 원인 탐색</td><td colspan="2">나의 집중력을 점검해 보기</td></tr>
<tr><td colspan="2">집중을 방해하는 요인 탐색</td></tr>
<tr><td rowspan="2">주의집중력을 향상시키기 위한 지침</td><td colspan="2">집중력을 향상시킬 수 있는 일곱 개의 카드</td></tr>
<tr><td colspan="2">실천에 옮기기</td></tr>
<tr><td rowspan="4">단계별 주의집중력 향상 전략</td><td>시각적 주의집중력 향상
(1단계 : freshman level)</td><td>• 열쇠 찾기
• 사람 찾기
• 숨은 그림 찾기 1
• 숨은 그림 찾기 2
• 숨은 그림 찾기 3
• 차이점 발견 : 공부방
• 차이점 발견 : 아이스크림
• 모순점 발견 1
• 모순점 발견 2
• 모순점 발견 3</td></tr>
<tr><td>시각적 주의집중력 향상
(2단계 : sophomore level)</td><td>• 숫자 정글
• 길 찾기
• 그림 맞추기
• 도면 완성하기
• 띄어쓰기 교정 1
• 띄어쓰기 교정 2
• 오자 교정 1
• 오자 교정 2</td></tr>
<tr><td>시각적 주의집중력 향상
(3단계 : junior level)</td><td>• 패턴 인식 1
• 패턴 인식 2
• 스토리 꾸미기 1
• 스토리 꾸미기 2
• 스토리 꾸미기 3</td></tr>
<tr><td>청각적 주의집중력 향상
(1단계 : freshman level)</td><td>• 듣고 따라 말하기 1
• 듣고 따라 말하기 2</td></tr>
</table>

단계별 주의집중력 향상 전략	청각적 주의집중력 향상 (2단계 : sophomore level)	• 잘못 읽고 있는 부분 찾기 1 • 잘못 읽고 있는 부분 찾기 2
	청각적 주의집중력 향상 (3단계 : junior level)	• 듣고 생각해서 대답하기 1 • 듣고 생각해서 대답하기 2
	청각적 주의집중력 향상 (4단계 : senior level)	• 듣고 생각해서 대답하기 3 • 듣고 생각해서 대답하기 4
	인지행동적 요법을 통한 주의집중력 향상 (5단계 : honor's level)	• 자기교시적 문제해결 • 사고 중지법 : 생각 스스로 멈추기 • 자기통제적 시간 계획 : 공상을 위한 시간 • 문제해결 : 결과 예측 • 문제해결 : 원인 찾기 • 문제해결 : 해결책 찾기 • 문제해결 : 문제에 대한 예방 • 의사결정 : PMI

2) 프로그램의 지침

① 일반적인 진행 순서는 앞서 기술된 주제별로 하되, 학년에 따라 다루는 내용의 깊이나 강조점을 달리한다. Meichenbaum의 자기 교시 훈련 절차에 기초한 프로그램은 일반적으로 초등학교 저학년(1~3)에게 적합하다.

② 주의집중력 향상 전략 5단계에서 활용되는 PMI(Plus Minus Interesting)는 de Bono에 의해 창안된 사고력 개발 프로그램에 포함되는 내용이다. PMI는 어떤 문제 상황의 긍정적 측면과 부정적 측면을 고려하여 최적의 아이디어를 개발하는 데 사용한다(자세한 내용은 제6장 '사고력 향상 전략' 참조).

③ 워크북에 제시되어 있는 프로그램은 학년 수준, 문제 영역 등에 따라 선택적으로 사용하는 것이 좋다.

④ ADHD 아동의 경우 사회성 훈련 기술의 내용을 학습 프로그램에 일부 통합시키거나 독립적인 치료로 병행하는 것이 바람직하다.

⑤ 주의집중력 문제와 관련된 생활 규칙, 학습 습관 등의 행동 계약은 부모와 상의를 하여 아동과 부모가 작성하도록 하고, 다만 정규적으로 치료자가 확인하는 형태로 진행하는 것이 좋다.

참고문헌

조현승(2000). 주의력결핍 과잉행동 아동에 대한 인지-행동 수정 프로그램의 효과: 또래관계를 중심으로. 전남대학교 석사학위청구논문.

Barkely. R. A. (1989). Attention-deficit hyperactivity disorder. In E. J. Mash & R. A. Barkely (Eds.), *Treatment of childhood disorders*. New York: Guildford.

Barkely, R. A. (1990). Attention-deficit hyperactivity disorder. *A handbook for diagnosis and treatment*. New York: Guilford Press.

Keeler, S. W., & Neil, W. T. (1978). Mechanisms of attention. In E. C. Carterette & M. P. Friendman (Eds.), *Handbook of perception* (Vol. 9). New York: Academic Press.

Levine, M. (2001). *Educational care*. Cambridge, MA: Educators Publishing Services.

Luria, A. R. (1961). *The role of speech in the regulation of normal and abnormal behaviors*. New York: Liveright.

Meichenbaum, D. H. (1971). Examination of characteristics in reducing avoidance. *Journal of Personality and Social Psychology, 17*, 298-307.

Meichenbaum, D. H. (1977). *Cognitive-behavior modification: An integrative approach*. New York: Plenum.

Sandford, J., & Sandford, V. (2000). *The captain's log workbook: Protocols for training and testing using the captain's log cognitive training system*. Richmond, VA: Brain Train.

Vygotsky, L. S. (1932, reprinted 1960). Thought and language (E. Haufmann & G. Valcer, Eds. & Trans.). Cambridge, MA: MIT Press.

Zeigler Dendy, C. (2000). *Teaching teens with ADD and AD/HD*. Bethesda, MD: Woodbine House.

제 4 장

기억력 향상 전략

1. 기억의 원리
2. 학습장애 · ADHD의 학습 및 기억 과정의 특성과 문제
3. 프로그램의 내용 및 지침

1 기억의 원리

1) 기억의 정의

기억이란 인간의 학습에서 중요한 역할을 하는 정신 과정으로서 저장된 지식을 활용하는 복합적인 지적 기능이라 할 수 있다. 학습에서 중요한 정신적 과정인 기억은 독립적인 지적 기능이라기보다는 응용 인지(applied cognition)의 하나로서 모든 인지 과정과 밀접하게 관련되어 있다(Flavell, 1976).

신경심리학적 관점에서는 기억을 학습에 수반되는 변화인 동시에 학습 과정 자체로 설명한다. 그리고 이러한 학습 과정을 통해 지각, 사고 및 계획을 수립하는 뇌의 신경회로가 변하는 것으로 본다. 정보처리이론에서는 기억을 정보의 수용, 수정, 저장, 인출 및 조작 등과 관련된 활동 체계(Klatzky, 1980)로 기술한다. 즉, 기억이란 경험을 통해서 일어나는 유기체 내의 지속적인 변화로서 이들 경험을 저장하고 재생하는 일련의 과정인 것이다.

2) 기억이론

기억과 관련된 이론은 크게 세 가지로 구분할 수 있다. 첫째, 학습과 기억을 조건 형성의 과정으로 보는 행동주의적 접근, 둘째, 기억을 지능에 의존하는 것으로 보면서 아동의 인지적 도식과 새로운 정보 간의 상호작용을 중시하는 인지발달적 접근, 셋째, 기억을 정보의 입력으로부터 반응에 이르기까지 일련의 정신적인 조작 또는 정보처리 과정으로 이해하고 해석하려는 정보처리론적 접근이다.

정보처리론적 접근의 중요한 두 가지 모형에는 구조론적 입장과 과정론적 입장이 있다. 구조론적 입장은 대표적으로 Atkinson과 Schiffrin(1968)의 모형으로, 정보의 흐름이 외부에서 들어온 정보를 처리하는 시간적 순서에 따라 감각기억장치, 단기기억장치 및 장기기억장치로 이어진다고 보는 것이다. 이 입장에서는 인간을 능동적이고 구조적이며 계획적인 개체로 보면서 세 가지 가정을 전제로 하고 있다. 첫째, 정보의 입력과 반응 사이에는 일련의 처리 단계가 있으며, 이는 감각기억장치, 단기기억장치, 장기기억장치다. 둘째, 외부의 정보가 이러한 각 단계에 따라 진행될 때 자극이나 형태의 내용은 변환이나 전이를 경험한다. 셋째, 각 처리 단계는 제한된 처리능력을 가진다는 것이다.

과정론적 입장에서는 기억의 과정을 중시하며, 부호화의 다양성과 처리의 깊이에 초점을 두고 정보처리의 방향과 전체적 기능을 강조한다. 따라서 구조론적인 기억장치보다는 주의집중, 약호화 및 문제해결과 같은 처리 과정에 관심을 두고 있다. Craik과 Lokhart(1972)가 대표적인 학자인데, 구조 모형에서처럼 인간이 적극적인 능동적 개체임을 인정하나, 기억 장치의 각 단계가 각기 다른 독특한 특성을 지니고 있다기보다 기억 체계를 단일의 구조로 생각하고, 단지 정보를 분석하는 수준에 차이가 있는 것으로 가정한다. Craik과 Lokhart에 따르면, 분석 수준의 깊이에 따라 처리할 수 있는 정보의 양과 지속 시간이 다르다. 가장 낮은 수준의 분석은 자료의 물리적 속성에 기초한 것이고, 그 다음으로는 정보의 구조적 특성을 분석하는 것이며, 가장 높은 수준의 분석은 정보를 의미론적으로 분석하는 것이다.

3) 기억의 분류

① **감각 기억** : 영상 기억(iconic memory) 혹은 즉시 기억(immediate memory)이라고도 일컬어지며, 외부에서 주어지는 정보가 짧은 시간 동안 감각적 형태 그대로 기억되는 것을 말한다. 감각 기억은 많은 양의 정보를 순간적으로 저장하지만, 저장 시간은 1초 이내로서 정보는 매우 급속히 소멸된다. 감각 기억의 정보가 단기 기억으로 넘어가기 위해서는 먼저 감각 정보에 대한 재인이 이루어져야 한다.

② **단기 기억 및 작업 기억** : 어떤 정보가 입력된 후 몇 초 내지 몇 분 후에 재생되거나 반응할 수 있는 기억 구조를 말하는 것으로서, Baddeley(1976)는 단기 기억이 정상적인 인지 기능에 핵심적 역할을 한다고 주장하였다. 단기 기억은 장기 기억으로 전이되기 전에 우선 입력되어야 할 저장고이며, 따라서 단기 기억으로 들어가지 않은 정보는 장기 기억으로 전이될 수 없다. 이때 주로 사용되는 전략을 시연(rehearsal)이라고 보았다. 단기 기억의 저장 용량은 제한되어 있으며, 저장 기간 역시 짧다. 저장 용량과 관련하여 Sperling(1960)은 일련의 글자들을 제시한 직후 회상을 하도록 했을 때 정확하게 보고되는 항목의 수가 5개 정도라고 하였으며, Miller(1956)는 7±2개라고 하였다. 그러나 정보의 내용이 체계적으로 조직화되고 자극 간의 의미 있는 관계가 설정되면 저장 용량은 크게 증가될 수 있다. 이와 관련하여 작업 기억의 개념이 보다 강조될 수 있는데, 작업 기억이란 보다 적극적인 의미의 기억 활동으로서 구조적으로는 단기 기억 내에 존재하지만, 입력 자극에 대한 처리 방식에 있어서는 자동적이고 수동적인 기억과 엄격히 구분된다(Anderson, 1996). 단기 기억이 시연이나 청킹

(chunking : 자극을 물리적 속성에 기초하여 군집화하는 것)과 같은 단순한 전략을 사용하여 제한된 수의 자료를 유지하는 반면, 작업 기억은 보다 다양한 전략을 동원할 수 있으며, 처리해 낼 수 있는 자료의 양과 파지 시간을 증가시킴으로써 정보가 장기기억화되는 것을 적극적으로 돕는다. Baddeley와 Hitch(1974)는 단기 기억과 작업 기억을 하나의 모델로서 분리된 구조로 제시하고, 작업 기억의 처리 영역은 보다 높은 수준의 인지 과정에 특히 중요하다고 강조하였다. 작업 기억에 대한 Baddeley의 모델은 최근까지도 계속해서 수정・확대되고 있는데, 이 모델은 임시적 언어 저장, 임시적 시・공간 저장 및 조정 기능의 세 가지 요소를 포함하고 있다. 각각은 언어적 작업 기억, 시・공간적 작업 기억 및 중앙집행적 작업 기억으로 구분된다. 언어적 작업 기억은 청각적으로 제시되는 언어적 정보를 음운론적으로 저장하며, 정보의 손실을 막기 위해서는 시연 과정이 필요하다. 시・공간적 작업 기억은 시각적 이미지 과제와 관련되어 있으며, 정신적 모형을 구성하고 조작한다. 중앙집행적 작업 기억은 두 가지 작업 기억을 조정하면서 문제를 해결하고 추론하는 역할을 담당하는데, 정보에 대해 단순하게 반응하는 것이 아니라 정보를 선택하거나 거부하는 주의집중 통제자로서의 역할을 수행한다(Baddeley & Hitch, 2000).

③ **장기 기억** : 기억 저장의 최종 형태로서 저장할 수 있는 정보의 양은 거의 무제한적이며, 저장 시간도 짧게는 몇 시간, 길게는 영구적이다. 장기기억은 세상에 관한 지식, 인간 인지능력의 기초를 이루는 모든 지식의 총체로서 형태를 인식하고 사상을 재생하며, 문제해결이 가능하게 사고할 수 있도록 하는 것이다. Tulving(1972)은 장기 기억은 일화적 기억(episodic memory)과 의미적 기억(semantic memory)으로 구성되어 있다고 하였다. 전자는 하루 중에 있었던 일들을 순차적으로 기억하는 것처럼 시간과 장소에 따라 자서전식으로 나열할 수 있는 일련의 정보와 관련되어 있는 반면, 후자는 단어들, 단어의 의미, 그들 간의 관계성 등에 대한 체계화된 지식과 관련된다.

4) 기억 전략의 원리

Flavell은 전략적 활동을 계획적이고 목표지향적인 행동이라고 보고 그 목표가 기억과 관련될 때 '기억 전략', 다시 말하면 '기억을 증진시키기 위해 사용되는 정신적 조작'이라고 하였다. 그리고 시연, 조직화 및 정교화를 저장과 관련된 전략으로, 단서화 전략(cueing strategy)을 인출과 관련된 전략으로 보았다. 이와 관련하여 인지적 단서 작용에 대해 '하나의 심적 상태가 다른 심적 상태를 촉진하거나 단서가 되는 것'으로 설명하였다. 기억 전략과 관련된 몇 가지 기본 원리들을 살펴보면 다음과 같다.

① **주의집중** : 장 · 단기 기억 증진을 위한 전략 이전에 수행되어야 할 요소로서 주로 감각 기억으로도 지칭되는 즉시적 기억과 관련이 깊다. 이는 감각 기억에 있는 것 중에서 어떤 것에 반응하고 어떤 것에는 반응하지 않을 것인지를 구분하고, 장기 파지를 위해 추가로 해야 할 일이 무엇인가 등을 결정하는 활동과 관련되어 있다. 주의집중은 특히 기억의 초기 단계에서 중요하다.

② **선행 지식 혹은 배경 지식의 활용** : 선행 지식은 학습자의 기존의 인지 구조에 새로운 아이디어를 정착시킬 수 있도록 도와주며, 관념작용적 발판(ideational scaffolding)을 제공함으로써 학습과 기억을 개선시킬 수 있다(Ausubel, 1968). 이와 관련된 학습 전략으로서 학습 자료 내에 포함된 개념들을 일반적이고 포괄적인 개념으로부터 세부적인 구체적인 개념으로까지 조직화하는 과정인 개념도(concept map) 전략이 있다.

③ **반복** : 정보의 재생이 실패할 때마다 되풀이해서 정보에 노출되는 것이 반복이다. 정보의 반복에는 집중 반복(massed repetition)과 분산 반복(distributed repetition)이 있는데, 장기 기억으로의 전이라는 측면에서는 후자가 더 효과적이다.

④ **시연** : 시연도 일종의 반복이지만, 반복이 외부에서 정보가 주어지는 것이라면, 학습자 스스로 소리 내지 않고 되풀이하고 암송하는 것이 시연이다. 이는 정보를 단기 기억에 유지시켜 주는 기능을 지니고 있으며, 또한 정보를 단기 기억에서 장기 기억으로 전환시키는 기능을 갖는다. 시연에는 단순 시연과 어의적 시연이 있는데, 장기 기억으로 정보를 효과적으로 전이시키기 위해서는 어의적 시연과 같은 보다 정교화된 시연이 필요하다.

⑤ **조직화** : 정보의 성공적인 재생뿐 아니라 의도적 학습을 위한 보다 복잡하고 고차적인 전략 중의 하나다. 조직화는 크게 위계적 조직화, 주관적 조직화 및 청킹으로 구분된다. 이에 대해 살펴보면 다음과 같다.

- **위계적 조직화** : 제시된 정보를 정보 자체가 지니고 있는 어떤 규칙에 의해 조직화하는 것이다. 예컨대, 세상의 모든 사상들을 물체라 하고, 물체를 다시 생물과 무생물로, 생물을 다시 동물과 식물로 유목화하는 것 등이다.
- **주관적 조직화** : 학습 자료 간에 관련성이 없거나 결합이 잘 되지 않는 특징을 지니고 있을 때 학습자가 나름대로 정보를 조직화해 나가는 방법이다. 다양한 기억술(범주화, 머릿글자

활용하기, 약어법(abbrevation), 리듬법 등)이 활용될 수 있다.

- **청킹** : 학습하려고 하는 정보들을 그 순서나 물리적 속성에 기초하여 그룹으로 묶는 것으로서 주관적 조직화의 한 형태다. 청킹은 장기 기억보다는 단기 기억을 확장시키는 데 더 유익한 것으로 알려져 있으나, 장기 기억으로의 전이에도 영향을 미친다.

⑥ **정교화** : 자료에 대한 기억을 증진시키기 위해 정보의 양을 추가하는 것으로, 정보가 다양한 형태로 부호화되도록 도와줌으로써 인출 시 단서를 증가시켜 줄 수 있다. 정교화 전략의 하나로서 일상 언어 매개방법은, 특히 외국어 어휘 습득에서 자주 사용되는 방법인데, 의미 없는 내용을 의미 있는 형태로 전환시켜 기억 속에 넣어 둠으로써 강력한 인출 통로를 만드는 것이다.

⑦ **심상** : 학습 자료를 장기 기억에 쉽게 저장시키기 위해서 학습자가 자료를 머릿속에 이미지로 만들어 보는 것이다. 예컨대, 기억해야 할 두 단어를 이미지로 기억하게 되면(예 : 꽃-자전거 : 꽃을 든 소녀가 자전거를 타고 가는 모습) 회상률을 더 높일 수 있다. 보통 학습 자료가 구체적인 것일수록 심상은 분명해질 수 있으나, 추상적인 것일수록 뚜렷하지 않을 수 있다.

⑧ **장소법** : 고대 그리스의 시인 Simodinde의 기억 방법에서 유래되었으며, 정신적 산책(mental walk)법이라고도 한다. 심상은 자료 자체 내에서 질서를 찾으려고 하는 데 비해, 장소법은 기억하고자 하는 자료에 대해 스스로 질서를 부여하는 방법이다. 장소법은 기억하고자 하는 자료를 자신이 잘 알고 있는 장소와 연합하여 기억하는 방법으로, 예컨대 rice, note, album, chair, cup을 암기해야 한다면, 일정한 순서로 각각의 항목들을 특정 장소에 놓아 두는 심상을 만드는 것이다.

5) 기억 향상법(mnemonics)

기억술은 기억 속에 저장된 수많은 정보들 사이에서 재생될 필요가 있는 것을 정확하게 선택하여 회상할 수 있도록 도와주는 기억 장치나 기억 방법이라 할 수 있다. 이러한 기억술로서 약어법, 머릿글자 활용하기, 리듬법, 시각적 이미지, 시간 계열화, 모양, 변형 및 강조, 친밀한 것과의 연합 및 내재된 원리의 활용 등이 있다.

① **머릿글자 활용하기** : 기억해야 할 정보의 목록에서 각 항목의 첫 글자를 따서 새로운 낱말이나 구를 만드는 것이다. 머릿글자를 따서 활용하되, 의미에 집중하지 않을 때는 약어법이라 할 수 있다.

- 독수리, 소쩍새, 구관조, 기러기 ⇨ 소독기구
- Huron, Ontarion, Michigan, Erie, Superior ⇨ HOMES

② **문장 만들기** : 기억해야 할 정보의 개수가 많을 때는 각 항목의 첫 글자나 제시되어 있는 항목의 낱말을 직접적으로 사용하여 의미 있는 문장을 만드는 것이다. 문장을 만들 때에는 Levine(1988)이 제안한 정교화의 몇 가지 원리를 참조하는 것이 바람직하다(제7장 '효과적인 외국어 학습 전략' 참조).

- 청소골, 유스타키오관, 달팽이관, 고막 ⇨ (충청도 처녀왈) 청소는 고달퍼 유~
- Mercury, Venus, Earth, Mars, Jupiter, Saturn, Urban, Neptune, Pluto
  ⇨ May Very Eager Musicians Just Sell Us New Pianos.

③ **리듬이나 패턴을 이용하는 법** : 학습자가 이미 알고 있는 노래나 리듬을 이용해서 일련의 항목들을 기억하는 것으로, 비교적 단순한 곡과 리듬을 활용하는 것이 바람직하다.

④ **시각적 이미지** : 새로운 단어나 개념에 시각적 단서를 연합시켜 주는 것으로서 Wittrock (1977)은 학생들이 낱말과 그 정의를 읽고 쓰기만 할 때보다 상징적 기호나 그림으로 그렸을 때 더 잘 기억한다고 하였다. 특히, 구체적인 개념보다는 추상적 개념에 대한 이해를 높이는 데 유용하다.

- 상승 ⇑
- 평등 =
- 충고 ☞

⑤ **요령** : 새로운 자료를 학습할 때 기존에 알고 있던 것을 다양한 방식으로 연합하거나 활용하는 것으로, 기억하기 쉬운 형태로 단어를 변형시키거나, 비슷한 음으로 대치시키거나, 연합시키는 것 등을 말한다. 정교화를 이용한 영어 단어 학습에서 자주 활용될 수 있는 유용한 방법이다.

- recover(리커버) : 되찾다 ⇨ 잃어버렸던 니 커버 되찾았니?
- agrarian(어그러리언) : 토지의, 농업의 ⇨ 토지를 매각할까요? 어 그러렴.

⑥ **사건 계열화** : 학습 자료를 기억해야 할 때 기존에 알고 있던 일련의 순서를 활용하는 것이다. 여기서 사용되는 일화나 행동의 순서는 분명하고 쉽게 기억되는 것이 좋다. 예컨대, 아침 기상에서부터 등교하기까지의 순서나 활동에 기억해야 할 영어 단어를 짝짓는 것 등이다.

⑦ **모양** : 기억해야 할 학습 자료를 모양과 같은 물리적 속성을 이용하여 암기하는 것이다. 예컨대, 영어 단어 'obesity(비만)'를 배(be)가 o자 모양으로 동그랗게 부른 사람으로 생각하여 암기할 수 있다.

⑧ **변형 및 강조 전략** : 기억해야 할 것들 중에서 어떤 특징적인 것만을 추출하여 기억하기 쉽도록 변형시키는 것을 말한다. 평범하거나 추상적인 것보다는 독특하고 재미있는 것이 일반적으로 기억을 더욱 촉진시킨다. 재미있는 삽화를 학습해야 할 내용과 연결시켜 주는 것이 한 예인데, 교과서나 학습 관련 서적에서 쉽게 찾아볼 수 있다.

⑨ **범주화** : 조직화의 원리를 이용한 것으로 사물이나 개념의 모양, 기능 및 속성에 따라 유사한 것끼리 묶어 주는 것을 말한다.

삼각함수, 사유재산, 바람, 척추동물, 인플레이션, 집합, 염색체, 확률, 민주주의, 돌연변이, 석유, 태양

- 수학 : 삼각함수, 확률, 집합
- 사회 : 사유재산, 인플레이션, 민주주의
- 생물 : 염색체, 돌연변이, 척추동물
- 에너지 자원 : 석유, 태양, 바람

⑩ **그래픽 조직화** : 내용에 대한 범주적 이해와 함께 시각적 이미지를 추가하여 기억을 더욱 촉진할 수 있도록 하는 것이다. 기억의 대상이 간단한 개념이나 단어에 제한되는 것이 아니라 글자료로까지 넓게 확장될 수 있어서, 단순히 기억뿐 아니라 효과적인 읽기나 필기법을 포함한 제반 학습 전략에 있어서도 필수적이라 할 수 있다. 기본적인 형태로는 마인드맵을 활용할 수 있으나, 학습 자료의 속성에 따라 매우 다양한 형태의 도식을 활용할 수 있다.

그래픽 조직화를 사용할 때의 주요 지침을 살펴보면 다음과 같다.

- 내용에 대한 정확한 이해를 위해 정독한다.
- 필요하다면 가장 포괄적인 개념, 중간 개념, 소개념 등을 위계적으로 분류한다(개념도 만들기 연습).
- 전체적으로 질서 있고 명료하게 도식화한다.
- 각 가지는 일관성 있게 배치하고, 의미상 서로 연결이 잘 될 수 있도록 한다.
- 강조 기법을 적절히 사용한다. 즉, 위계상 상위 개념에 대해서는 상대적으로 큰 활자로 적고 입체화하거나 색연필로 강조한다.
- 색을 사용할 때는 3~4개 정도가 적당하다.
- 다 만든 후에는 그림을 보고 구두로 설명해 본다.

2 학습장애 · ADHD의 학습 및 기억 과정의 특성과 문제

1) 학습장애아의 학습 및 기억 과정의 특성과 문제

① 지각 및 운동 결함

- 감각, 운동 기술의 결함(운동 협응, 좌우 감각)
- 언어 처리와 청각 처리의 곤란(언어유창성, 언어 분화)
- 시 · 공간 기술과 구성 기술의 결함(조립, 보고 그리기, 시각적 변별 등)

② **주의력 문제** : 주의의 폭(attention span)과 주의지속 시간이 짧다.

③ 기초학습능력의 결함

- 읽기
  - 생략, 첨가, 대치, 도치, 낮은 독해력(형태 인식)
  - 글자와 소리의 대응관계 학습의 곤란(음운 인식)
  - 비슷한 단어를 서로 혼동(시청각 변별 혼란)
  - 단어/문장 읽기 속도와 정확성의 문제

- 쓰기
  - 글자의 크기, 간격, 글자 간의 심한 불균형
  - 쓰는 속도가 느림
  - 맞춤법 오류
  - 글 조직화의 어려움
  - 제한된 어휘력
- 말하기
  - 크기, 억양 및 속도의 부자연스러움
  - 횡설수설하거나 조리가 부족한 표현
  - 표현 방식 전환의 어려움
- 추론
  - 복잡한 차원 이해 및 적용의 어려움
  - 추상적 개념 파악과 획득의 어려움
- 수학
  - 숫자 쓰기, 읽기 능력 부족
  - 자리값에 따른 숫자 배열의 어려움
  - 숫자의 혼동
  - 시각적 무시
  - 수학적 응용의 곤란
- 기억, 인지
  - 제한된 용량
  - 특히, 작업 기억의 결함
  - 자발적인 전략 사용의 어려움(전략 동원의 수동성)
  - 전략 학습 및 습관화의 어려움
  - 유사한 과제로의 전이 및 응용의 어려움
  - 매우 느린 정보처리 속도
  - 기능적이고 구체적인 수준에서의 처리
  - 교육을 통한 향상의 폭 제한
  - 학습 전략을 실제 학업 장면에 자발적으로 동원하지 못함

2) ADHD 아동의 학습 및 기억 과정의 특성과 문제

① **주의력 문제** : 주의 선택의 문제와 지속적 주의의 문제

② **지각, 운동의 결함**

- 행동은 많으나 민첩성은 떨어진다.
- 구두 지시를 잘 따르지 못한다.
- 전반적인 미세 운동 협응이 어렵다.
- 읽기 속도와 시각 운동 협응의 일치가 어렵다.

③ **인지적 특성**

- 자극에 대한 높은 반응성(즉흥적, 비일관적)
- 새로운 문제해결 습득의 문제
- 상위 수준의 개념화 문제
- 주의의 어려움으로 기억에 관한 정확한 평가가 어려우나, 선행 연구 결과에 기초해 볼 때 전략에 대한 학습이 이루어지는 경우 기억의 문제가 해결될 수도 있다.
- 단, 전략 동원을 의식적으로 하지 않는다(노력을 최소한으로 줄이려는 시도).
- 쉬운 과제수행능력 탁월, 복잡해지면 저하
- 우연적이거나 변덕스러운 책략의 사용
- 감각적이고 새로운 자극에 대한 관심
- 익숙하고 반복적인 과제 수행 저하
- 정보의 누락, 대치
- 신속하고 빠른 정보처리
- 강화의 효과가 제한적
- 비체계적 검열
- 원리와 규칙 발견의 곤란
- 계획, 집행(실행)의 조직화의 어려움
- 복잡한 단계를 거치는 추론, 문제해결의 곤란
- 피상적 수준의 정보처리
- 확장적 사고
- 판단과 행동의 불일치

- 자기 평가와 감찰적 시도의 결핍
- 정교화의 부족
- 욕구적, 감정적 문제해결

④ 기초 학습의 문제(읽기, 쓰기, 말하기)

- 읽기, 쓰기, 말하기 및 산수에서의 문제가 외견상 학습장애(LD)와 유사해 보이나, 주로 음운 인식, 형태, 구조, 의미론적 결함보다는 생략, 대치, 도치 등의 오류가 흔하다. 따라서 시간차를 둔 중복 평가와 관찰이 권장된다.
- 철자, 개념 습득에 어려움이 있을지라도 일단 학습이 이루어지면 교정이 가능하다.
- 말하기에서 조리없는 표현이 관찰되나, 이는 부주의, 계획성 부족, 계열적 처리 능력 결함 및 확장적 사고 경향과 보다 관련이 깊다.
- 단, 임상적으로 유의한 수준의 지속적이고 만성적인 집중의 문제는 LD와 유사한 방식으로 정보의 입력, 저장 및 인출 등 정보처리 과정에 상당한 영향을 미칠 수 있다. 따라서 조기 발견과 적절한 개입이 필요하다.

3 프로그램의 내용 및 지침

1) 프로그램의 내용

프로그램의 내용	세부 활동	
학습 준비	기억 실습	
	나의 기억법 점검	
	기억력을 향상시킬 수 있는 마음의 자세와 생활 습관 만들기	
기억 전략 실습	범주화	• 범주화란? • 그림카드 분류하기 • 범주 리스트 작성하기 • 범주의 이름 붙이기 • 관련 없는 개념 제외시키기 • 범주화 실습하기

기억 전략 실습	머릿글자 활용법	• 머릿글자 활용법이란? • 글자카드로 단어 만들기 게임 • 머릿글자 활용 실습: 단어 만들기 • 머릿글자 활용 실습: 문장 만들기
	그래픽 조직화	• 그래픽 조직화란? • 개념도 이해하기 • 개념 간의 위계를 정하기 • 개념 간의 관계를 나타내는 연결어 알아보기 • 개념 간의 관계를 나타내는 연결어 넣기 연습 • 글을 읽고 개념도 그리기 • 마인드맵, 개념도, 그래픽 조직화 비교 • 그래픽 조직화 연습

2) 프로그램의 지침

① 범주화를 할 때에는 구체적인 사물→그림→어휘 순으로 연습한다. 부록에 첨부된 범주화 카드는 학생의 학년과 이해 수준을 고려하여 단계적으로 선택해서 활용한다.

② 머릿글자 활용하기를 할 때에는 글자 카드를 보고 단어 연상하기→단어 맞추기→문장 만들기 순으로 훈련한다.

② 그래픽 조직화 방법은 개념도 학습이 충분히 이루어진 후에 실시한다. 그래픽 조직화 방법은 효과적인 필기법과도 관련되어 있기 때문에 두 가지를 병행하는 것이 좋다.

참고문헌

Anderson, J. R. (1996). Working memory: Activation limitations on retrieval. *Cognitive Psychology, 30,* 221-256.

Atkinson, R. C., & Shiffrin, R. M. (1968). Human memory: A proposed system and its control processes. In S. C. Wilhite & D. E. Payne (Eds.), *Learning and memory.* Needham Heights, MA: Allyn and Bacon.

Ausubel, D. P. (1968). *Educational psychology: A cognitive view.* New York: Holt, Rinehart & Winston.

Baddeley, A. D. (1976). *The psychology of memory.* New York: Harper & Row.

Baddeley, A. D., & Hitch, G. J. (1974). Working memory. In G. A. Bower. (Ed.), *Recent advances in learning and motivation* (pp. 47-90). New York: Academic Press.

Baddeley, A. D., & Hitch, G. J. (2000). Development of working memory: Should the Pascual-Leone and the Baddeley and Hitch models be merged? *Journal of Experimental Child Psychology, 77,* 128-137.

Craik, F. I. M., & Lockhart, R. T. (1972). Levels of processing: A framework for memory research. *Journal of Verbal Learning and Verbal Behavior, 11,* 671-684.

Flavell, J. H. (1971). First discussant's comments: What is memory development of? *Human Development, 14,* 272-278.

Klatsky, R. L. (1980). *Human memory.* San Francisco: Freeman and Company.

Miller, G. A. (1956). The magical number seven, plus or minus two: Some limits on our capacity for processing information. *Psychological Review, 63,* 81-97.

Levin, J. R. (1988). Elaboration-based learning strategies: Powerful theory and powerful application. *Contemporary Educational Psychology, 13,* 191-205.

Sperling, G. (1960). The information available in brief visual presentation. *Psychological Monographs, 74,* 299.

Tulving, E. (1972). Episodic and semantic memory. In E. Tulving & W. Donaldson. (Eds.), *Organization and memory.* New York: Academic Press.

Wittrock, M. C. (1974). Learning as a generative process. *Educational Psychologist, 11,* 87-95.

제 5 장

효과적인 읽기 및 필기 전략

1 읽기

1) 읽기의 개념

읽기는 단어 재인(word recognition)과 이해(comprehension)라는 두 가지 기능적 활동을 통해 이루어진다(Mercer, 1991). 단어 재인은 문자에 대한 해독(decoding)을 의미하는 것으로서 형태(configuration), 음소(phonics), 음절(syllables), 문맥(context) 분석 및 반복 경험과 관련된 일견 읽기(sight reading)를 통해 이루어진다. 읽기 활동을 통한 내용 이해는 단어 이해, 내용에 대한 문자 그대로의 이해(literal comprehension), 추론적 이해, 평가 혹은 비판적 이해 및 감상적 이해로 구분할 수 있다. 이에 대해 좀 더 구체적으로 살펴보면 다음과 같다.

(1) 단어 재인

① **형태 분석** : 문자의 시각적 특징이나 단서에 근거해 단어를 인식하는 활동

② **음소 분석** : 단어를 구성하고 있는 문자소(grapheme)와 음소(phoneme)의 대응관계 분석을 통해 단어를 재인하는 활동

③ **음절 분석** : 단어를 구성하고 있는 각 음절에 해당되는 소리를 분석적으로 지각함으로써 전체 단어를 재인하는 활동

④ **문맥 분석** : 주변 단어나 의미에 의존해서 생소한 단어를 해독하는 활동

⑤ **일견 읽기** : 단어에 대한 의식적인 음소나 음절 분석을 하지 않으면서 즉각적으로 단어를 재인하는 활동

(2) 읽기 활동

① **단어 이해** : 자료의 전체적인 내용에 대한 이해 및 기억을 위한 기초가 되는 것

② **사실적 이해** : 객관적이고 기본적인 읽기 활동으로서 자료에서 제시된 내용을 사실 그대로 이해하고 의미화하는 것

③ **추론적 이해** : 사실적 이해를 기초로 하여 인과관계, 결론 및 의도를 추론하는 등 보다 발전된 정보를 창조적으로 구성해 내는 것

④ **비판적/평가적 이해** : 지식, 경험 및 가치 체계 등의 내·외적 근거를 중심으로 읽기 자료에서 제시된 내용의 정확성, 저자의 의도 및 정보의 유용성 등을 판단하는 것

⑤ **감상적 이해** : 읽기 자료에 대한 정서적 측면의 반응으로서 자신의 관점에서 해석, 동일시 및 미적 가치의 내면화 등이 이루어지는 것

크게 단어 재인과 읽기 이해라는 두 요인으로 이루어지는 읽기 활동은 인지와 사고를 바탕으로 하되, 읽기 주체의 이전 경험과 지식, 읽기 자료 내에서 이용할 수 있는 정보, 독자의 입장, 사회적 상호작용 및 의사소통 등 다양한 세부 요소들 간의 상호작용에 의해 이루어진다고 할 수 있다.

2) 읽기 능력의 발달 단계

읽기 능력이 발달해 가는 과정은 크게 다섯 단계로 구분해 볼 수 있다. 첫 번째 단계는 경험 학습의 단계로서, 이 단계에 있는 아동들은 사회적 맥락에서 구어를 사용함으로써 의사소통을 학습한다. 읽기를 위해서는 문어의 의사소통에서 구어적 의미를 찾고 연관시켜야 한다. 따라서 아동은 이야기 속에서 단어의 의미를 경험과 관련하여 연상하기 시작하고 일련의 단어군을 보고 재인하게 된다.

두 번째 단계는 의미에 집중하는 단계로서, 이 단계에 있는 아동들은 단어와 이야기에 관한 텍스트 중심의 정보에 초점을 맞추게 된다. 따라서 보다 긴 내용을 읽을 수 있게 되며, 의미에 초점을 맞추어 해독할 수 있다.

세 번째 단계는 어휘 범위의 확대와 연합이 시도되는 단계로서, 이 단계에 있는 아동들은 문장의 형식에 보다 초점을 맞춰야 하며, 내용을 이미 알고 있는 지식 및 의미와 연계시켜야 한다. 단어 유창성, 문장 및 아이디어의 의미에 관한 사고 능력이 증대된다.

네 번째 단계는 지식, 교육 및 경험 등의 자원이 확대되는 단계로서, 이 단계에 있는 아동들은 보다 어려운 과제를 읽게 될 때 텍스트에서 제공하는 정보만으로는 충분하지 않은 경우가 있음을 깨닫게 된다. 복잡하고 난해한 읽기 자료는 학습자에게 보다 많은 교육, 지식, 경험 및 아이디어를 발달시킬 것을 요구하게 되는데, 이에 적절한 준비 태세를 갖춘다.

마지막 단계는 자원의 조직화, 전략의 개발 및 학습이 이루어지는 단계로서, 이 단계에 있는 아동들은 다양한 자원에서 끌어 낸 정보를 핵심적인 관점이나 일련의 주요 내용과 관련시키기 시작한다. 즉, 정보를 체계적으로 조직화할 것이 필요로 되는데, 이에 부응할 수 있는 읽기 방략을 개발하거나 학습한다.

3) 읽기 과정 모형

읽기 과정을 설명하는 관점으로는 크게 정보처리론적 관점과 구성주의적 관점이 있다. 정보처리론적 관점에서 읽기는 언어라는 정보를 다루는 과정이며, 언어 기호로 제시된 글을 해독하는 것이라고 가정한다. 반면, 구성주의적 관점은 읽기는 글에 대한 이해이며, 이해는 인간의 심리적인 작용으로 본다. 따라서 글 자체보다는 독자의 정신작용, 글의 의미와 독자의 의미 간의 상호작용을 강조한다. 정보처리론적 관점의 대표적 모형으로는 상향식 모형(Gough, 1996)이 있으며, 하향식 모형(Goodman, 1967) 및 상호작용 모형(Rumelhart, 1975)은 구성주의적 관점의 모형에 해당된다. 이 세 가지 모형 중 상호작용적 관점에서 읽기 과정을 이해하는 것이 최근의 일반적 추세다.

① **상향식 모형** : 읽기 과정을 가장 작은 낱낱의 문자에 대한 지각 및 확인에서 시작하여 점차 큰 언어적 단위인 단어, 구, 문장, 문단으로 확대하고, 글 전체로 이어짐으로써 글의 의미를 파악하게 되는 직선적인 일련의 정보처리 과정으로 보는 것이다. 이 모형에서는 무엇보다도 글을 정확하게 해독하는 것을 강조한다.

② **하향식 모형** : 읽기 과정이 독자의 기대와 경험에 기초하여 글의 의미에 관한 가설을 세움으로써 시작된다고 가정한다. 즉, 글의 내용이 무엇을 표현하는 것인지를 알면 각 문장을 이해하는 것이 쉽고, 문장의 구조나 의미를 알게 되면 각 단어에 대한 이해와 문자 인식이 용이해진다고 보는 것이다. 이 모형에서는 독자의 능동적이고 창조적인 참여를 강조한다.

③ **상호작용 모형** : 읽기 과정을 상향식과 하향식 간의 상호작용으로 보면서 글 자체의 영향과 독자의 영향을 모두 인정한다. 즉, 텍스트에 대한 이해는 내용에 대한 독자의 배경 지식, 가정과 추측뿐 아니라 글 자체에 대한 정확한 확인이 상호작용하며 이루어진다는 것이다. 상호작용 모형에 기초하고 있는 읽기 지도 방법에는 '전략 중심 지도'가 있다. 전략 중심 지도 방법의 핵심적 개념인 초인지 개념은 학생들에게 다음의 다섯 가지 활동을 할 수 있도록 지도한다(Baker & Brown, 1984).

- 읽기의 목적을 의식적으로 파악하도록 한다.
- 목적에 따라 필요한 것에 주의집중하도록 한다.
- 글의 내용 중 중요한 내용과 덜 중요한 내용을 선별한다.
- 내용을 제대로 파악하면서 읽고 있는지 스스로 점검한다.
- 내용 파악이 제대로 이루어지지 않았으면 새로운 읽기 전략을 동원한다.

4) 읽기 지도

(1) 읽기 기능 지도

읽기는 하나의 기능이므로 읽기 과정에 관련된 읽기 기능들을 세분화하고, 이 기능들을 위계적으로 유목화한 것을 읽기 지도의 핵심 내용으로 한다. 즉, 음운이나 철자의 재인 기능에서 출발하여 이해 기능까지 상향식 단계로 분류하고, 이 단계에 따라 읽기 기능 지도 내용을 구성한다. 그 예로, Barrett(1976)의 읽기 기능 분류가 〈표 5-1〉에 제시되어 있다.

〈표 5-1〉 Barrett의 읽기 기능 분류

문자 그대로의 재인/회상 (literal recognition or recall)	• 세부 내용에 대한 재인/회상 • 중심 생각에 대한 재인/회상 • 줄거리에 대한 재인/회상 • 비교에 대한 재인/회상 • 인과관계에 대한 재인/회상 • 인물의 특성에 대한 재인/회상
재조직화(reorganization)	• 유목화 • 개요 • 요약 • 종합
추론(inference)	• 뒷받침되는 세부 내용 추론 • 중심 생각 추론 • 줄거리 추론 • 비교 추론 • 인과관계 추론 • 인물의 특성 추론 • 결과 예측 • 비유적 언어 해석
평가(evaluation)	• 현실과 환상의 판단 • 사실과 의견의 판단 • 정확성과 타당성의 판단 • 적절성의 판단 • 수용가능성의 판단
감상(appreciation)	• 주제나 구성에 대한 정서적 반응 • 인물이나 사건에 대한 공감 • 필자/화자가 사용한 언어에 대한 반응 • 심상

(2) 읽기 전략 지도

읽기 전략 지도는 이른바 자기지시적 학습(self-directed learning)으로 읽기 목적의 이해, 관련되는 배경 지식의 활성화, 중심 내용에 대한 집중, 비판적 평가, 이해 점검 및 추론과 같은 이해 활동을 중요시한다. 1970년대부터 관심을 모으기 시작한 초인지에 대한 개념이 읽기 지도에도 도입이 되면서 읽기의 인지적 측면과 초인지적 측면이 읽기 지도 연구의 관심이 되었다. Flavell(1979)은 초인지 기능을 인식, 점검 및 보완 전략의 사용 등 세 가지 유형으로 소개하면서 읽기에 포함되는 초인지적 기능을 '읽기 목적의 확인', '메시지의 주요 부분 확인', '주요 내용에 대한 집중', '이해 여부에 대한 지속적인 점검', '목표 성취를 위한 자문(self-question)의 활용' 및 '이해 실패 시 정정'의 여섯 가지로 제시했다. 전략 중심 읽기 지도 모형에는 직접 교수(direct instruction) 모형, 명시적 교수(explicit instruction) 모형, 상보적 교수(reciprocal teaching) 모형 및 초인지적 읽기 전략 지도가 통합적인 관점에서 제시되는 MURDER(Mood, Understanding, Recalling, Digesting, Expanding, Reviewing) 등이 있다. 이들 각각에 대해 살펴보면 다음과 같다.

① **직접 교수 모형** : 직접 교수 모형의 구성요소는 다음과 같다.

- 일련의 과정으로 각 단계 선정
- 각 단계별 전략에 대한 명시적 지도
- 학생의 오류에 대한 전략적 교정
- 교사 중심 활동의 점진적 축소 및 학생 중심의 독립적 활동 강화
- 체계적 연습
- 지속적이고 누가적인 복습
- 예견되는 오류에 대한 학습 활동 제공

② **명시적 교수 모형** : 명시적 교수 모형에서는 선언적이며 절차적인 지식 요인뿐만 아니라 효과적인 전략 활용에 필요한 조건적 지식에도 관심을 둔다.

- 전략에 대한 설명(목적, 방법, 이유 및 시기)과 함께 직접 시범을 보인다.
- 학생들이 스스로 과제를 수행할 수 있을 때까지 안내된 연습을 통해 과제 완수에 대한 책임감을 함양시킨다.
- 교사는 학습된 전략을 새로운 읽기 상황에도 적용시킬 수 있는지에 대해 관심을 갖는다.

③ **상보적 교수 모형** : 상보적 교수 모형에서는 글 내용에 대한 이해와 기억을 목표로 하여

집단 토론 방법을 도입한다. 집단 토론에서는 질문, 명료화, 요약 및 예언의 네 가지 전략을 사용하는데, 글 내용이나 학생들의 전략 이해라는 두 측면 모두에 관해 토론이 이루어진다. 상보적 교수 모형의 수업 설계 원칙에는 교사의 명확하고 구체적이며 바람직한 독해 활동의 시범, 맥락에 대한 교사의 적절한 시범, 전략적 중재와 전략 활동 범주에 대한 교사로부터의 충분한 설명, 전략적 학습의 필요성과 중요성 인식, 학생들 자신의 책임 인식 및 지속적인 격려 등이 있다.

④ MURDER : 각 단계의 의미와 활동은 다음과 같다.

- M(Mood) : 학습 분위기를 조성한다.
- U(Understanding) : 중심 내용을 이해하기 위해 읽는다.
- R(Recalling) : 글을 보지 않고도 학습 자료를 회상한다.
- D(Digesting) : 실수를 교정하고 학습 자료를 확장하고 재처리하는 과정을 통해 학습 자료를 압축한다.
- E(Expanding) : 자기 질문을 통해 지식을 확장한다.
- R(Reviewing) : 검토한다.

5) 읽기 전략 지도의 구체적인 내용

(1) 읽기 과정에서 효과적인 자기질문법(Stewart & Landine, 1995)

① 읽기 전 질문

- 정보의 내용은 무엇인가?
- 어떤 방식으로 정보를 제공하는가?
- 여러 개념들이 어떻게 관련되는가?
- 자료들을 어떻게 조직화하는가?
- 이 정보를 알기 위해 다른 것을 알 필요는 없는가?

② 읽기 중 질문

- 앞선 과정에서 중심 내용을 이해했는가?
- 이 단락의 중심 내용과 이전의 것은 어떻게 관련되는가?
- 저자가 소개하는 새로운 개념은 없는가?
- 이 단락의 아이디어는 이전 단락의 보완인가 반복인가?
- 지금까지의 모든 개념들 간의 관계를 관련지을 수 있는가?

③ 읽기 후 질문

- 전체 내용을 잘 이해했는가?
- 간단하게 요약할 수 있는가?
- 글의 요점을 열거할 수 있는가?
- 새로운 것과 이미 알고 있었던 것은?
- 이 정보가 나에게 얼마나 의미 있는가?

(2) 읽기 시작 단계에서 주의집중

① 주의산만을 야기할 수 있는 원인을 탐색하고 적절한 대응책 선택하기

② 읽기를 위한 가장 좋은 장소와 시간 찾기

③ 협력이 필요한 것이 아니라면 혼자서 읽기

④ 읽기 장소와 시간을 규칙적으로 정하기

⑤ 집중에 도움이 된다면 낮은 볼륨으로 배경 음악 틀어 두기

(3) 읽기 이해력을 증진시킬 수 있는 방법

① **읽기와 학습하는 과정에서 지속적으로 지식을 쌓기** : 축적된 단어, 사실 및 아이디어는 새로운 읽기 과제에 대한 이해력을 향상시킨다.

② **읽기의 목적이 무엇인지 파악하기** : 읽기의 목적이 이해인지, 비판적인 평가인지, 실용적인 적용인지, 과제 준비인지, 시험 대비인지, 즐기기 위한 것인지 등을 확실히 한다. 목적이 분명할 때 무엇을 해야 하는지, 어떻게 해야 하는지, 어디에 집중해야 하는지 알 수 있다.

③ **부정적인 자기말을 긍정적인 자기말로 바꾸기** : 예컨대, 스스로 '나는 이해력이 부족한가 봐.'라고 말하는 대신, '좀 더 읽으면 보다 확실하게 이해할 수 있을 거야.'라고 말한다.

④ **자신의 읽기 과정에 대해 비판적으로 생각하기** : 여기서 말하는 비판적 사고는 줄거리, 핵심 주제, 이전 단락 내용과의 연관성 등을 제대로 파악하면서 읽고 있는지를 스스로에게 질문하고 감찰하는 것과 관련된 사고 활동이다.

(4) 읽기 속도를 증진시킬 수 있는 방법

① 단어 하나하나에 집중하기보다는 군 단위로 읽기

② 특별한 이유가 아니라면 손가락이나 펜으로 가리키면서 읽는 것을 삼가기

③ 단어 하나하나에 시선을 집중시키는 대신 좌우로 신속하게 움직이며 역동적으로 읽기

④ 대체로 시선을 텍스트의 중앙에 위치해 두고 읽기

⑤ 특별한 이유가 아니라면 소리 내어 읽는 것을 삼가기

⑥ 읽기 속도에 집중한다면 단어 하나하나의 의미를 되새기려 하지 말기

(5) SQ3R

SQ3R은 1970년대 Robinson이 효과적인 읽기와 기억을 위해 제안한 방법으로 가장 오랫동안 광범위하게 사용되고 있는 학습 전략이다. 각 단계에 해당되는 내용은 〈표 5-2〉와 같다 (Carter, Bishop, & Kravits, 2000).

〈표 5-2〉 SQ3R의 각 단계의 이름과 활동의 예

단계	활동
Survey (개관)	우선 전체 목차를 보고 책의 주제와 각 장과 절이 어떻게 구성되어 있는지를 훑어본다. 그 후 각 장을 더 작은 단위로 쪼개어 학습 분량을 나눈다.
Question (질문)	공부할 내용에 관한 질문을 스스로 해 본다. 예컨대, 관성이라는 것이 무엇일까? 관성은 왜 생겨나게 되었을까?
Read (읽기)	앞서 생각해 두었던 질문을 염두에 두고 책을 읽으면서 질문에 대한 답을 찾아본다. 이때 강조 표시법(highlighting 을 활용하는 것이 좋은데, 이를 위한 활용 지침은 다음과 같다. • 강조 표시는 주제나 핵심 내용이라고 생각되는 부분을 펜으로 표시하는 것으로 일단 한 번 읽고 난 후에 한다. • 주요 용어와 개념에 표시한다. • 그림이나 도표에 표시한다. • 지나치게 많은 표시를 하지 않는다. • 노트의 가장자리 여백에 주요 개념, 요점 등을 기록해 둔다. • 표시를 하는 것에 그치지 말고 이를 정리하여 기록해 둔다.
Recite (암송)	학습한 내용을 스스로에게 혹은 친구에게 설명해 보거나, 써 가면서 요약 정리해 본다. 기억해서 써 보는 것은 이해 여부를 분명히 알 수 있는 가장 효과적인 방법이다.
Review (복습)	읽은 내용에 대해 총정리하면서 복습한다. 감상적 읽기가 될 수 있도록 읽기의 내용을 자신의 기존 지식, 경험 및 의견 등과 관련지어 본다. 복습을 위한 구체적 기법으로는 다음의 것들이 있다. • 강조 표시하고 기록해 둔 것을 다시 읽는다. 관련 내용을 기억해서 설명해 본다. • 제시되어 있는 학습 목표, 학습 문제 등에 대해 답해 본다. • 자기 스스로 문제를 내고 풀어 본다. • 그래픽 조직화 방법(마인드맵)을 활용하여 핵심 내용을 도식화한다. • 기억해야 할 내용과 개념들이 많은 경우에는 학습 카드를 만든다.

(6) 읽기 전략 지도의 일반적인 교수 지침

① 읽기를 효과적으로 지도하기 위해서는 중재 방법이나 지도 기법을 분석하는 것이 중요하다. 프로그램을 진행하는 동안 학생에게 가장 도움을 줄 수 있는 방법을 고려하고, 다양한 기법들을 분석하며, 학생이 적용하는 방략과 효과적인 지도법을 연계시킬 수 있어야 한다.

② 학생들의 읽기 기능 수준과 읽기 전략의 활용 정도를 파악한다.

③ 텍스트의 내용을 파악하기 위해서는 이전 지식을 발달시키는 것이 필요하다. 어휘를 도입하고 배경 지식을 발달시키는 기법들을 읽기에 앞서 다루어 주는 것이 바람직하며, 어떤 기법들은 텍스트를 읽는 동안 능동적인 읽기 능력을 발달시키기 위해 적용될 수도 있다. 텍스트가 이야기식인가, 아니면 설명식인가에 따라 다른 기법이 적용될 수 있으며, 텍스트를 읽고 함께 이야기를 나눌 것인지, 아니면 써 볼 것인지 등 학생의 반응 양식에 따라 적용될 기법이 다양해질 수도 있다. 실제로, 교과서나 책을 읽는 데 불안을 지니고 있는 아동의 경우에는 학년 수준에 관계없이 흥미나 시각적 효과를 높일 수 있는 동화책이나 그림책을 활용하는 것이 바람직하다. 또한 읽기에 근본적인 결함이 없는 고학년 학생의 경우라도 전체적인 내용 파악에 집중해야 하는 경우에는 짧은 이야기나 우화를 활용하는 것도 좋다.

④ 읽기에 적용되는 기본적인 교수법 중의 하나는 주로 학생 스스로 텍스트를 이해하도록 하고 정교화하며, 점검하는 것을 촉진하는 활동과 관련 있다. 즉, 학생들이 읽으면서 줄거리나 핵심적인 내용을 스스로 이해하도록 하며, 궁금하거나 어려운 부분을 찾아내어 질문하고, 정보를 조직화하는 읽기 방략을 습득하도록 하는 것이다(읽기 지도 모형과 구체적인 읽기 지도 방법 참조).

⑤ 읽기 과정에서 핵심과 의미 파악을 돕기 위해서는 사전 지식이나 경험을 텍스트와 통합하도록 하고, 학습자의 단어(어휘)재인 방략을 강화하고 유창성을 발달시키도록 돕는다.

2 노트필기

1) 노트필기의 개념 · 가치 · 경청 기술

노트필기는 수업을 들을 때나 공부를 할 때 필요한 중요한 학습 기술이다. 효과적인 필기는 학습 내용에 대한 정리와 기억을 도울 뿐 아니라 독해력, 조직화 능력 및 비판적 사고력 등을 키우는 데도 도움이 된다. 노트필기의 가치에 대해 살펴보면 다음과 같다(Carter, et al., 2000).

- 공부와 시험 대비에 필요한 자료를 제공해 줄 수 있다.
- 적극적으로 학습할 수 있도록 한다.
- 비판적, 조직적으로 사고할 수 있도록 한다.
- 교과서에서 제시되는 것 이상의 학습이 이루어질 수 있도록 한다.
- 재학습의 기회를 제공해 줄 수 있다.
- 효과적인 필기법은 기억, 학습, 진학 및 취업 등의 여러 삶의 영역에서 두루 유용한 자원이 될 수 있다.

효과적인 경청 기술은 효과적인 노트필기를 위한 선행 조건이다. 즉, 의식적이고 초점적인 경청이 이루어지지 않으면 내용에 대한 이해는 물론, 공부에 도움이 되는 방식의 필기를 하기란 쉽지 않다. 경청 기술을 향상시킬 수 있는 지침을 살펴보면 다음과 같다.

- 예습을 통해 새로 배울 학습 내용과 중요 개념에 대해 생각해 보고 수업에 임한다. 수업 시간에 예습한 내용을 듣게 되면 이에 대해 재인할 수 있으며, 선행 지식은 주제에 대한 관심을 이끌어 낼 수 있다.
- 가능한 한 선생님이 잘 보이고 수업 내용을 잘 들을 수 있는 자리에 앉는다. 수업에 보다 잘 참여할 수 있도록 돕고, 산만해지는 것을 방지할 수 있다.
- 특별히 수업이 시작된 직후와 끝날 무렵에 선생님께서 하시는 말씀은 놓치지 않는다. 일반적으로 시작 시에는 그날 배울 내용의 주요 주제를 언급하며, 끝날 무렵에는 핵심을 요약한다.
- 자신과 환경의 신체적, 물리적 조건을 잘 통제한다. 시력이 나쁘거나, 추위를 잘 타거나, 자외선에 취약한 것 등을 고려하여 적절한 착석 위치를 정하는 것이 바람직하다. 그렇지 않으면

수업에 집중하는 것이 어려울 수도 있다.

- 학습에 임하는 태도 자체가 효과적인 경청을 방해할 수 있다는 것을 명심한다. 수업에 대해 다음의 예처럼 부정적인 태도를 나타낸 적은 없는지 점검해 본다.
  '이 수업이 수능 점수를 높이는 데 무슨 도움이 되지?'
  '차라리 이 시간에 내게 필요한 다른 과목을 공부하는 게 나을 거야.'
- 토론식이라면 질문과 답변에 적극적으로 참여한다. 적극적인 참여는 수업 과정과 내용에 잘 집중할 수 있도록 하며, 같은 시간에 더 많은 것을 배울 수 있도록 한다.
- 매 수업 시간에 노트필기를 위한 단기 목표를 정한다. 예컨대, 수업 끝나기 전 15분 내에 오늘 배운 내용의 핵심을 한 페이지로 요약하겠다고 계획하면 주요 주제에 보다 잘 경청하게 되며, 핵심을 더 잘 기록할 수 있게 된다.
- 수업 중에 답을 얻을 수 있는 몇 가지 질문을 생각해 둔다. 의문점이나 질문을 갖고 있으면, 답을 얻기 위해 수업 내용에 보다 더 집중을 잘할 수 있게 된다.
- 새로운 학습 내용을 이미 알고 있던 지식과 관련지어 생각해 본다. 예컨대, 조선시대의 '교육 제도'를 공부한다면, 현재의 교육 제도와 어떻게 다르고 또 비슷한지 생각해 본다. 이는 비판적, 조직적 사고력을 증진시키는 데 도움을 준다.
- 수업 시간 중 필기를 적절히 지속한다. 필기라는 적극적인 학습 과정은 주의를 모으고 유지하는 것을 도울 뿐 아니라 학습 내용에 대한 기억을 향상시킨다.

2) 효과적인 노트필기법

효과적인 노트필기법에는 노트필기를 위한 가이드라인, 수업 과정별 노트필기법, 핵심 개념 찾기, 필기기법 I : 밑줄 긋기(underlining), 필기기법 II : 줄여 쓰기(shorthand), SQRW, 코넬 노트필기법 및 노트필기의 다양한 형태 등의 내용이 포함되어 있다.

(1) 노트필기를 위한 가이드라인

① 과목별로 각기 다른 노트 혹은 구획을 나누어 노트를 사용한다. 또한 노트는 사용하기 쉬운 위치에 순서대로 질서 있게 놓아 둔다.

② 수업일자와 과목의 주제를 반드시 기록해 둔다.

③ 문제를 직접 풀어야 하는 과목을 제외하고는 연필보다는 볼펜 등의 펜을 사용한다. 연필은 쉽게 지워지고 시간이 지나면 글자체가 불분명해질 수 있기 때문이다.

④ 구두로 표현된 모든 내용을 적을 것이 아니라 핵심을 기록한다.

⑤ 교사의 행동이나 말을 통해 핵심 내용에 대한 단서를 찾는다. 다음은 핵심 내용과 관련된 단서들의 예다.

- 칠판에 기록
- OHP나 컴퓨터 등의 주변기기의 활용
- 목소리의 톤이나 말의 속도
- 외현적으로 중요하다고 강조하는 것
- 반복적으로 표현되는 것

⑥ 사실적인 내용 그대로를 학습해야 하는 과목을 제외하고는 의미를 바꾸지 않는 한도 내에서 내용을 의역한다. 일명 바꿔서 설명하는 의역 과정은 학습 자료에 대한 이해 정도를 확인할 수 있는 지표다.

⑦ 새로운 학습 내용을 기존의 것과 관련짓기 위해 노력하고, 의문점에 대해서는 질문한다.

⑧ 수업 전이나 초반에 학습해야 할 내용을 대략적으로 파악하여 이에 적합한 필기 방식을 동원한다. 글의 내용과 형식에 따른 필기 방식의 예는 다음과 같다.

- 리스트로 작성하기(listing)
- 순서/계열(order/sequence)
- 유사점과 차이점 대비(comparison/contrast)
- 원인과 결과(cause and effect)
- 문제와 해결(problem and solution)
- 분류(classification)
- 정의(definition)
- 사례 제시(example)

⑨ 줄여쓰기나 기호 등을 사용한다.

⑩ 이해가 불분명하거나 충분하지 않다고 생각되는 경우에는 여백을 많이 남겨 둔다.

⑪ 모든 수업에 빠지지 말고 참석한다.

(2) 수업 과정별 노트필기법

수업 과정별 노트필기법은 수업 전 임무, 수업 중 임무 및 수업을 끝마친 후의 임무로 구분하여 살펴볼 수 있다.

① 수업 전 임무

- 앞서 배운 시간의 노트 내용을 훑어본다.
- 필요한 자료들을 준비한다. 교과서, 종이와 노트, 다양한 펜 종류(연필, 볼펜, 밑줄긋기나 강조하기용 색연필과 색펜류), 지우개와 수정 테이프, 유인물을 정리할 수 있는 파일이나 자료집, 클립, 스테이플러 등
- 경청하고 필기할 적극적 태세를 갖춘다.
- 조직화할 충분한 준비를 하고 수업에 임한다. 교과서와 노트, 필기구를 있을 자리에 적절히 놓아 두기, 진도에 맞춰 교과서를 펼치기, 경청과 기록에 적절히 시간과 에너지를 배분하기(경청 80%, 기록 20%)

② 수업 중 임무

- 주제와 핵심어를 적는다.
- 중요한 세부 내용을 적는다.
- 교사가 강조하고 있는 내용과 단서에 주목한다.
- 여백을 남겨 두고 기록한다.
- 적절히 질문한다.
- 토론이 이루어지거나 수업이 마무리될 때까지 필기를 지속한다.

③ 수업 후의 임무

- 교사에게 수업 중에 미처 하지 못한 질문을 한다.
- 수업 중에 기록하지 못한 것이 있을 때 확인하고 기록한다.
- 하루를 마무리하기 전에 필기 내용을 복습한다.
- 하루를 마무리하기 전에 필기 내용을 편집하거나 보충한다.

(3) 핵심 개념 찾기

핵심 개념 찾기는 2단계로 구분할 수 있으며, 다음과 같다.

① 1단계 : 핵심 개념을 찾고 표시하기

- 주로 처음에 제시되는 것

- 반복적으로 제시되는 것
- 추가적인 설명이나 부연 설명이 많은 것
- 처음에 나왔다가 마지막에 다시 제시되는 것
- 필자 스스로 '강조한다면, 요약하면, 중요 핵심은, 결론적으로, 특히, 무엇보다도' 등으로 강조하고 있는 것

② 2단계 : 핵심 내용을 정리하여 구두로 표현해 보기

- 핵심 개념은 반드시 밑줄을 긋거나 동그라미 등으로 표시해 둔다.
- 핵심적인 개념이나 주제를 글의 흐름대로 간단히 여백에 적어 둔다.
- 위의 내용을 참조로 내용을 요약하고 구두로 표현해 본다.

(4) 필기 기법 I : 밑줄긋기

① 노트필기에서 밑줄긋기가 필요한 이유

- 밑줄긋기를 정확하게 하면 교과 과정에서의 중요한 내용에 집중할 수 있다.
- 시험 대비를 위한 주요 아이디어나 사실들을 정리할 수 있다.
- 토론 등에서 참조 준거를 마련해 줄 수 있다.
- 밑줄긋기 자체는 학습 내용에 대한 이해나 기억에 도움이 된다.
- 예습 차원에서 밑줄긋기가 이루어진다면, 교과 내용에 대한 집중과 이해에 큰 도움을 준다.

② 효과적인 밑줄긋기를 위한 가이드라인

- 연필보다는 볼펜이나 수성펜 등을 사용하고, 강조하기(highlight)가 주목적이 아니라면 형광펜은 사용하지 않는다.
- 핵심 주제와 다른 중요한 아이디어 등을 구분할 수 있는 나름의 체계를 발달시킨다. 예컨대 빨강, 녹색의 두 가지 색펜을 사용하여 핵심 주제는 빨강으로, 또 다른 중요 아이디어는 녹색으로 구분한다. 혹은 한 가지 색상을 사용하되, 밑줄을 하나 내지는 둘로 구분하여 사용하는 것도 좋다. 단, 일관성 있고 지속적으로 사용할 규칙을 정해 두는 것이 바람직하다.
- 밑줄긋기를 하기 전에 사전 지식을 검토한다. 이미 충분히 알고 있는 것이라면 굳이 밑줄긋기를 하지 않아도 된다. 지나치게 많은 밑줄은 학습 내용 간의 중요도를 잘 변별해 주지 못한다.
- 밑줄긋기는 일단 한 번 읽은 후에 한다. 앞서 나온 내용보다 더 중요한 내용이 뒤에 나올 수도 있고, 앞서 제시된 아이디어나 관점을 뒤에서 교정하고 재정의하는 경우도 있다.

- 글의 내용이나 형식에 따른 필기법의 종류를 아는 것은 효과적인 밑줄긋기를 가능하게 한다. 글의 내용과 형식에 따른 밑줄긋기 방법이 〈표 5-3〉에 요약되어 있다.

〈표 5-3〉 글의 내용과 형식에 따른 밑줄긋기 방법

리스트로 작성하기	리스트에 해당될 수 있는 모든 내용에 밑줄긋기보다는 각 내용의 앞에 제시되어 있는 항목 번호에만 밑줄을 긋는다.
순서/계열	코넬식 노트 방식의 여백란에 순서에 따라 번호와 내용을 요약할 수 있도록 밑줄을 긋는다.
유사점과 차이점 대비	유사점과 차이점에 관련된 부분에 밑줄을 긋고 번호를 매긴다.
원인과 결과	원인과 결과관계에 있는 개념과 내용을 화살표로 연결해서 표시한다.
문제와 해결	문제가 제시된다면, 반드시 해결책이 따라오기 마련이다. 주의 깊게 읽어 가면서 해결책이 제시되면 밑줄을 긋고 문제와 연결시켜 둔다.
분 류	유형이나 종류라는 말에 집중하고, 분류 체계 전체를 괄호나 박스 형태로 묶어 두거나 다양한 형태의 번호를 사용하여 질서 있게 표시해 둔다.
정 의	정의에 해당되는 부분에 모두 밑줄을 긋거나, '정의'라고 쓰거나, 동그라미 등을 쳐 둔다.
사례 제시	새로운 개념에 대한 이해와 회상을 도울 수 있는 사례가 제시되는 경우 '예'라고 표시해 둔다. 여러 개의 예가 제시되는 경우에는 그중 선택해서 한두 개에만 표시하는 것이 더 낫다.

- 무엇에 밑줄을 그을 것인지 결정하는 데 있어 학습 내용의 제목과 주제를 확인한다.
- 전보식 방식으로 밑줄을 긋는다. 즉, 모든 내용에 밑줄을 긋기보다는 핵심 용어나 단어에 밑줄을 긋는다.
- 전보식이라고 할지라도 지나치게 생략하거나 축소해서 밑줄 긋는 것은 주의한다. 전달하고자 하는 실제 의미를 놓치거나 구체적인 이해를 어렵게 할 수도 있기 때문이다.
- 한 페이지에 15~20% 이상으로는 밑줄을 긋지 않는다.

(5) 필기 기법 II : 줄여쓰기(shorthand)

같은 양의 학업량이라도 해도 그것을 어떻게 다루어 주느냐에 따라 학습 진행의 속도와 효율성이 증가된다. 컴퓨터로 말하자면 동일한 양의 정보라도 압축파일을 사용하는 경우 차지하는 용량이 줄어드는 것과 마찬가지로, 인간의 두뇌도 이와 비슷하다. 핵심을 파악하여 학습 자료가 차지하는 용량을 줄여 주게 되면 학습의 속도가 빨라지고 기억, 인출도 용이해질 수 있다. 이러한 관점에서 줄여쓰기는 축소형 부호화의 한 형태다. 밑줄긋기와 줄여쓰기를 결합한 노트필기는 밑줄긋기만 단독으로 사용할 때보다 더 효과적이다. 줄여쓰기는 쓰기 속도와 함께 학습한 내용에 대한 기억을 증진시킬 수 있다.

(6) SQRW

Robinson의 SQ3R을 이 프로그램에서는 필기와 결합하기 위해 SQRW로 응용 변환하였다. SQRW의 각 단계는 〈표 5-4〉와 같다.

〈표 5-4〉 SQRW의 단계와 내용

단계	내용
Survey (개관)	Robinson의 Survey 단계에 덧붙여 보다 체계적으로 읽기를 시작할 수 있도록 제목, 목차, 학습 목표, 요약 및 확인 학습 문제 등을 확인하는 절차를 연습한다.
Question (질문)	현행 교과서는 학생들 스스로 질문을 만들 필요성이 없다고 생각될 만큼 설명과 정돈이 잘 되어 있다. 따라서 핵심적인 개념, 수업시간에 선생님께서 강조할 것 같은 내용, 뒷부분에 제시되어 있는 학습 문제 및 앞서 배운 학습 내용과 관련되어 있는 것 등을 추측하거나 확인하여 질문을 만들어 보는 것도 유용하다.
Read (읽기)	정독의 과정으로, 핵심적 부분은 밑줄을 긋거나 나름의 형태로 그 중요성을 인식하면서 읽도록 한다.
Write (필기)	학습한 내용의 핵심을 정리하여 노트에 적도록 하며, 필기법 학습이 이루어진 후에는 시각적 조직화 방법을 활용하도록 한다.

(7) 코넬 노트필기법

코넬 노트필기법은 현재까지 가장 많이 사용되는 필기 방식이다. 사용 방법은 다음과 같으며, 형식은 〈표 5-5〉에 제시되어 있다.

① 노트의 왼쪽에 약 2.5cm 정도로 수직선을 긋는다. 경우에 따라 좀 더 넓게 그어도 무방하다. 이 부분은 단서 칸(cue column)이라고 해서 제목, 주제 및 주요 개념을 적는 란이다. 가장 넓은 지면에는 수업 중 다루어지는 내용을 기록한다.

② 노트의 아래쪽에 약 2cm 폭으로 수평선을 긋는다. 이 부분은 위에서 다루어진 내용들에 대한 요약을 정리하는 란이다. 간혹 단어나 새로운 개념은 사전 등을 통해 추가적으로 찾고 기록해 두어야 하는 경우에도 활용될 수 있다.

〈표 5-5〉 **코넬 노트필기법의 형식**

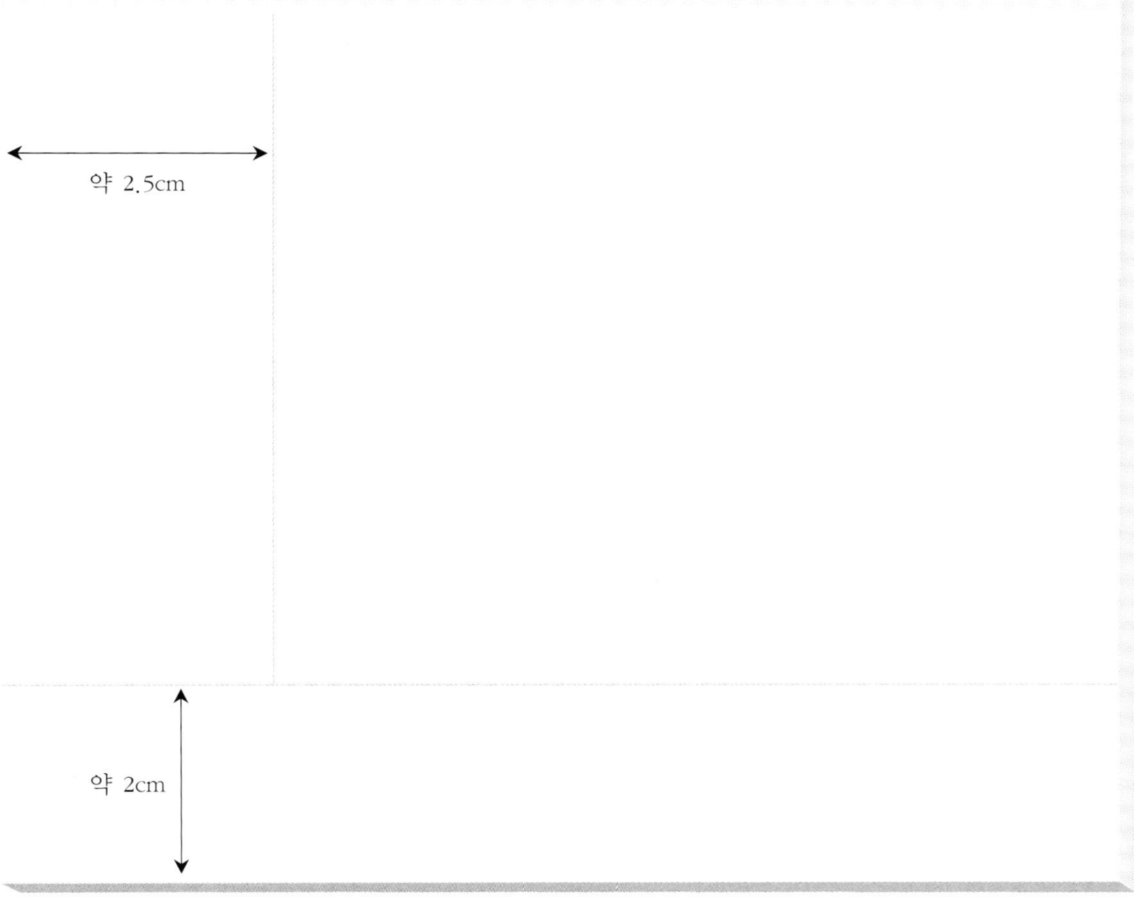

(8) 글의 종류에 따른 노트필기의 다양한 형태

이 책에서 다루어지는 학습 내용에 대한 이해, 조직화 및 기억에 도움이 되는 다양한 형태의 노트필기 방식이 〈표 5-6〉에 요약되어 있다.

〈표 5-6〉 **글의 종류에 따른 노트필기의 다양한 형태**

기본적 맵핑법 (지도 그리기법)	순서나 위계 없이 주제별로 간략하게 정리할 수 있는 글 자료
수직형 맵핑법 (폭포수 방법)	계층이나 위계가 많아 가지를 수직으로 나열해서 기술할 수 있는 글 자료

수평형 맵핑법 (화살법)	계층이나 위계보다는 가지가 많고 내용이 길어 수평으로 기술할 수 있는 글 자료
핵심어 나열 방법 (캔디법)	핵심어나 경로 등을 순서대로 간단히 수직 나열할 수 있는 글 자료
주제 및 계층적 계열화법 (나뭇가지법)	기술해야 할 주제를 단계적으로 정리할 수 있는 글 자료
계열적 도식화법 (시대 흐름법)	시간이나 역사의 흐름에 따라 사회 및 제도 등의 변화를 정리할 수 있는 글 자료
비교/대조법 (대비법)	이론, 사상, 법칙 등의 유사점과 차이점을 비교해야 하는 글 자료
원인/결과법 (논증법)	인과관계를 밝히거나 논리를 전개해 나가야 할 글 자료

3 프로그램의 내용 및 지침

1) 프로그램의 내용

프로그램의 내용	세부 활동	
학습 준비	읽기 시작 단계에서 주의집중하기	
	읽기 이해력을 증진시킬 수 있는 방법	
	읽기 속도를 증진시킬 수 있는 방법	
효과적인 읽기 및 필기 전략	가이드라인	• 노트필기란? • 효과적인 필기를 위한 경청 기술 향상법 • 노트필기를 위한 가이드라인 • 수업 과정별 노트필기법
	핵심 찾기	• 핵심 개념의 특성을 파악하기 • 핵심 개념에 표시하기
	밑줄긋기	• 밑줄긋기를 위한 가이드라인 • 밑줄긋기 연습

효과적인 읽기 및 필기 전략	줄여쓰기	• 줄여쓰기의 정의 • 줄여쓰기 연습: 단어 및 개념 줄여쓰기 • 줄여쓰기 연습: 자신만의 줄임말 목록을 만들어 보기 • 줄여쓰기 연습: 문장 및 지문 줄여쓰기
	SQRW 전략	• SQRW의 정의 • SQRW의 단계별 활동 내용 • SQRW의 예시 • SQRW 연습
	코넬 노트필기법	• 코넬 노트필기법이란? • 코넬 노트필기법의 형식 • 코넬 노트필기법의 예 • 코넬 노트필기법 연습
	글의 종류에 따른 노트필기의 다양한 형태	• 기본적 맵핑법(지도 그리기법) • 수직형 맵핑법(폭포수 방법) • 수평형 맵핑법(화살법) • 핵심어 나열법(캔디법) • 주제별 정리법(나뭇가지법) • 논증법(추론법) • 대비법 • 연대기법(시대 흐름법)

2) 프로그램의 지침

① 이 프로그램은 크게 학습 준비와 효과적인 읽기 및 필기 전략으로 구성되어 있다. 학습 준비에서는 주의력, 읽기 이해력과 읽기 속도를 증진시킬 수 있는 방법들을 일상생활에서 실천해 보도록 격려한다. 전략 부분에서도 실천이 강조되는 부분은 실천 일지를 지속적으로 활용한다.

② 이 프로그램에서 활용하는 예제는 주로 초등학교 고학년과 중학생 수준에 맞게 발췌되었다. 따라서 학년이나 기능 수준이 높거나 낮은 경우에는 해당 수준에 적절한 교과서의 내용을 참조하기 바란다.

③ 글의 종류에 따른 노트필기의 다양한 형태는 초등학교 5학년 이상의 학생들에게 적합하며, 기억 전략의 개념도 학습 및 그래픽 조직화에 대한 교육이 이루어진 뒤에 시행하는 것이 바람직하다.

참고문헌

Baker, L., & Brown, A. L. (1984). Metacognitive skills and reading. In P. D. Person (Ed.), *Handbook of reading research*. New York: Longman.

Barrett, T. (1976). Taxonomy of reading comprehension. In R. Smith & T. Barrett (Eds.), *Teaching reading in the middle grades*. Readin Mass: Addison-Wesley.

Carter, C., Bishop, J., & Kravits, S. L. (2000). *Keys to effective learning* (2nd ed.). New Jersey: Prentice Hall.

Flavell, J. H. (1979). Metacognition and cognitive monitoring: A new area of cognitive development inquiry. *American Psychologist, 34*, 906-911.

Goodman, K. S. (1967). Reading: Psycholinguistic guessing game. *Journal of the Reading Specialist, 6*, 126-136.

Gough, P. B. (1996). How children learn to read and why they fail. *Annual of Dyslexia, 46*, 3-20.

Mercer, C. D. (1991). *Students with learning disabilities* (4th ed.). New York: Merrill Publishing.

Rumelhart, D. E. (1975). Notes on a schema for stories. In D. G. Bobrow & A. M. Collins (Eds.), *Representation and understanding: Studies in cognitive science*. New York: Academic Press.

Stewart, J., & Landine, J. (1995). Study skills from a metacognitive perspective. *Guidance and Counseling, 11*, 16-19.

제 6 장

사고력 향상 전략

1. 사고력의 개념
2. 사고력의 구성요소
3. 사고 교육의 모형
4. 창의성의 개념 및 창의적 사고 학습법
5. 비판적 사고의 개념 및 비판적 사고 학습법
6. 사고력 신장 프로그램의 유형
7. 프로그램의 내용 및 지침

1 사고력의 개념

사고력이란 간단히 말하면 생각하는 능력이지만, 그 개념 안에는 다양한 인지적 요소와 활동이 포함되기 때문에 한마디로 정의내리기가 쉽지 않다. 사고력의 범주에 해당하는 인지 활동에는 아동의 성장과 함께 발달하는 언어 사용, 환경에 대한 지각 등을 포함하는 기본적인 인지 활동과 더불어 문제해결, 추리, 창의성, 개념화, 기억, 분류, 상징화, 계획, 읽기 및 쓰기 등의 고등 정신 활동들이 포함된다.

사고는 넓은 의미로는 전반적인 인간의 의식 작용이나 정신 작용으로 이해되기도 하고, 좁은 의미로는 감정적 요소 또는 정의적 요소를 제외한 인지적 현상에만 국한되기도 한다. 또한 사고는 기초적인 지각 및 인지 과정을 제외하고 조직, 통합, 해석 및 평가와 같은 고등 정신 과정으로 제한시키는 경우도 있다.

2 사고력의 구성요소

창의적 사고, 비판적 사고, 추론, 문제해결 및 의사결정 등과 관련되는 사고의 특성에 대해서는 비교적 활발한 연구가 있어 왔는데, 연구자들은 사고의 개념을 서로 다른 방식으로 정의하거나 규정하고 있다. 사고와 관련된 프로그램들은 일반적인 의미에서의 인지능력에 필수적인 것으로 생각되는 기본적인 인지 과정의 개발에 초점을 두기도 하며, 여러 교과 영역에 두루 적용될 수 있는 문제해결력이나 의사결정력의 향상을 위한 구체적인 절차, 전략 및 방법 등에 초점을 두기도 한다. 한편, 정의적 영역을 강조하는 사고력 프로그램들은 특정 신념의 형성 및 변화에 있어서 합리성과 적절성을 유지하는 데 필요한 비판적 태도, 성향 및 인지 유형의 신장을 강조한다. 또 다른 프로그램들은 학습자 개개인의 사고 과정을 조정하고 통제하는 방법을 이해시키는 것과, 자신의 사고 과정을 보다 명시적으로 인식할 수 있는 능력을 개발하는 데 초점을 두기도 한다.

사고의 구성요소는 크게 다섯 가지로 요약할 수 있다. 첫째, 사고의 기본 과정과 절차(예 : 분류, 일반화, 계열화, 연역), 둘째, 추론의 표준적 원리에 관한 지식(예 : 논리학, 통계학 등의 기본 원리에 대한 지식), 셋째, 초인지적 지식(예 : 인간의 인지에 관한 지식, 자신의 장·단점에 대한 인식, 사고 과정에 대한 조정과 통제 방법에 대한 지식), 넷째, 사고와 관련된 가치, 태도, 성향, 양식(예 : 진지성, 공정성, 객관성), 다섯째, 사고와 관련된 신념(예 : 문제 접근 방식, 자아, 원인, 노력의 중요성 등에 대한 신념) 등이다(Nickerson, 1999). 사고 교육을 설계하는 데 활용될 수 있는 사고의 측면은 크게 네 가지로 분류할 수 있는데, 각각을 살펴보면 다음과 같다.

1) 초인지

초인지는 학자들에 따라 약간씩 다르게 정의하고 있으나, 비교적 많은 연구자들이 합의하고 있는 것은 '인지에 대한 지식'과 '인지 과정의 통제'로 보는 것이다. 인지에 대한 지식은 자신의 인지적 능력이나 지적 상태에 관한 지식, 과제의 요구·범위·특징 등에 관한 지식, 그리고 인지적 전략의 가치와 유용성 등에 관한 지식을 의미한다(Flavell, 1979). 인지 과정의 통제 차원은 계획 수립, 점검 및 평가의 세 가지 정신적 조작 과정으로 이루어져 있다. 이 세 가지 조작은 다음과 같이 여러 개의 하위 절차들로 구성된다(예 : Beyer, 1988).

① 계획 수립

- 목표 진술
- 수행할 조작의 선정
- 조작의 배열
- 가능한 장애나 실수의 확인
- 장애나 실수를 극복할 수 있는 방법의 확인
- 원하거나 예상되는 결과를 예측

② 점검

- 목표 지각
- 자신의 위치를 조작의 계열 속에서 유지하기
- 하위 목표가 달성되는 때에 대한 인식
- 다음의 단계로 넘어가야 할 때의 결정
- 장애 요소나 실수의 발견
- 장애 요소나 실수를 극복하는 방법 인식

③ **평가**

- 목표 성취의 평가
- 결과의 정확성 판단
- 이용된 절차의 적절성 평가
- 장애 요소나 실수를 어떻게 다루었는지의 평가
- 계획과 계획 실행의 효율성 판단

2) 비판적 사고와 창의적 사고

비판적 사고는 그 성격상 평가적인 데 반해 창의적 사고는 생산적이다. 한국교육개발원의 사고력 모형을 바탕으로 하여 비판적 사고와 창의적 사고의 성향 및 주요 기능을 살펴보면 다음과 같다.

(1) 비판적 사고

① **건전한 회의성** : 일반적으로 진리로 받아들여지고 있는 사실 혹은 신념에 대해서 의문을 제기하고 사고 과정에 오류의 가능성이 있음을 인정하는 것

② **지적 정직성** : 어떤 진술이 참이라고 알고 있는 지식을 부정하는 것이라 해도 충분한 근거가 있으면 그것을 진실로 받아들이며, 특정 입장을 지지하기 위해 사실을 왜곡하지 않는 것

③ **객관성** : 감정적이거나 주관적인 요소를 배제하고 타당한 근거를 토대로 결론을 도출하는 것

④ **체계성** : 논의나 사고의 전 과정에 걸쳐 논제의 핵심에서 벗어나지 않으며, 내적인 일관성을 유지하는 것

⑤ **철저성** : 타당하고 충분한 근거가 확보될 때까지 결론짓기를 보류하는 것

(2) 창의적 사고

① **민감성** : 주변 환경에 대하여 예민한 관심을 보이고 이를 통해 새로운 탐색 영역을 넓히고자 하는 것

② **자발성** : 문제 상황에서 아이디어를 자발적으로 산출하는 것

③ **독자성** : 자신이 생각해 낸 아이디어에 대한 가치를 인정하고 다른 사람들의 평가에 구애받지 않으려는 성향과 태도

④ **근면성** : 문제를 해결하기 위해 가능한 한 다양한 정보를 수집하고 끈질긴 열정과 노력으로 끝까지 문제를 해결하는 것

⑤ **호기심** : 주변의 사물에 대해 의문을 갖고 적극적으로 질문을 제기하는 것

⑥ **개방성** : 세상이 변화하고 있다는 사실에 대한 인식과 함께 자신이 변화의 주체가 되어야 한다고 생각하는 자발적인 성향

3) 사고 과정의 유형

비판적 사고와 창의적 사고가 사고의 질(質) 또는 사고의 특성과 관련되는 개념인 데 반해, 사고 과정은 여러 가지 사고 기능들을 포괄하는 다원적이고 복합적인 개념이다. 사고 과정의 특징적인 유형에는 개념 형성, 원리 형성, 이해, 표현, 문제해결 및 의사결정 등이 있으며, 각각을 살펴보면 다음과 같다.

(1) 개념 형성 과정

개념 형성의 과정은 다음의 네 단계로 구분될 수 있다.

① **구체화** : 어떤 대상에 주의를 기울이고 다른 것과 구별하여 기억한 후, 나중에 그 대상과 접했을 때 처음에 기억한 것과 동일한 것임을 인식함으로써 개념을 형성하는 단계

② **식별** : 어떤 사항에 접했을 때 그것이 이전과 같은지 다른지의 여부를 식별함으로써 개념을 형성하는 단계

③ **분류** : 식별 단계에서 형성한 두 가지 이상의 개념들 간에 유사성이 있는지 여부를 기준으로 분류해 봄으로써 개념을 형성하는 단계

④ **형식화** : 주어진 개념에 대한 실례를 정확하게 파악하고, 그 개념과 속성들을 명명하며, 사회적으로 통용되고 공인될 수 있는 정의를 내리고, 그 개념에 속하는 것과 그렇지 않은 실례를 구분함으로써 개념을 형성하는 단계

(2) 원리 형성 과정

원리에는 인과적, 상대적, 확률적, 공리적 원리 등이 있으며, 이러한 원리는 모든 교과 학습에서 중요한 요소가 된다.

① **인과적 원리** : 개념들 간에 인과관계를 갖게 될 때 사용되는 원리

② **상대적 원리** : 하나의 상태나 사건의 변화에 비례하거나 반비례하여, 다른 상태나 사건이 변화하게 되는 경우에 사용되는 원리

③ **확률적 원리** : 어떤 하나의 실질적인 상태 또는 사건과, 발생 가능한 상태 또는 사건 간의 관계를 나타내는 경우에 사용되는 원리

④ **공리적 원리** : 보편적으로 진리라고 받아들이는 규칙과 법칙을 명제 형식으로 나타내는 경우에 사용되는 원리

(3) 이해의 과정

이해는 여러 가지 자료로부터 의미를 형성해 내는 사고 과정이다. 이해와 관련된 사고 활동 중에서 가장 대표적인 것으로 독해를 들 수 있다. 독해는 다음의 세 과정으로 나누어 살펴볼 수 있다.

① **독서 전 사고 활동** : 예견, 기존 지식의 활성화, 독서 목적의 결정 및 관심 영역의 구체화
② **독해 과정에서의 사고 활동** : 예언의 확인, 아이디어의 명료화, 글의 각 단위별 의미 구성
③ **독서 후의 사고 활동** : 글 전체의 정보에 대한 의미 구성, 독서 목적에 대한 성취 정도 평가, 독서 결과의 정착 및 적용

(4) 문제해결 과정

문제해결의 과정은 주어진 문제의 성격에 따라 달라질 수 있지만, 가장 일반적인 과정은 문제의 식별→문제의 정의→문제해결 전략의 선정→문제해결 활동→결과의 점검이라는 하위 단계로 이루어진다.

(5) 의사결정 과정

의사결정은 두 가지 이상의 대안들 중에서 어느 하나를 선택해야 하는 상황에서 사고하는 범위다. 의사결정 과정은 문제해결과 밀접히 관련되어 있다. 복잡한 문제 상황에 직면하여 어느 하나의 대안을 선택해야 하는 경우에는 반드시 문제해결의 과정을 거쳐야 한다. 의사결정의 일반적인 작용 형태와 구성요소는 다음과 같다.

① **목표의 진술** : 문제에 대한 분석, 여러 가지 가능한 목표 창안, 최종 목표 선정
② **아이디어의 생성** : 목표와 관련된 문제 분석, 아이디어의 창안, 최적의 아이디어 선정
③ **계획의 준비** : 새로운 문제 상황의 식별, 계획의 창안, 최적의 계획 선정
④ **행동의 실현** : 계획과 관련된 문제 식별, 행동의 창안, 최적의 행동 선정

(6) 표현의 과정

사고 과정으로서의 표현 활동은 말하기, 쓰기 등 언어적 표현 활동과 음악, 미술, 무용 등 예술적 표현 활동 등을 모두 포괄하는 개념이다.

4) 핵심적 사고 기능

실제로, 사고력 신장을 위한 교육을 행하고자 할 때 앞에서 살펴본 세 가지 측면 외에 필요한 사고 기능을 이해하는 것은 중요하다. Marzano(1993)는 핵심적 사고 기능을 크게 여덟 가지로 구분하고, 그 각각을 다시 세분화한 총 21개의 사고 기능을 제안하였다. 이를 살펴보면 다음과 같다.

① **초점 맞추기** : 중요한 문제나 목표에 선택적으로 주의를 기울이는 기능으로 문제 정의하기, 목표 설정하기 등이 있다.

② **정보 수집** : 인지 과정에 이용될 내용을 수집하는 데 사용되는 기능으로 관찰하기, 질문 만들기 등이 있다.

③ **기억 기능** : 각종 사실, 개념, 원리 등에 대한 지식, 정보를 기억하는 기능으로 부호화하기, 회상하기 등이 있다.

④ **조직화 기능** : 정보를 관련시키거나 의미 있는 단위로 묶는 기능으로 비교하기, 분류하기, 순서화하기, 표상하기 등이 있다.

⑤ **분석 기능** : 부분과 관계를 면밀히 조사함으로써 기존의 정보를 명료화하는 데 이용하는 기능으로 속성과 구성요소 식별하기, 관계와 양상 식별하기, 주제 식별하기, 오류 식별하기 등이 있다.

⑥ **산출 기능** : 선행 지식과 새로운 아이디어를 연결짓는 것이다. 새로운 정보와 기존 정보를 결합하여 일관성 있는 아이디어의 조직을 형성하는 기능으로 추론하기, 예언하기, 정교화하기 등이 있다.

⑦ **통합 기능** : 사물, 개념 등을 함께 종합하고 묶는 기능으로 요약하기, 재구성하기 등이 있다.

⑧ **평가 기능** : 아이디어의 적절성과 질을 평가하는 기능으로 준거 설정하기, 검증하기 등이 있다.

3 사고 교육의 모형

사고 교육은 인지심리학이나 인지과학에 근거를 두고 다음과 같은 절차로 이루어진다. 첫째, 인간이 사고를 할 때 요구되는 사고의 영역이나 기능, 작용, 과정 및 전략 등을 분석한 후 이를 명료화하고 구체화한다.

둘째, 명료화, 구체화된 영역, 기능, 작용, 과정 및 전략 등을 효과적으로 신장시킬 수 있는 프로그램이나 방법을 개발한다. 프로그램은 두 종류로 개발될 수 있는데, 하나는 내용이나 맥락과 관계없는 일반적이고 보편적인 사고 기능의 존재와 그것의 전이를 전제로 하는 '일반적 사고 모형'이고, 다른 하나는 영역특수적 사고와 전이의 한정성을 전제로 하는 '영역특수적 사고 모형'이다.

셋째, 개발된 프로그램이나 방법을 교육하고 훈련시켜 사고력을 향상시킨다. 한국교육개발원에서 1991년 개발한 사고력 신장 프로그램인 '배우며 생각하며'는 이와 같은 원리에 기초하고 있다. 사고 교육과 관련된 대표적인 모형은 다음과 같다.

1) 일반적 사고 모형

일반적 사고 모형은 사고 교육에 관심을 갖고 있는 대부분의 학자들(예 : Brandsford, 1984; de Bono, 1986; Sternberg & Lubart, 1991)이 지지하고 있으며, 이들로부터 도출된 기본 가정은 다음과 같다.

- 일반적인 사고능력, 사고 기능, 사고 과정 및 사고 전략이 존재한다.
- 앞서 언급된 사고 관련 기능들은 의도적이고 체계적이며 명시적인 방법을 통해 향상될 수 있다. 구체적인 프로그램의 예로는 도구적 증진 프로그램, 오디세이(Odyssey), 전략적 추론, 학습을 위한 학습, 창의적인 문제해결, 배우며 생각하며 등이 있다.
- 일반적인 사고 기능, 과정 및 전략을 향상시킴으로써 문제해결능력이 향상될 수 있다.

일반적 사고 모형에 기초하고 있을지라도 프로그램의 내용은 다양하기 때문에 교과 내용과 관련을 갖고 있는 것도 있고 그렇지 않은 것도 있다. 국내에 출간되어 있는 '오디세이', '배우며 생각하며' 등은 대부분 교과와 관련 없는 내용으로 구성되어 있다. 전통적이고 탈지식적인 프로그램의 내용이 교과에서 가르치는 개념, 원리, 법칙들에 얼마나 적용되고 전이될 수 있는가 하는 것은 지속적인 연구가 필요한 부분이지만, 대체로 긍정적인 효과들이 보고되고 있으며, 정규 교육 과정에 포함되어 긍정적 평가를 받고 있다.

그러나 최근의 연구자들은 사고 교육이 반드시 특수한 교과 영역에 제한될 필요는 없으나,

일반적인 사고능력 함양과 교과 내용과의 통합은 적절하다고 보며, 사고력 프로그램에 기존의 교과 내용 활용을 강조한다. 이러한 입장에서 개발된 프로그램들은 일반적인 사고 기능, 과정 및 전략 등을 구체화한 후 그것을 신장시킬 수 있는 주제와 내용을 교과 영역에서 추출하여 프로그램을 구성하고 지도한다.

2) 영역특수적 사고 모형

영역특수적 사고 모형의 입장을 지지하는 대표적인 학자로는 McPeck(1990), Hersh(1987)를 들 수 있으며, 이들로부터 도출된 기본 가정은 다음과 같다.

- 내용과 분리된 사고는 존재하지 않는다. 따라서 일반적 사고는 존재하지 않는다. 비판적 사고 기능과 같은 것들은 추상적 개념에 불과하며, 실제로 존재하는 사고는 각 교과별 사고라고 본다.
- 일반적 사고라는 것은 없고, 사고는 내용 영역별로 존재하기 때문에 전이는 가능하지 않다.

영역특수적 사고 모형을 지지하는 학자들에 따르면, 지식은 각각 독특한 형식과 구조를 갖고 있으며, 서로 다른 형태와 구조를 지닌 지식 사이에 전이는 일어나지 않는다. 따라서 중요한 것은 교과 내용과 독립적인 사고력 프로그램을 개발하는 것이 아니라, 사고력 향상이라는 교육 목표와 부합될 수 있는 교과 내용을 구성하고 효과적으로 교수하는 것이라고 강조한다.

3) 일반적 사고 모형과 영역특수적 사고 모형의 통합

최근 일반 모형의 이론은 사고와 문제해결에 있어서 지식의 중요성을 함께 인식하며, 사고력과 문제해결력 신장을 위해 교과 모형에서의 입장을 반영하려고 하고 있다. Presseisen (1987)이 제시한 일반 사고 기능과 교과 교육 과정과의 통합 절차는 다음과 같다.

기본 가정에서 볼 때, 일반적 사고 모형과 영역특수적 사고 모형이 이론적으로 통합되기는 어렵다. 그러나 일반적 사고 모형의 입장에 선 학자들이 사고와 문제해결에 있어서 사고 기능과 지식의 중요성을 동시에 강조하고 있으며, 이러한 점을 고려하여 프로그램을 개발하고 학교 장면에 적용하고 있기 때문에 어떤 의미에서 본다면, 이론과 실제 면에서 이미 통합이 이루어지고 있다고 볼 수도 있다.

- **1단계** : 학문이나 교과 내에서 주요 개념과 방법들을 확인한다.
- **2단계** : 학문적 개념들에 포함된 본질적이고 복잡한 사고 기능을 조사한다. 그리고 초인지를 개발할 수 있는 학문적 방법들을 조사한다.
- **3단계** : 학문을 가르치기 위해 요구되는 인지 기능, 초인지 기능을 학년별로 배열한다.
- **4단계** : 각 학년에서 중심이 되는 사고 기능들의 유형들을 확인한다.
- **5단계** : 각 학년에서 중심이 되는 인지 기능, 초인지 기능을 훈련시킬 수 있는 프로그램, 자료를 계획하고 개발한다.
- **6단계** : 프로그램 자료의 각 단원에서 내용의 습득을 측정할 수 있는 기법과 함께 사고 기능들을 측정할 수 있는 기법들을 개발한다.
- **7단계** : 교육 과정에 적용하고 그 결과를 측정하고 분석한다.
- **8단계** : 1~6단계에서 발견된 결과에 대해 추후 계획을 세운다.

4) 국내의 사고 교육 모형

한국교육개발원은 사고력 프로그램 개발을 주요 과제로 하여 1989년에 약칭 'KEDI 사고력 모형'이라는 한국식 사고 교육 모형을 개발하고, 이 모형에 기초한 사고력 신장 프로그램을 개발하였다. 이 모형의 구조를 도식으로 나타내면 [그림 6-1]과 같다.

그림에서 보는 것처럼 문제의 발견, 이해, 평가 및 해결에 동원되는 사고력의 영역은 비판적 사고력과 창의적 사고력으로 나누어진다. 이 두 가지 사고 영역은 문제의 발견, 이해, 평가 및 해결에 중추적이고 핵심적인 역할을 한다.

4 창의성(창의적 사고)의 개념 및 창의적 사고 학습법

1) 창의성의 개념

창의성의 사전적 의미는 새로운 것을 만들어 내는 능력이다. 보다 분명히 말하자면, 창의성은 무언가 새롭고 적절한 것을 생산해 낼 수 있는 개인의 능력과 관련된 것이다. 무엇이 새롭고 적절한가에 관해서는 평가자가 속한 사회문화적 맥락이 중요한 역할을 한다고 볼 수 있다.

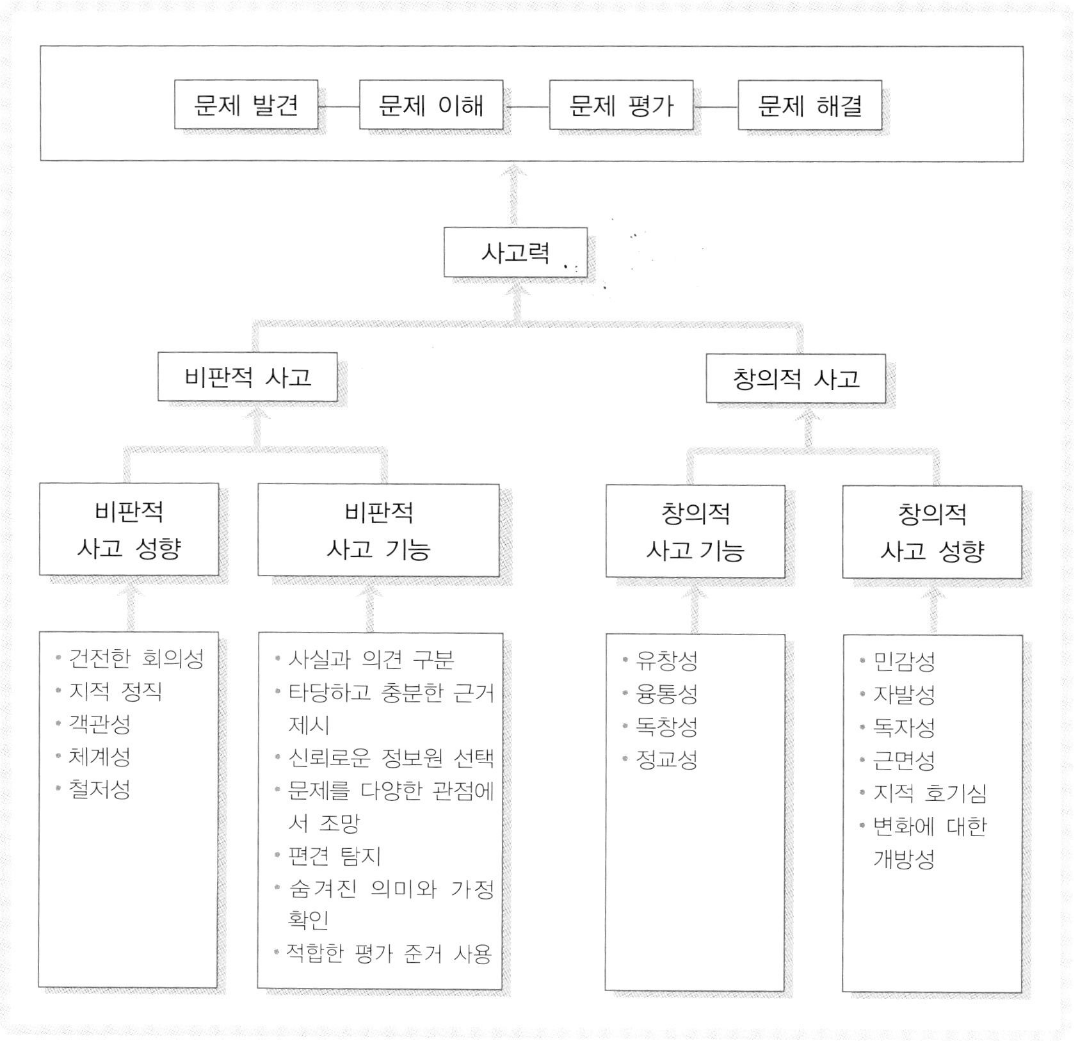

[그림 6-1] KEDI 사고 개념 모형

이와 관련하여 Simonton(1988)은 창의성의 발현에 영향을 주는 사회문화적 환경 요소들로 문화적 다양성, 역할모델의 유무, 재정적 뒷받침 및 경쟁자들의 숫자 등을 들고 있다. 창의성의 본질과 관련하여 Guilford(1950)가 미국심리학회 회장 취임사에서 창의력에 관한 과학적 연구의 필요성을 부각시킨 데 힘입어, 창의성의 본질에 대한 새로운 견해가 제안되기 시작하였다. 그 후 매년 수십 편에 달하는 연구가 창의성에 초점을 맞추어 왔으며, 그 결과 창의력에 대한 다양한 견해가 제안되었다. 즉, 창의성을 잠재력과 같은 지적 능력으로 보는 견해, 성격 특성의 발로로 보는 견해, 그리고 문제해결의 과정으로 보는 견해로 나누어 볼 수 있다.

(1) 창의성과 지능

창의성과 지능이 어떻게 관련되어 있고, 또 어떻게 다른가의 문제는 지금까지도 계속되고 있는 질문이다. 대체로, 창의성과 지능과의 상관성이 긴밀한 편이 아니기 때문에 일반 지능 외에 다른 변인들이 관여되고 있다는 방향으로 의견이 모아지고 있다. 이와 관련하여 Sternberg(1988)는 종전의 지능 개념을 확장시켜 우리가 실제 생활환경에 적응하기 위해 필요한 사회생활기술능력, 정서조절능력, 창의성 및 동기를 포함하는 삼원이론을 제안하기도 하였다. 또한 지능이 일정 수준 이상인 경우, 지능과 창의성 간에 아무런 상관이 발견되지 않았다는 연구 결과들에 기초하여 이른바 역치이론(threshold theory)이라는 설명이 생겨나기도 하였다. 즉, 창의적인 사람이 되기 위해서는 일정 수준의 지능을 갖추고 있어야 하지만, 그 일정 수준 이상이면 지능 그 자체는 창의적 생산성에서 그다지 중요하지 않다고 보는 것이다.

(2) 창의성과 성격

창의성과 성격 특성 간의 관계에 대한 연구를 총괄적으로 검토한 Barron과 Harrington(1981)은 창의성의 발현을 위해 필요로 되는 비교적 안정적이고 핵심적인 성격 특성을 고도의 자율성, 심미성에 대한 높은 평가, 광범위한 관심, 복잡성에 대한 추구, 왕성한 에너지, 직관, 자기 확신, 독립적 판단, 갈등을 견디고 해결하는 능력 및 자신의 창의성에 대한 확고한 신념으로 요약하였다. Sternberg와 Lubart(1991)가 밝힌 창의적 특성들은 모호함에 대한 내성, 인내심, 새로운 경험에 대한 개방성, 기꺼이 모험을 하려는 정신 및 스스로에 대한 확신이었다. Cskikszentmihalyi(1996)는 창의적인 사람들의 성격 특징이 다양하기는 하지만 크게 열 개의 차원으로 나눌 수 있으며, 이들 차원은 각각 대립되는 양극으로 구분되어 있다고 보았다. 따라서 창의적인 사람들은 상황에 따라 서로 다른 모습을 보일 수 있는데, 창의성을 충분히 발현하기 위해서는 대립적 성격 특성들 간의 조화가 필요하다고 보았다. KEDI 사고 모형에서는 민감성, 자발성, 독자성, 근면성, 호기심 및 변화에 대한 개방성을 창의적 성향으로 제안하고 있다.

(3) 창의성과 문제해결

인지심리학의 발달에 따라 사고를 문제해결 과정이나 문제해결 기능으로 보는 견해가 확산되었으며, 이로 인해 창의적 행위의 본질을 창의적 문제해결 과정으로 설명하려는 입장이 생겨났다.

① **Gordon의 접근법** : Gordon(1961)은 창의적 과정을 예술적이고 기술적인 발명을 유발하도록 문제를 진술하고 그 문제에 대한 해결책을 모색하는 과정에서 작동되는 정신적 활동으로

보았다. 그리고 창의적 과정과 관련된 심리 상태로서 직관, 감정 이입, 관여, 초월, 놀이 및 부적절성의 활용 등을 제시하였다.

② **Osborn의 접근법** : Osborn(1953)은 브레인스토밍의 창시자로 널리 알려져 있다. 브레인스토밍 기법은 창의적 과정을 자극하는 방법으로서 가장 널리, 그리고 자주 사용되는 기법이기도 하다. 그는 훌륭한 아이디어의 창출을 증대시키기 위해서는 '판단의 보류'와 '양(量)이 질(質)을 낳는다.'는 두 가지 원리를 따르도록 한다. 두 가지 원리를 시행하기 위한 네 가지 법칙은 비판 및 평가의 보류, 이상한 아이디어도 환영, 양의 중시 및 제시된 아이디어의 조합과 교정이다. Osborn의 창의적 문제해결의 과정은 사실의 발견, 아이디어의 발견 및 해결책의 발견으로 이루어져 있다.

③ **Hayes의 접근법** : Hayes(1989)는 창의적 행위는 여러 가지 인지 과정의 조화로운 작용에 의존한다고 보았다. 특히, 문제의 발견, 아이디어 생성, 계획 및 준비를 창의성 발현의 중요한 네 가지 인지 과정으로 강조한다. 아이디어의 생성으로서 브레인스토밍, 유추법, 비판적 사고를 제안하고 있는 것과 아울러, 문제해결에 있어서 준비 과정의 역할을 강조하고 있다. 준비 과정이라는 것은 특정 전문 분야에 대한 지식으로 이해될 수 있는데, 깊고 풍부한 지식이 창의성의 발현에 필수 불가결하다고 하였다. 그가 추천하고 있는 브레인스토밍과 유추법도 사고에 대한 연합주의(associationism)에 기초하고 있는데, 다양한 연합이 가능하려면 기본 재료로서 지식이 필요하다고 본다.

2) 창의적 사고 증진 기법 및 프로그램

창의적 사고와 관련된 기법과 교육은 다음의 두 가지 믿음에 기초하고 있다. 즉, 창의적인 사람이 될 수 있는 능력과 동기는 누구에게나 있다는 것과, 이러한 능력은 교육적 경험을 통하여 증진될 수 있다는 것이다. 창의적 사고 증진 프로그램과 기법들을 간단히 요약하면 다음과 같다.

① **브레인스토밍** : Osborn(1953)이 창의적 사고를 위해 창안한 전통적이고 가장 널리 알려진 기법이다. 브레인스토밍은 집단적 사고의 전형적인 형태로서 특정한 과제를 해결하기 위해 참가자 모두 자신의 사고를 거리낌 없이 제안한다. 이는 복잡한 문제를 여러 사람들이 단시간에 해결해야 하거나, 많은 사람들로 하여금 창의적 사고를 경험할 수 있도록 하기 위한 상황에서 활용하기 좋은 기법이다.

② **미래지향적 문제해결**(Future Problem Solving, FPS) : 이 프로그램은 Torrance가 창안하였는데, 변화하는 미래 사회에 적응하고 전문적인 문제해결자가 되는 데 필요한 창의적, 논리적 사고 기능, 문제해결력 및 커뮤니케이션 능력에 초점을 둔 교육 프로그램이다.

③ **CoRT(Cognitive Research Trust) 프로그램** : 수평적 사고(lateral thinking)로 유명한 de Bono(1986)에 의해 창안된 프로그램이다. CoRT 프로그램은 6개의 장으로 구성되어 있고, 각 장은 여러 개의 과로 나누어져 있다. 이 중 4장은 전적으로 창의성에 초점을 맞추고 있으며, 특수한 정신 활동이나 기억술을 활용해서 평소에 잘 떠오르지 않는 새로운 아이디어를 생성하게 한다. CoRT 프로그램의 한 활동으로서 PMI(Plus-Minus-Interesting) 기법과 여섯 개의 생각하는 모자(Six Thinking Hats) 기법이 있다. PMI는 어떤 문제 상황에 대해서 긍정적인 측면과 부정적인 측면을 고려하여 최적의 아이디어를 개발하는 데 사용된다. 여섯 개의 생각하는 모자는 서로 다른 독특한 사고의 유형을 대표해 주는 것으로서 요약하면 다음과 같다.

- **하얀 모자** : 중립적이고 객관적인 사실, 자료, 정보
- **빨강 모자** : 감정, 느낌, 육감 및 직관
- **검정 모자** : 부정적 판단, 실패한 이유
- **노랑 모자** : 낙관적, 긍정적, 건설적 기회
- **초록 모자** : 창의적 사고, 여러 가지 해결 방안
- **파랑 모자** : 요약, 개관, 결론, 규율, 사고에 대한 사고

④ **Treffinger의 창의적 문제해결 모형** : Treffinger(1981)에 의해 구체화된 이 모형은 창의적 사고를 길러 주기 위한 구체적인 상황에서 활용할 수 있는 6단계 모형이다. 문제 상황과 관련하여 상황, 목표, 관심의 진술→사실 발견→사실과 자료의 활용 탐색 및 문제의 진술이 있고, 아이디어의 발견과 관련하여 브레인스토밍→아이디어 선정(해결의 열쇠)→수용안 발견 등이 있다.

⑤ **창의적 문제해결 모델**(creative problem solving model) : Osborn의 브레인스토밍 기법 연구에 기초를 두고 Parnes(1967)가 개발한 기법이다. Osborn의 문제해결의 3단계, 즉 문제의 정의→해결에 필요한 아이디어 산출→산출된 아이디어의 가치를 평가하는 활동 등을 5단계로 발전시킨 것이다.

3) 창의적 사고를 돕는 교육 기술

창의적 사고를 돕는 교육 기술에는 발문법, 질문에 대한 반응을 처리하는 요령 및 창의적 사고를 위한 교육 절차가 포함된다.

① **발문법**

- 생각을 촉진할 수 있는 질문
- 구체적이고 분명한 질문
- 유도하고 싶은 내용이 담긴 질문
- 질문 후의 적절한 간격 유지
- 질문에 대한 학생들의 반응을 스스로 요약
- 다양한 형식의 질문
- 다양한 반응을 기다리는 질문
- 다른 사람의 의견 존중
- 생각하는 기회의 제공
- 지식의 헛점을 자극

② **질문에 대한 반응을 처리하는 요령**

- 학생들 스스로 반응을 처리하게 함
- 교육자의 진지한 자세
- 성급한 처리의 지양
- 반응에 대한 인격적 존중
- 다수로부터 반응을 유도
- 정답 후로도 반응을 개진
- 여유와 아량
- 단답식이나 판단적 반응의 지양
- 편견의 배제
- 참신한 반응을 기대하고 있음을 전달

③ **창의적 사고를 위한 교육 절차** : 창의적 사고를 위한 교육 절차는 크게 다음의 세 단계로 나누어진다.

- **1단계** : 창의적 사고를 촉진하는 분위기 만들기. 생각할 여유를 주고, 참신하고 기발한 아이

디어를 주제로 삼으며, 고정관념, 편견 및 판단을 지양한다. 또한 한 가지 소재라도 다양하게 생각해 보도록 안내하며, 생각에 대한 이유와 근거 제시에 관심을 기울인다.

- 2단계 : 창의적 아이디어와 결과를 이끌어 내는 수업 기회 만들기. 이를 위해서는 기본적으로 학생들 자신과 의견에 대한 수용적, 긍정적, 무비판적 자세를 갖는 것이 중요하다. 해결이 필요한 문제 상황을 제시하고 제시된 문제에 대한 해결책을 찾도록 한다. 탐색 활동의 과정에서는 다양한 가정을 세우기, 아이디어의 계통도 만들기, 기존의 방식보다는 새로운 사고를 탐색하기, 유추하기 등을 격려한다.
- 3단계 : 제안된 아이디어의 평가 및 검증. 제안된 아이디어에 대해 학생들 스스로 자기평가와 상호 평가를 할 수 있도록 하면서 평가 및 검증 과정에서도 브레인스토밍을 격려한다.

5 비판적 사고의 개념 및 비판적 사고 학습법

1) 비판적 사고의 개념

비판적 사고는 논리적 규칙과 절차, 사실과 의견, 가치성 등을 기초로 평가하고 판단하는 지적 사고 기능으로 정의되기도 하며, 또 한편으로는 일종의 추상적 정신 과정인 포괄적인 문제해결력으로 정의되기도 한다. 비판적 사고 개념에 대한 보다 체계화된 논의는 Ennis (1987)와 Paul(1984)의 개념화 및 KEDI 사고 모형을 통해서 알 수 있다.

(1) 비판적 사고에 대한 Ennis의 개념화

Ennis는 비판적 사고를 '어떤 신념을 갖고 어떤 행동을 하는지에 초점을 둔 합리적이고도 반성적인 사고'라고 정의하였다. 그리고 이러한 비판적 사고가 '성향'과 '능력'의 두 요소로 구성된다고 보고, 다음과 같이 구체화하였다.

① 성향

- 주제나 질문을 명료한 진술문으로 표현하는 것
- 이유나 근거에 대한 추구
- 양질의 많은 정보에 대한 추구

- 믿을 만한 출처를 사용하고 그것에 입각하여 주장을 전개하는 것
- 전체적 상황에 대한 고려
- 요점의 유지
- 기본적이고 근원적인 관심사에 대한 고려
- 대안 탐색
- 개방적인 마음의 유지
- 증거와 이유가 불충분할 때에는 자신의 입장을 변경
- 가능한 한 정밀성을 추구
- 문제를 세분화하고 계열적으로 처리

② 사고능력

- **개념 정의 및 명료화** : 중심적 이슈와 문제의 식별, 결론 식별, 근거 식별, 상황에 적절한 질문, 문제의 제기, 기본 과정 식별
- **정보의 판단** : 출처와 관찰의 신뢰성 확인, 타당성 확인, 모순점, 불일치점 식별
- **문제해결 및 합리적 결론 추론** : 귀납적 결론에 대한 추론과 판단, 연역적 타당성에 대한 도출과 판단, 가능한 결과의 예언

(2) 비판적 사고력에 대한 Paul의 개념화

Paul에 따르면, 비판적 사고는 '특정한 사고의 영역이나 유형에 부합되는 사고의 완전성을 보여 주고 스스로 방향을 결정짓는 훈련된 사고'를 의미한다. 그리고 그 개념을 명확히 하는 데 도움을 주기 위해 비판적 사고력을 지닌 사람들의 성향과 비판적 사고의 하위 유목들을 다음과 같이 제시하였다.

① 성향

- **지적 겸손** : 자기중심성과 지적 한계를 인정하는 자세
- **지적 용기** : 의견, 신념, 관점에 정당하게 대응하고 평가하려는 마음가짐
- **지적 감정 이입** : 타인을 이해하기 위하여 타인의 입장이 되어 보려는 필요성에 대한 인식
- **지적 통합성** : 사고에 거짓됨이 없고, 지적 기준과 일관성을 지니며, 엄격한 기준을 자타에게 공히 적용
- **지적 인내** : 난관이나 좌절에도 불구하고 지적 통찰과 진리를 추구하려는 자세
- **이성 중시** : 합리성에 의하여 자신과 인류의 이익이 추구될 수 있다는 신념

- 정의에 대한 지적 감각 : 이익에 좌우되지 않고 동일한 지적 기준을 적용하는 마음가짐

② 비판적 사고의 하위 유목

- 거시적 인지 전략 기능 : 지나친 단순화의 회피, 아이디어를 새로운 장면에 적용, 자신의 관점을 형성, 현안 문제점과 주장을 명료화, 아이디어의 명료화, 평가 준거의 개발, 출처의 신뢰성 평가, 근원적 질문 제기, 주장에 대한 평가, 해결 방법의 생성과 평가, 행동과 정책의 평가, 맥락을 명료화하고 비판하기, 학문 간 관련 맺기, 소크라테스 토론법 적용, 변증법적 사고
- 미시적 인지 전략 기능 : 사실과 이상 구분, 비판적 어휘를 통합적으로 사용, 아이디어의 식별, 가정의 검토, 적절한 사실과 부적절한 사실 구별, 가능한 추론 맺기, 결론을 내리기 위한 증거 제시, 상호 모순성 인식, 시사점과 인지적 결론 탐색, 명료한 일반화
- 정의적 기능 : 독립적인 사고, 자신 또는 사회중심성에 대한 통찰력 개발, 정당한 마음가짐과 호혜성 육성, 느낌에 바탕을 둔 생각의 탐색, 판단의 보류

(3) KEDI 사고 모형에서의 비판적 사고 기능과 비판적 사고 성향

① 비판적 사고 기능

- 사실과 의견의 구분
- 타당하고 충분한 근거를 들어 의견을 주장, 평가
- 다양한 정보원의 신뢰성을 비교, 분석하고 보다 신뢰로운 정보 선택
- 한 문제를 다양한 관점에서 조망
- 주장이나 진술에 개재된 편견 탐지
- 진술에 숨겨진 의미와 가정 확인
- 문제의 본질에 적합한 준거의 사용

② 비판적 사고 성향

- 건전한 회의성
- 지적 정직
- 객관성
- 체계성
- 철저성(속단의 유보)

2) 비판적 사고의 지도법

KDEI 모형에 기초하여 비판적 사고의 기능과 성향을 신장시키기 위해 각각의 하위 구성 요소별로 활용할 수 있는 지도법의 지침을 살펴보면 다음과 같다(자세한 내용과 교육 예시는 한국교육개발원의 '사고력 신장을 위한 프로그램 개발 연구'를 참조).

(1) 비판적 사고 기능의 지도

① 사실과 의견의 구별
- 제시된 진술들을 사실과 의견으로 구별하기
- 그 진술이 사실과 의견으로 구별되는 이유와 근거를 제시하기
- 사실과 의견을 혼동하여 발생한 사례에 대하여 발표하고 생각해 보기
- 언론이나 타인의 주장 중 사실과 의견을 혼동한 것을 찾아보기

② 타당하고 충분한 근거를 들어 의견 주장하기
- 판단의 기초가 되는 근거가 타당하고 충분한 것인지를 확인시키기
- 근거 자체가 참인지 거짓인지를 확인시키기
- 근거가 주장을 뒷받침할 만큼 충분한가를 확인하고 보충해야 할 근거를 확인시키기

③ 다양한 정보원의 신뢰성을 비교, 분석하고 보다 신뢰로운 정보 선택하기
- 신뢰성의 여부가 정보원마다 항상 고정되어 있는 것이 아니고, 문제의 성격에 따라 달라지는 것임을 인식하기
- 믿을 만한 여러 정보원 중 문제의 성격에 비추어 가장 타당한 정보원을 올바르게 선택하기

④ 한 문제를 다양한 관점에서 조망하기
- 문제에 관련된 개인이나 집단을 식별하고 관련된 정도를 파악하기
- 문제에 관련된 개인이나 집단의 부정적, 긍정적 이해관계를 분석해 보기
- 각 입장들의 차이점과 유사점을 비교하고 대조해 보기

⑤ 주장이나 진술에 게재된 편견 탐지하기
- 편견 자체의 의미를 이해하기
- 편견의 구체적인 예를 들어 보기
- 편견의 종류를 구분하고 위의 예들과 관련지어 보기
- 특정한 편견의 이유를 생각해 보고 그 결과나 영향을 예상해 보기

⑥ 진술에 담긴 의미와 가정 확인하기

- 진술에 대해 생략된 가정이나 결론을 추론하기
- 진술이 표명된 의미 이외에 다른 숨겨진 의미나 의도를 내포하고 있을 수 있음을 알고, 이를 정확히 파악하기

⑦ 문제의 본질에 적합한 평가의 준거 사용하기

- 문제와 과제 자체의 의미와 본질을 이해하기
- 평가 준거를 제시하기
- 평가 준거를 평정하기
- 평가 준거 대안들을 서열화하고 순위를 매기기

(2) 비판적 사고 성향에 대한 지도

① **건전한 회의성** : 일상생활, 역사적 사실 등을 참조로 확실히 옳다고 믿었던 주장이나 신념이 잘못된 것임을 깨달았던 경험을 찾고 논의하기

② **지적 정직** : 자신에게 아무리 불리한 상황이라도 신념을 굽히지 말고 진실을 밝히려고 노력했던 인물에 대해 탐색하고 논의하기. 일상생활에서 지적 정직을 어떻게 실천할 수 있는지를 생각하고 말해 보기

③ **객관성** : 즉흥적, 감정적, 주관적인 판단으로 인해 부정적 결과를 초래한 일상 경험이나 역사적 사실들을 찾고 논의하기. 동일한 사건과 현상이 관점에 따라 어떻게 다르게 이해되고 해석되는지를 찾고 논평하기

④ **체계성** : 신문, 잡지, 친구들의 주장 중 논리적 일관성이나 문제의 핵심에서 벗어난 예를 찾고 그것을 교정해 보도록 하기. 특정 주제에 대한 각자의 생각을 발표한 다음 그것이 내적인 일관성을 유지하고 있는지 서로 비평해 보기

⑤ **철저성(속단의 유보)** : 성급한 결론 때문에 부정적 결과가 주어진 경우와 결론짓기를 유보하여 긍정적 결과를 얻은 경우를 대비하여 논의하기

6 사고력 신장 프로그램의 유형

Nickerson(1999), Nickerson, Perkins 및 Smith(1985)의 분류 방식에 따르면, 사고력 신장

프로그램은 인지 과정 접근, 발견법적 접근, 피아제식 형식적 사고에 초점을 둔 접근, 언어와 상징적 조작을 강조한 접근, 사고에 대한 사고에 초점을 둔 접근으로 분류될 수 있다. 이 중 대표적인 프로그램을 소개하면 다음과 같다.

1) 인지 과정 접근

인지 과정 접근에 의하면, 사고력이란 비교, 순서, 분류, 추리, 예언과 같은 인간의 기본적인 인지 과정에 의존한다. 따라서 교수 전략은 이러한 기본 인지 과정을 가르치고 연습하는 데 초점을 둔다. 대표적인 것으로 도구적 증진 프로그램과 지능 개발 프로그램이 있다.

① **도구적 증진 프로그램** : Fruerstein(1990)에 의해 고안된 것으로 본래는 학습 문제를 보이는 아동들을 위한 것이었다. 그는 지적 성취가 낮은 것이 개인의 고정된 특징이 아니라 결핍된 기능에 의한 것이라고 보았으며, 28개의 결핍된 인지적 기능들을 확인하고 세 개의 집단으로 범주화하여 정신 활동의 3단계로 개념화하였다. 투입 단계, 정교화 단계, 산출 단계가 그것이며, 네 번째 결핍된 기능으로서 정의적 – 동기적 요소를 제안하였다. 프로그램은 15개의 도구들로 나뉘어져 있는데, 각각은 결핍된 인지 기능에 초점을 맞춘 지필 검사 형태의 연습 문제로 이루어져 있다.

② **지능 개발 프로그램** : 이 프로그램은 하버드 대학 BBN 연구소(Bolt Bernaneck and Newman Inc.)와 베네수엘라 교육부의 협력 연구로서 베네수엘라 중등학교에서 사고 기능을 가르치기 위한 목적으로 개발되었다. 이 프로그램은 지능과 직접적으로 관련되어 있으면서도 평가가 적절하게 이루어질 수 있는 능력들을 개발하는 데 초점을 두고 있다. 능력 개발과 교육을 위한 주제는 다음의 여섯 가지로 구분되어 있으며, 모든 주제들은 학생들로 하여금 그들 자신의 능력을 인식하고 의식적으로 개발하는 것을 목적으로 하고 있다.

- 추론의 기초
- 언어 이해
- 언어적 추리
- 문제해결
- 의사결정
- 창의적 사고

2) 발견법적 접근

발견법적 접근에 의하면, 사고 기능은 노하우로 간주된다. 발견법이라는 용어는 '전략'과 유사한 의미이며, 성공할 가능성이 높은 목표에 접근하는 방법이다. 발견법적 접근은 개념화, 표상, 계획 수립 등의 활동을 강조하며, 대표적인 것으로는 CoRT 프로그램과 생산적 사고 프로그램(Productive Thinking Program)이 있다.

① **CoRT 프로그램** : de Bono에 의하면 사고에는 지각과 분석이라는 두 가지 단계가 있는데, 지각은 분석에 앞서 일어나는 것으로서 사고에 많은 오류를 일으키는 원인이 된다고 하였다. 이와 관련하여 PMI와 같은 주의를 환기시키는 도구(attention-directing tool)를 제시하였는데, 이는 매우 간단하여 학문적 배경이나 지적인 재능에 관계없이 누구나 쉽게 활용할 수 있는 것이다. 분석적 사고에 보다 집중된 교육 기법으로는 앞서 언급된 여섯 개의 생각하는 모자를 들 수 있다. CoRT 프로그램의 특성은 다음과 같다.

- 분석적 사고보다는 지각적 사고에 초점을 둔다.
- 간과될 우려가 있는 측면에 주의를 기울이게 하는 간단한 도구의 활용을 가르친다.
- 도구의 활용이 자동화될 수 있도록 연습에 집중한다.

② **생산적 사고 프로그램** : 이 프로그램은 Covington 등에 의해 개발되었다(Covington, Crutchfield, Davies, & Olton, 1974). 생산적 사고에는 다섯 가지 종류의 사고 기능이 포함되는데, 이러한 사고 기능의 개선은 일반적인 전략을 교수함으로써 가능하다고 보았다. 다섯 가지 사고 기능은 다음과 같다.

- 문제의 발견과 형성
- 정보의 조직 및 활용
- 아이디어의 생성
- 아이디어의 평가와 개선
- 새로운 시각 창출

3) 형식적 사고의 발달에 초점을 둔 접근

형식적 사고 접근의 목표는 피아제의 이론에 기초하여 학생들의 사고 수준을 형식적 사고 수준으로 끌어올리는 것이다. 사고 기능을 전통적인 교과 영역 내에 포함시켜, 학생들로 하여금 교과 내용을 적극적으로 학습하게 하고 질문, 탐구, 가설 형성 및 검증 활동을 하도록 고무한다. 대표적인 것으로 'ADAPT 프로그램(Accent on the Development of Abstract Processes of Thought Program)'과 'DOORS 프로그램(Development of Operational Reasoning Skills Program)'이 있다.

① **ADAPT 프로그램** : 이 프로그램은 네브라스카 대학의 교수들이 사고 기능을 종래의 교과 내용과 통합시켜 학생들에게 가르치기 위해 개발한 것이다. 프로그램의 목표는 학생들이 대학에서의 강의 내용에 통달하는 것뿐만 아니라, 요구되는 추론능력을 개발할 수 있도록 도와주는 것이다. 대학생들이 피아제의 발달 단계상 이론적으로 형식적 조작 단계에 있으면서도 효과적으로 사고하지 못하고 있는 점을 중시하면서, 교육 내용을 구체적 조작 수준과 형식적 조작 수준에 있는 학생들 모두에게 적용할 수 있도록 고안되었다.

② **DOORS 프로그램** : 이 프로그램은 일리노이 센트럴 대학에서 1977년 처음으로 개설되어 시행된 것이다. ADAPT와 마찬가지로, 이 프로그램 역시 많은 수의 대학 신입생들이 피아제가 말한 형식적 조작 단계의 사고를 잘 하지 못하는 데서 출발하였다. 따라서 프로그램의 목표는 피아제 이론에 기초하여 사고의 수준을 형식적 추론 단계에 도달할 수 있도록 하는 것이다.

4) 언어와 상징 조작을 통한 사고 접근

이 접근에서는 상징적 조작의 한 형태로서 작문을 강조한다. 작문은 사고를 일관성 있게 유지하고 명료하게 표현할 수 있도록 돕는 활동이며, 사고의 매개체이자 사고 발달을 촉진시키는 것으로서 간주된다. 대표적인 것으로 Easterling과 Pasnanen의 '직면, 구성, 완성(Confront, Construct, Complete)'과 『수사학 : 발견과 변화(Rhetoric : Discovery and Change)』가 있다.

① **직면, 구성, 완성** : 작문 과정으로 구성된 이 프로그램의 '직면' 단계에서는 첫 문장이 정교화될 수 있도록 단락 쓰기 연습 문제가 주어진다. '구성' 단계에서는 몇 가지 항목에 주의를 기울이며, 관심사를 더하거나 빼는 등 쓴 글을 재구성한다. '완성' 단계에서는 맞춤법, 구두점, 문법 및 문맥 등을 검토하고 최종적으로 마무리한다.

② **『수사학 : 발견과 변화』** : Young(1970)이 집필한 저서로 대학생들을 대상으로 한 것이다.

이 책은 질문 과정(process of inquiry)을 통해 분석능력과 작문을 촉진시키는 여러 도구들로 구성되어 있다. 분석을 위한 일반적 접근의 예로는 특성 간의 비교, 변화의 범위 및 맥락에 주의 기울이기 등이 있다.

5) 사고에 대한 사고 접근

사고에 대한 사고 접근에서는 사고를 교육하는 데 있어서 사고 자체를 주제로 다룬다. 기본 가정은 인간의 사고력은 학습에 의해 향상시킬 수 있다는 것이다. 대표적인 것으로는 어린이를 위한 철학 프로그램(Philosophy for Children Program)이 있다.

어린이를 위한 철학 프로그램의 주 개발자는 IAPC(Institute for the Advancement of Philosophy for Children)의 Lipman이다. 1969년에 개발된 이 프로그램은 유치원부터 고등학교 3학년까지의 학생들을 대상으로 한 것으로 단계적으로 철학을 소개하고 있다. 학년별 프로그램의 내용을 간략히 요약하면 다음과 같다.

- **유치원** : 언어 습득, 지각적 자각의 강화, 대화를 통한 의견의 공유, 분류와 구별, 감정 추론
- **3~4학년** : 앞선 과정의 지속, 형식적 추론을 소개, 모호함, 관계 개념과 같은 어의론 및 구문론, 구조, 우연, 시간, 공간, 수, 개인, 계급, 집단 같은 추상적 개념
- **5~6학년** : 형식 논리와 비형식 논리의 습득
- **6학년** : 철학소설을 이용하여 객관성, 예측, 설명, 측정, 증명, 기술 및 우연과 같은 과학적 개념의 토론
- **7~9학년** : 소설을 이용하여 공정성, 참과 거짓 등의 사회 문제에 초점, 아동의 권리, 직업과 성차별, 동물의 권리 등을 포함, 경험과 의미, 작문 평가의 기준, 사고와 작문과의 관계, 정의의 특성, 기능과 예술의 구별과 같은 언어 기술의 문제
- **8~10학년** : 소설을 이용하여 법의 기능, 관료제의 특질, 현대 사회에서의 범죄의 역할, 사적 자유 및 정의에 대한 대안적 개념 등 일반적인 사회 문제의 탐구
- **11~12학년** : 윤리학, 인식론, 형이상학, 미학, 논리학 등과 같은 더욱 진보된 철학의 전문적 영역에 의한 사고 기능의 강화

7 프로그램의 내용 및 지침

1) 프로그램의 내용

프로그램의 내용	세부 활동	
사고력의 개념 이해	사고력이란?	
	창의적 · 비판적 사고의 개념과 특성 알기	• 창의적 사고와 특성 • 나의 창의성 지수는? • 비판적 사고와 특성 • 나의 비판적 성향 지수는?
	창의적 · 비판적 사고를 일깨우기 위한 지침	
	사고력의 바탕이 되는 핵심적 사고 기능	
창의적·논리적·비판적 사고를 증진시키기 위한 전략	PMI	• PMI란? • PMI 연습 • PMI 실습
	여섯 개의 생각하는 모자	• 여섯 개의 생각하는 모자란? • 생각하는 모자 질문법 • 생각하는 모자 실습 • 내 삶의 고민
	일곱 개의 생각의 고리	• 일곱 개의 생각의 고리란? • 일곱 개의 생각의 고리 실습
	critical thinking	• 비판적 성향을 자극하기 • 비판적 사고를 자극하기 • 비판적 사고 실습
언어적 추론 능력 향상	70가지 속담 추론	
	속담 추론 실습	

2) 프로그램의 지침

① 이 프로그램의 내용은 일반적인 사고능력, 사고 기능, 사고 과정 및 사고 전략이 존재한다고 가정하는 사고 교육 과정의 일반 사고 모형에 입각하고 있다. 이에 사고력의 구성요소라 할 수 있는 초인지, 비판적 사고와 창의적 사고 및 핵심적 사고 기능의 몇 가지 측면을

고려하였으며, 사고 교육의 유형 중 인지과정적 접근, 발견법적 접근, 형식적 사고의 발달에 초점을 둔 접근, 언어와 상징 조작을 통한 사고 접근, 사고에 대한 사고 접근에서 활용되고 있는 일부 프로그램을 참조하였다. 여기서 소개되고 있는 프로그램은 학습치료 프로그램의 일부로서, 다루어지는 내용과 영역이 다소 제한적임을 밝혀 둔다.

② 이 프로그램은 집단으로 시행되는 사고력 증진 프로그램으로 따로 사용될 수도 있으나, 학습치료 상황에서는 대체로 다른 장의 내용과 통합하여 활용하는 것이 바람직하다. 실제로 창의적, 비판적 사고는 학습치료의 원리나 기법과 관련성이 높고 인지치료에서의 질문법, 인지적 왜곡의 오류 및 합리적으로 사고하기 등과도 관련되어 있다. 따라서 별도로 다루기보다는 시험불안, 학업 스트레스, 효과적인 읽기 및 필기, 기억 전략 등과 통합하여 적용할 수 있도록 계획하는 것이 바람직하다.

참고문헌

허경철 외(1989). 사고력 신장을 위한 프로그램 개발연구(III). 서울: 한국교육개발원.

Barron, F., & Harrington, D. M. (1981). Creativity, intelligence, and personality. *Annual Review of Psychology, 32,* 349-376.

Beyer, B. K. (1988). *Developing a thinking skills program.* Boston: Allyn & Bacon.

Covington, M. V., Crutchfield, R. S., Davis, L., & Olton, R. M., Jr. (1974). *The Productive Thinking Program.* Columbus, Ohio: Merill.

Csikszentmihalyi, M. (1996). *Creativity: Flow and the psychology or discovery and invention.* New York: Haper Collins.

de Bono, E. (1986). *CoRT thinking (4): Teacher's notes.* New York: Pergamon Press.

Ennis, R. H. (1987). A taxonomy of critical thinking dispositions and abilities. In J. Baron & R. Sternberg (Eds.), *Teaching thinking skills: Theory and practice.* New York: Freeman.

Feurstein, R. (1990). *Instrumental enrichment: An intervention program for cognition modifiability.* Baltimore: University Park Press.

Flavell, J. H. (1979). Metacognition and Cognitive monitoring: A cognitive developmental inquiry. *American Psychologist, 34,* 906-911.

Gordon, W. J. J. (1961). *Synectics: The development of creative capacity.* New York: Harper & Row.

Guilford, J. P. (1950). Creativity. *American Psychologist, 14,* 205-208.

Hayes, J. R. (1989). Cognitive process in creativity. In J. A. Glover, R. R. Ronning & C. R. Reynolds (Eds.), *Handbook of creativity* (pp. 135-146). New York: Plenum.

Hirsh, E. D. Jr. (1988). *Cultural literacy: What every American needs to know.* Boston: Houghton Mifflin.

Marzano, R. J. (1993). How classroom teachers approach the teaching of thinking. *Theory into Practice, 32,* 154-160.

Nickerson, R. S. (1999). Enhancing creativity. In R. Sternberg (Ed.), *Handbook of creativity* (pp. 392-430). New York: Cambridge University Press.

Nickerson, R. S, Perkins, D. N., & Smith, E. E. (1985). *The teaching of thinking.* London: Lawrence Erlbaum Associates.

Osborn, A. F. (1953). *Applied imagination.* New York: Charles Scribner's Son.

Parnes, S. J. (1967). *Creative behavior guidebook.* New York: Charles Scribner's Son.

Paul, R. W. (1984). Critical thinking: Fundamental to education for free society. *Educational Leadership, 42,* 4-14.

Simonton, D. K. (1988). Creativity, leadership, and chance. In R. J. Sternberg (Ed.), *The nature of creativity* (pp. 386-426). Cambridge, MA: Cambridge University Press.

Sternberg, R. J. (1988). Intelligence. In R. J. Sternberg & E. E. Smith (Eds.), *The psychology of human thought* (pp. 267-308). New York: Cambridge University Press.

Sternberg, R. J., & Lubart, T. I. (1991). An investment theory of creativity and it's development. *Human Development, 34*, 1-32.

Treffinger, D. J. (1981). *Blending gifted education with the total school program.* FL: Center for Creative Learning.

Torrance, E. P. (1962). *Guiding creative talent.* Englewood Cliffs, NJ: Prentice-Hall.

제 7 장

효과적인 외국어 학습 전략 : 영어

1 외국어 학습 전략의 개념

외국어 학습 전략이란 학습자가 외국어를 학습할 때 새로운 정보나 기술을 이해, 저장 및 기억하기 위해서 의식적으로 자주 사용하는 구체적인 행동이나 기술을 의미하는 것으로, 언어 능력의 발달을 도울 수 있는 넓은 의미의 학습 관련 활동을 모두 포괄하는 개념이다(O'Malley & Chamot, 1990).

외국어 학습 전략의 목표는 학습자의 동기, 감정, 새로운 지식의 선택, 습득, 조직화 및 통합하는 방식에 영향을 미침으로써 실제 학습 상황에서 기억, 파지 및 회상능력을 향상시키며, 궁극적으로는 학습 전략의 내용을 유사한 학습 상황에 전이시킬 수 있도록 하는 것이다(Weinstein & Mayer, 1986). 외국어 학습에서는 학습자의 자율성이 강조되며(Wenden, 1991), 아울러 학습 과정에서 학습 전략을 스스로 개발하여 사용하는 것이 외국어를 습득하는 데 필수불가결한 요소라고 강조되기도 한다(Brown, 2000). 따라서 효과적인 외국어 학습 전략에서는 학습자의 동기, 의식적인 참여와 노력, 능동성 및 자율성이 중요하다고 할 수 있다.

2 외국어 학습 전략의 분류

외국어 학습 전략을 분류하는 방법은 크게 두 가지다. 첫 번째는 정보처리이론에 근거한 것으로 O'Malley와 Chamot(1990)에 의한 분류 방법이다. 두 번째는 전인격체(whole person)로서 학습자를 바라보는 관점에 기초한 것으로 Oxford와 Crookall(1988)에 의한 분류 방법이다. 각각에 대해 살펴보면 다음과 같다.

1) O'Malley와 Chamot의 분류

학습 전략을 학습 과제에 대한 감찰, 진단 및 평가를 하는 초인지적 전략, 학습 과제에 대한 특별한 사고와 기술 등을 이용하는 인지적 전략, 타인과의 상호작용 또는 학습 과제를 돕기 위한 효과적인 통제의 사용과 관련된 사회정서적 전략의 세 가지 범주로 나눈다. 이 분류의 제한점은 인지적 전략을 강조하면서 초인지적 전략과 사회정서적 전략을 상대적으로 소홀히 다루고 있다는 점이다. 세부 내용을 살펴보면 다음과 같다.

① 초인지적 전략

- 개념에 대해 미리 살펴보기
- 특정 학습 과제에 집중하고 불필요한 것은 무시하기
- 학습에 도움이 되는 특수한 언어 양상에 집중하기
- 학습에 도움이 되는 조건을 이해하고 생성하기
- 앞으로 필요한 언어 기능을 계획하고 실천하기
- 언어적 정확성, 상황 적절성, 대상 적절성에 따라 적합한 언어 사용하기
- 충분히 듣고 말하기
- 자기 평가하기

② 인지적 전략

- 모델 모방하기
- 목표 언어에 관한 참고 자료 활용하기
- 번역하기
- 공통 속성을 근거로 학습 자료를 순서 매기거나, 재분류하거나, 명명하기
- 말과 글을 기록하기
- 규칙을 연역적으로 사용하기
- 재결합하기
- 형상화하기
- 새로운 개념을 기억 속에 있는 시각적 개념과 연결하기
- 핵심어와 연결하기
- 단어와 구를 문맥 속에서 사용하기
- 새로운 정보를 기존의 다른 개념과 연결하기
- 전이
- 추론하기

③ 사회적 · 정서적 전략

- 피드백, 정보 공동 관리 및 언어 활동의 모델을 제시하기 위해 동료와 함께 공부하기
- 반복해서 말해 주기, 바꿔 말하기, 설명이나 예를 교사에게 요청하기

사회적 · 정서적 전략의 교수 지침과 특징은 다음과 같이 요약할 수 있다(Chamot & Kupper, 1989)

- 학습 전략 수업은 정규 교육 과정과 분리하지 않고 통합하여 실시하여야 한다.
- 학습 자료가 학습자의 능력을 벗어나지 않는 범위에서 적당히 도전적일 때 학습 전략은 최상의 효과를 나타낸다.
- 학습 과제의 특성은 그 시간에 습득한 학습 전략을 결정하는 데 중요한 역할을 한다. 예컨대, 추론은 수용적 기능인 듣기, 읽기에 적합한 전략이고, 계획은 표현 기능인 말하기, 쓰기와 같은 학습에 효과적이다. 그리고 선행 지식의 적용과 연습에 대한 자기 점검 전략은 전반적인 언어 학습에서 중요하다.
- 학습 전략은 절차적이고 기능적이다. 따라서 전략이 자동적으로 수행되기 위해서는 상당한 연습이 필요하다.
- 학습 전략 중심 수업은 학습자의 수준을 고려하여 운영할 수 있다. 학습 전략을 처음 배우는 학습자에게는 외국어 학습에 대한 흥미와 동기화가 수업의 목표가 될 수 있다.
- 학습 과제를 성공적으로 수행하려면 다양한 학습 전략이 필요하다. 그러나 일시에 너무 많은 것을 가르치는 것은 혼란을 야기할 수 있으므로 단계적으로 가르치고 반복 연습하는 것이 효과적이다.
- 교사의 시범이 요구될 수 있다. 교사가 학습 과제를 수행하면서 문제해결의 과정을 언어화하는 시범을 보일 수 있다.
- 수업은 명시적으로 이루어져야 한다. 학습 전략의 이름과 목표를 제시하여야 한다. 학습 전략 수업은 수업 준비, 제시, 실행, 평가 및 심화 활동의 다섯 단계로 이루어지며, 일반적으로 학습 전략의 습득, 학습 과제의 이해 및 언어 능력 개발 활동 등의 세 가지 활동이 포함된다.

2) Oxford와 Crookall의 분류

Oxford는 학습에 직접적으로 영향을 미치는 것으로 기억 전략, 인지적 전략 및 보상 전략을 들고 있으며, 학습에 간접적으로 영향을 미치는 것으로 초인지적 전략, 정서적 전략 및 사회적 전략을 들어 총 여섯 가지로 학습 전략의 범주를 분류하였다. 앞서 언급된 O'Malley와 Chamot의 분류와 기본적으로 유사하지만, 초인지 및 사회적 · 정서적 측면을 보다 강조하고 학습 전략들을 세분화하고 구체적으로 명시하였다. Oxford와 Crookall의 세부 학습 전략은 〈표 7-1〉에 제시되어 있다.

(1) 학습에 직접적으로 영향을 미치는 전략

① 기억 전략 : 새로운 정보를 저장하고 재생시키는 것을 돕는 전략

② 인지적 전략 : 다양한 방법을 통해 새로운 언어를 이해하고 사용하는 것을 돕는 전략

③ 보상 전략 : 외국어에 대한 지식의 결핍에도 불구하고 이를 극복하고 이해하며 표현하는 것을 돕는 전략

(2) 학습에 간접적으로 영향을 미치는 전략

① 초인지적 전략 : 다양한 기능을 활용해서 학습 과정을 조정하게 하는 것으로 학습을 조직화하고 평가하는 전략

② 정서적 전략 : 학습자가 자신의 감정, 학습동기 및 학습 태도를 통제할 수 있도록 돕는 전략

③ 사회적 전략 : 학습자가 타인과의 상호작용을 통해서 학습하는 것을 배우도록 돕는 전략

〈표 7-1〉 Oxford와 Crookall의 학습 전략 요약

직접 전략	기억 전략	심적 연결고리 생성하기	• 묶기 • 연상/정교화하기 • 새로운 단어를 맥락에서 이해하기
		심상과 음성 적용하기	• 심상 사용하기 • 의미적 맵핑 • 핵심 단어 활용하기 • 기억할 때 소리 내어 반복하기
		복습하기	• 구조화된 방식으로 복습하기
		행위 수반하기	• 신체적 반응과 감각 활용하기 • 기계적인 방법 활용하기
	인지적 전략	연습하기	• 반복하기 • 소리 내어 쓰면서 연습하기 • 패턴을 떠올리고 활용하기 • 재결합하기 • 일상에서 자연스럽게 연습하기
		메시지를 송수신하기	• 아이디어를 신속하게 이해하기 • 메시지 송신을 위한 자원 활용하기

직접 전략	인지적 전략	분석하고 추론하기	• 연역적으로 추론하기 • 표현 분석하기 • 언어를 대조적으로 분석하기 • 번역하기 • 바꾸어 표현하기
		입력과 산출을 위한 구조 만들기	• 필기하기 • 요약하기 • 강조하기
	보상 전략	지적으로 추측하기	• 주석을 활용하기 • 다른 단서 활용하기
		말하기와 쓰기에서 한계 극복하기	• 다른 언어로 전환하기 • 도움 청하기 • 몸짓이나 제스처 활용하기 • 단편적으로 혹은 시시콜콜히 표현하는 것을 삼가기 • 메시지를 선택하거나 짐작하기 • 단어 만들어 내기 • 완곡한 표현이나 비슷한 말 활용하기
간접 전략	초인지적 전략	배우는 것에 초점 맞추기	• 복습하고 기존의 것들과 관련짓기 • 주의 기울이기 • 듣는 것에 집중하고 말하는 것을 뒤로 미루기
		자신과 약속을 정하고 계획하기	• 외국어 학습에 대해 찾고 배우기 • 조직화하기 • 학습의 목표 세우기 • 외국어 공부의 목적 확인하기 • 외국어 공부에 대해 계획하기 • 연습 기회 찾기
		자신의 학습 과정 평가하기	• 자기 감찰하기 • 자기 평가하기
	정서적 전략	불안 경감시키기	• 점진적 이완법, 심호흡 및 명상 활용하기 • 음악 활용하기 • 웃음 활용하기
		스스로를 격려하기	• 긍정적인 자기말 하기 • 모험을 지혜롭게 감수하기 • 스스로에게 보상하기
		감정 다루어 주기	• 자신의 몸 상태에 귀기울이기 • 체크리스트 활용하기 • 외국어 학습일지 쓰기 • 다른 사람들과 감정 나누기

간접 전략	사회적 전략	질문하기	• 확실하게 이해하기 위해 질문하기 • 교정을 위해 질문하기
		다른 사람과 협력하기	• 협력하기 • 외국어를 유창하게 하는 사람과 협력하기
		공감하기	• 문화에 대한 견문 넓히기 • 외국식 사고와 감정에 깨어 있기

3 어휘 습득 전략 및 실제적인 어휘 지도 방안

효과적인 어휘 습득 전략에는 실제 사용하는 어휘의 사용, 동기 유발, 기억, 시청각 자료 활용, 불안 다루기 및 어휘 조직화 전략 등이 포함되어 있다(Schmitt, 2000). 교수 방법으로는 연어(連語 : collocation), 등급성, 즉 같은 범주에 포함되는 단어를 등급별로 제시(예 : cold-warm-hot), 군집, 빈칸 채우기(cloze) 절차, 문맥, 사전 참고, 카드 사용, 창의성, 추측 등을 활용한 방법들이 있다. 또한 포괄성에 따른 단어들 간의 위계(hyponymy), 시각적 수단, 게임 및 협동 학습을 통한 어휘 지도 방법, 맥락적 단서의 활용, 구조적인 분석과 파생어 분석, 어원 분석, 사전의 사용 및 협력적인 학습 활동 등과 아울러 불안 다루기 전략 등이 있다(Roberts, 1999). 요약하면, 효과적인 어휘 습득 전략에서 강조되는 핵심적인 개념들은 학습자의 동기와 태도, 어휘와 그 의미를 관련짓는 노력, 단어의 의미를 맥락과 자신의 배경 지식을 활용하여 유추하는 것을 포함한 조직화 및 정교화 등이라 할 수 있다.

이를 참조로 이 책에서는 효과적인 어휘 습득 전략으로서 정교화 전략, 사전을 통한 어휘 지도, 어원을 통한 어휘 지도, 연어관계를 통한 어휘 지도, 구조적 분석 및 파생어 관련 어휘 지도, 문맥 단서를 활용한 어휘 지도 및 시각적 단서를 통한 어휘지도법을 간략히 제시하고자 한다.

1) 정교화 전략

① **정교화의 정의 및 원리** : 정교화는 자극을 부호화하는 방법의 하나로, 기억을 증진시키기 위해 보다 많은 양의 정보를 의미 있는 방식으로 추가하는 것이라 할 수 있다. 즉, 추가

정보를 입력시키고, 맥락적 요소들의 부호화를 증가시키며, 정보를 조직화함으로써 정보 간의 상호 연결을 활성화하고 효율적인 파지 및 인출 과정을 돕는 것이다. 정보처리이론에 의하면 학습 자료를 부호화하는 데는 다양한 방법이 있으며, 이에 따른 기억 부호는 질적으로 다르다. 즉, 일차적 정보처리는 물리적 속성을 분석하는 데 관심이 있으며, 이차적 정보처리는 형태를 재인하고 의미를 확인하는 데 관여한다. 학습 자료가 물리적인 속성에 의해 분석되었을 때는 쉽게 망각될 수 있으나, 의미론적 속성에 의해 분석되었을 때는 오랫동안 기억될 수 있다. 즉, 학습 자료가 보다 깊고 정교하게 처리될수록 자료의 장기 기억화가 더 용이해진다. 정교화의 몇 가지 원리를 제시하면 다음과 같다(Levin, 1988).

- 정교화는 사전 지식과 의미 있게 연결되고 서로 모순이 없어야 한다. 의미론적 측면에서 파격적인 정교화는 일반적으로 효과가 없다. 또한 특정 영역에 대한 사전 지식이 충분하지 않은 경우에는 별로 효과적이지 않다.
- 정교화는 연합될 정보들을 통합할 수 있어야 한다.
- 정교화는 논리적 관계가 있어야 한다. 통합관계 외에 연합이 이루어질 단어 간에 맥락적으로 의미가 통해야 한다.
- 정교화는 학습자에게 적극적인 정보처리를 자극시킨다. 학습 자료에 대한 질문은 정교화를 돕는 방법이다.
- 정교화는 생동감이 있어야 한다. 시각적 심상을 적극적으로 유도하는 것이 좋다.
- 일반적으로 정교화는 많이 할수록 좋다. 단어를 기억하기 위해 문장을 만들 때도 단문보다는 의미상 연결이 잘 되는 여러 개의 문장을 만들어 보는 것이 좋다. 그러나 학습 자료의 속성과 양에 따라 보다 간결하게 정교화하는 것이 효과적인 경우도 있다.
- 정교화가 미숙한 학습자에게는 교사가 시범을 보여 주고 적절한 정교화의 예를 제시해 주는 것이 필요하다.
- 정교화는 언어와 심상을 모두 활용하는 것이 좋다.

② 영어 단어 정교화 전략

- 발음을 여러 번 반복하여 중얼거리면서 일상생활에서 비슷한 경험적인 매개언어를 생각하게 한다. 예컨대, 'fragile(프래질)'이란 단어가 있으면 '프래질'이라는 발음과 '약한, 부러질 것 같은'이라는 말뜻을 '너무 <u>약해서</u> 쉽게 <u>부러질</u> 것 같다.'라고 연결해 준다.
- 익숙한 경험적 언어를 발음 속에서 찾을 수 없을 경우에는 발음을 의미 있는 음절로 나누어

이야기를 만들도록 한다. 예컨대, 'velocity'라는 단어가 있다면 'velo+city', 즉 발로 시티 홀까지 전속력으로 달리자=속력'과 같이 할 수 있다.

- 단어의 모양을 보고 심상을 형성할 수 있는 특징을 찾아낸다. 예컨대, 'obesity : 비만'이라는 단어에 대해서 '앞자 o처럼 동그랗게 배가 부른 사람' 을 생각하는 방식으로 정교화할 수 있다.
- 쉬운 단어를 이용하여 정교화시킨다. 예컨대, 'lineage : 혈통, 가계'이라는 단어의 경우 'line(선)+age(나이, 세대) : 세대를 잇는 선=혈통, 가계'로 할 수 있다.
- 단어에 대한 구조적 분석을 통해 정교화할 수 있다. 예컨대, 'inaudible'의 경우 'in(not)+audire(to hear) : 들을 수 없는 것'으로 할 수 있다.
- 정교화는 상상력과 창의성을 요한다. 반드시 타인과 공유할 필요는 없기 때문에 자신에게 의미 있다면 신기하고 재미있고 기발해도 좋다.
- 정교화의 내용이 속되거나 공격적이거나 사회적으로 부적절한 내용일지라도 상관없다. 다분히 자극적인 내용이 오히려 기억력을 향상시킬 수도 있다.
- 연습을 지속하면 정교화의 속도와 질이 더욱 향상될 수 있다.

③ 지문이나 글 정교화 전략

- 공부할 내용을 전체적으로 훑어본다. 이 단계에서는 단어나 세세한 부분에 집중하지 말고 전체적인 이해를 위해 글을 읽는다.
- 두 번째 읽을 때는 정독하면서 각 문단의 중요한 논제를 찾아 그 문단의 제목을 만든다. 이 단계에서는 문단의 제목을 만드는 것이 초점이 되어야 하며, 세부 내용에 집중하는 것은 아니다.
- 각 문단의 제목을 이해하는 데 도움이 될 수 있는 핵심어란을 만들어 대략적으로 약기해 둔다. 여백을 충분이 두어 나중에 새로운 내용을 첨가하는 데 불편이 없도록 한다.
- 문단의 제목과 핵심어들이 잘 연결되는지를 스스로에게 질문하고 점검한다.
- 확신이 서지 않는다면, 다시 책을 읽으면서 서로 어떻게 연관이 되고 설명이 되는지 확인하고, 새로운 발견이 이루어지면 핵심어란에 기록한다.
- 글에서 예상될 수 있는 가능한 한 많은 질문을 만들어 보고 답을 찾으며 기록한다.

2) 사전을 통한 어휘 지도

글을 읽거나 말을 할 때 매번 모든 어휘를 사전에서 찾아야 할 필요는 없으나, 문맥을 통한 어휘 학습만으로는 정확하고 체계적인 학습이 어려운 경우도 종종 있다. 맥락적 단서가 빈약하거나 전체 글을 이해하기 위해서 어휘의 뜻을 분명하게 알아야만 할 때, 어원, 유사어 및 반의어 등을 확인하고 어휘의 범위를 넓히고자 할 때, 사전은 유용한 학습 도구다. 효과적인 사전 활용의 순서는 다음과 같다.

- 문맥을 이용해서 의미를 추측하기
- 알고 있는 접사, 어원 등과 관련이 있는지 확인하기
- 사전 찾기(영영사전을 활용하기)
- 사전에서 확인한 의미를 문맥에서 다시 살펴보기
- 추측한 내용을 교정하기
- 가능한 경우 어원을 확인하기
- 어원과 함께 유사어, 반의어 등을 확인하고 기록하기

사전을 통한 어휘 지도의 예는 〈표 7-2〉, 〈표 7-3〉에 제시되어 있다.

〈표 7-2〉 사전을 통한 어휘 지도의 예 1

Lesson 1	사전 찾기 연습
문장에서 단어의 뜻을 생각해 보기	
Ann was humiliate by her friend's remarks.	
추측한 내용 적기/교정하기	
⇨ 인간으로서의 체면이 깎이다?(어원에 대한 약간의 이해를 통해) ⇨ 앤은 친구의 말에 창피를 당했다.	
사전 찾기	
어 원	hum/hom=earth, man
의 미	lower the pride of dignity of
동의어	chasten, disgrace, embarrass, humble, mortify, shame
반의어	glorify

〈표 7-3〉 **사전을 통한 어휘 지도의 예 2**

Lesson 2	사전 찾기 연습
문장에서 단어의 뜻을 생각해 보기	
All the women <u>cherished</u> the hope of their sons' safe return from the battlefield.	
추측한 내용 적기/교정하기	
⇨ 희망을 키우다 혹은 갖다?(문맥과 hope라는 단어를 통해) ⇨ 모든 여성들은 자신들의 아들이 전쟁터에서 안전하게 돌아올 것이라는 희망을 간직하고 있었다.	
사전 찾기	
어 원	cheri/cher/chari=dear
의 미	hold dear, treat tenderly, keep in mind
동의어	appreciate, esteem, prize, treasure, adore, love, revere, value
반의어	disdain, despise

3) 어원(etymology)을 통한 어휘 지도

단어의 기원과 변천사 등을 이해하면서 공부하는 것은 단어를 단순히 기계적으로 암기하는 것과는 달리, 흥미로울 뿐만 아니라 단어에 대한 기억과 파지를 돕고 새로운 학습 상황에서 단어의 의미를 유추해 내는 데에도 도움을 준다. 어원 학습과 관련된 예는 〈표 7-4〉, 〈표 7-5〉에 제시되어 있다.

〈표 7-4〉 **어원을 통한 어휘 지도의 예 1**

Lesson 1	어원을 통한 어휘 지도 : octo
8을 뜻하는 octo가 영어로 10월을 뜻하게 된 배경	
로마력에서는 october가 여덟 번째 달이기 때문이다.	
octo와 관련된 단어 찾기	
octopus	문어
octave	옥타브(8음계)
octagon	8각형
octennial	8년마다
octogenarian	80대 노인

〈표 7-5〉 **어원을 통한 어휘 지도의 예 2**

Lesson 2	어원을 통한 어휘 지도 : available-유용한, 쓸모 있는
available의 어원 분석	
a=to, vail/vale=be worth, be strong	
관련된 단어 찾기	
valid	유효한, 근거가 있는
valetude	건강
validat	유용하다고 인정하다
valuate	평가하다
evaluat	평가, 감정하다
ambivalent	반대감정(가치) 등이 양립하는

4) 연어관계를 통한 어휘 지도

연어는 복합어라고도 지칭되는 것으로 두 단어나 그 이상의 단어들이 자주 연결되어 사용되면서 어떤 특정 의미를 갖게 된 상투적 혹은 관습적 표현의 한 형태다. 관용성의 차원에서 본다면 관용어(숙어, idom)와도 유사하지만, 문자 그대로의 의미가 크게 바뀌지 않는다는 점에서 관용어와는 약간의 차이가 있다. 연어는 맥락 속에서 드러나며, 특정 단어의 앞이나 뒤에 어떤 단어가 올지를 예측해 준다. 또한 화자로 하여금 더 신속하고 효과적으로 의사소통할 수 있는 유창성을 향상시키도록 돕는다(Lewis, 2000; Nation, 2001). 연어 학습의 실례 및 연어 학습에서 활용할 수 있는 연어 및 필수 관용어의 목록은 〈표 7-6〉, 〈표 7-7〉, 〈표 7-8〉 및 〈표 7-9〉에 제시되어 있다.

〈표 7-6〉 **연어 학습의 예 1**

Lesson 1	A way of being		
Group	A	Materials	textbook, dictionary, and so forth
collocation boxes	1. New words : mindfulness, self-actualization, empathy, genuineness, self-alienation 2. Filling in collocatio n boxes		

collocation boxes	A. non + non		B. verb + adjective	
	home	care	feel	good
		maker		enough
	child	psychology		
		abuse		
	double	troubles	hold	good
		bind		down
	C. verb + noun		D. adjective + none	
	keep	an open mind	personal	history
	make	sense	traumatic	experience
		a difference	psychological	mind
	lose	one's temper	E. verb + PP	
			follow	in one's footsteps

〈표 7-7〉 연어 학습의 예 2

우리말 표현을 영어 연어로 옮기기	
(take 동사를 활용하시오.)	
자리에 앉으세요.	Take a seat.
조심하세요.	Take care of yourself.
시작하세요.	Take it a way!
파티에 참석해 주세요.	Please take part in a party.
친구를 이용하지 말라.	Don't take advantage of your friend.

〈표 7-8〉 **필수 연어 및 관용어 목록 1**

a piece of cake	손쉬운 일	drag on and on	질질 끌다
a white lie	선의의 거짓말	drag one's feet	필요이상으로 지연하다
act one's age	나이값을 하다	easy does it	신중하라
all ears	귀담아 듣는	eat one's hat	손에 장이라도 지지겠다
all for it	전적으로 동감하는	far-fetched	믿기 어려운, 황당한
bent on	~할 결심인	feel down in the mouth	우울하다
black out	기절하다	feel under the weather	몸이 찌뿌드드하다
break the ice	서먹한 분위기를 깨다	for real	진지한
call it a day	퇴근하다	get a move on	서두르다
can't take it	참기 힘들다	get the picture	잘 이해되다
come in handy	유용하다	get to	~할 기회를 갖다
check in	투숙하다	go dutch	각자 지불하다
come of age	성년이 되다	hands on	실용적인
cool as a cucumber	침착한, 냉정한	have a big mouth	수다스럽다
crocodile tears	위선적 눈물	have a thing about	집착하다
cross one's mind	뇌리를 스치다	hit home	깊은 감동을 주다
cut it out	그만둬!	I can live with that	수용할 수 있다
dawn on	~에게 명확히 이해되다	if I do say so myself	자화자찬일지 모르지만
don't get me wrong	오해하지 마세요	in a fog	오리무중인
don't you see?	정말 모르겠어?	in all likelihood	십중팔구는
double troubles	큰 골칫거리	in no time	즉, 곧
do time	복역하다	in stock	판매할 수 있는
dress someone down	야단치다	in the dark	혼란스러운
down the drain	수포로 돌아간	in your face	성가신
drive a hard bargain	흥정을 잘하다	it figures!	그럴 줄 알았어. 당연하지
do as one sees fit	좋을 대로 하다	it remains to be seen	두고 보면 안다

〈표 7-9〉 필수 연어 및 관용어 목록 2

account for	설명하다, 이유를 밝히다	come up with	~을 생각해 내다
accustomed to	~에 익숙한	cut in	간섭하다
adequate for	~에 충분한	die down	차차 진정되다
adjust to	~에 순응하다	do one's part	본분을 다하다
all along	내내, 처음부터	dress down	간편한 옷을 입다
all but	거의	dress up	잘 차려입다
all told	모두, 다 합해서	drop by	불쑥 들르다
as a rule	대개, 일반적으로	end in	결국 ~이 되다
as follows	다음과 같이	eligible for	~에 적임인
as far as	~하는 한	fact up to	~에 용감하게 맞서다
as it were	다시 말하면	fed up with	~에 물린, 넌더리나는
back and forth	이리 저리로	figure out	해결하다
back out	취소하다	figure up	합계하다
bank on	~을 믿다	for a rainy day	만일의 경우에 대비하여
ba about to do	막 ~하려 하다	for(with) all	~에도 불구하고
be averse to(from)	~에 반대하다	get across	설명하다
be subject to	~을 받기 쉽다	get away	도망치다
call off	취소하다	get over	극복하다
calm down	진정시키다	get in the way	방해하다
catch on	이해하다	get rid of	제거하다
cath on glimpse of	~을 힐끗 보다	give a hand	도와주다
cath up with	~을 따라잡다	go about	착수하다
cheer up	격려하다	go over	검토하다
chew out	~을 호되게 꾸짖다	have a eye for	~을 볼 줄 알다
come along	동행하다	hit upon	우연히 발견하다
come out	알려지다	head for	~로 향해 가다

5) 구조적 분석 및 파생어 관련 어휘 지도

구조적 분석 및 파생어 관련 어휘 지도는 단어에서 접사나 어근 등을 이해하여 단어의 일정한 뜻을 추론해 낼 수 있도록 하는 방법이다. 접사나 어근을 파악하고 있으면 그와 관련된 새롭고 다양한 어휘의 뜻을 유추해 낼 수 있으며, 기계적인 암기보다 효율적으로 어휘를 학습할 수 있다. 구체적인 지침과 절차는 다음과 같다.

① 접사의 예를 제시하고 문맥 속에서 접두사가 포함된 단어의 의미를 추론하게 한다. 부정의 의미를 갖는 접두사, 숫자의 의미를 갖는 접두사 및 기타 주요 접두사의 의미와 예가 〈표 7-10〉, 〈표 7-11〉 및 〈표 7-12〉에 각각 제시되어 있다.

bi(2)

- She can speak English and French. She is bilingual.
- He often visits a library bimonthly.

ante(before)

- Little is known about his birth and antecedents.
- Ante meridian is opposite of post meridian.

〈표 7-10〉 부정의 의미를 갖는 접두사

접두사	단어의 예
a	amoral, amorphous
il	illegal, illegitimate, illogical
im	impossible, immature, impassable
in	ineffective, inefficient, indelicate
ir	irregular, irredeemable, irrelevant, irresponsible
un	unbelievable, uncertain, untrue, unknown

〈표 7-11〉 숫자의 의미를 갖는 접두사

접두사	단어의 예
mono(1)	monologue, monodrama, monogamy
bi(2)	bilingual, biangular, bisexual, biannual
tri(3)	triangle, triad, triarchy, tricycli
quad(4)	quadrangle, quarter, quadriad
penta(5)	pentagon, pentagram, pentangular
oct(8)	octagon, october, octopus, octogenarian
poly(다수)	polycentrism, polyester, polygamy

〈표 7-12〉 기타 주요 접두사

접두사	의 미	단어의 예
ab, ex, de	away from	aberration, abnormal, expel, excellent, deport, deprivation
ante	before	antecedent, antedate, antecessor, antemeridian
anti	against	antidote, antisocial, antiauthoritarian, antiserum
auto	self	autobiography, autonomous, automobile, autonomy
bi	two, twice	bicycle, bilingual, biaxal, bidaily, biconditional
centi	hundred	centimeter, century, centigrade, centipede, centimillionaire
circum	around	circumnavigate, circumscription, circumference, circumscribe
com	with	committee, combat, combination, combined
dis	opposite of	discomfort, distrust, disable, disagree, disappear
inter	between	intercept, interaction, interchange, intercontinental
micro	small	microscope, microbeam, microfilm, micron
over	excessive	oversleep, overeat, overabundance, overdone
phone	sound	phonograph, phonologist, phoneme, phone boot
post	after	postscript, postpone, postcibal, posterity, postmodernism
pre	before	prerequisite, preadolescence, precedence, precipitant

pro	forward, forth	prospect, prominent, propose, probability, process
sub	under	subway, subterranean, subgroup, subdue
trans	across	transform, translate, transaction, transmitter

② 접미사의 경우 어근에 접미사를 붙이는 연습을 하도록 지도하고, 문장 내에서 적절히 어형을 변화시켜 보도록 연습한다. 주요 접미사의 의미와 예가 〈표 7-13〉에 제시되어 있다.

- She is very (cheer), like her sister.
- You must be very (care) when you drive in a (rain) day.
- You can carry only a (port) bag in the cabin.

〈표 7-13〉 주요 접미사

접미사	의 미	단어의 예
able, ible	able to be	possible, breakable, comprehensible, washable, portable
al	relating to	psychological, medical, provincial, electrical
ance, ence	relating to	governance, dependance, independence, balance, ambivalence
ful	possessing	careful, cheerful, delightful, beautiful, wonderful, painful
ion	quality of	communion, communication, conversation, construction
ity	quality of	identity, community, ambiguity, animosity
ment	quality of	comment, entertainment, amazement
ous	possessing	famous, autonomous, notorious, wondrous
tive	quality of	active, attractive, creative, seductive, deductive
y	possessing	healthy, wealthy, foggy, cloudy, windy

③ 단어의 어근과 다양한 어형 변화를 통해 어휘 그물망을 확장한다. 단어의 어근과 어형 변화의 예가 〈표 7-14〉에 제시되어 있다.

〈표 7-14〉 단어의 어근과 어형 변화

Root(어근 : 의미)	Verb(동사)	Noun(명사)
grat/gree/grace : pleasing	ingratiate	gritification
path/pati/pass : feel, suffer	pass	apathy
greg : gather	aggregate	congregation
mand/mend : order	reprimand	mandate
scrib/script : write	circumscribe	manuscript
voc/vok/vow : call, voice	avow	avocation
dic(t) : say	abdicate	diction
fa/fess : say, talk	profess	confession
cede/cess : go	decease	acces
du(c) : lead	abduct	induction
cred/cree : believ	discredit	credo
feal/feder/fi/fid : trust	defy	fidelity
nov : new	innovate	novelty
ver/ver : true, truth	verify	veracity
sol/soli : alone	desolate	solitude
surg/sour/surrect : spring up	surge	resurrection
flu : flow	flux	influx
min : small	minimize	miniature
magni/majes : great	magnify	magnitude
vert/ver : turn	convert	invert
labor : work	collaborate	elaboration
solv/solu(t) : loosen	dissolve	resolution
tain/ten/tent : hold	retain	detention
trud/thrust/trus : push	intrude	thrust
pend/pens/pond : hand, weigh, consider	append	appendix

④ 동의어/반의어를 통해 어휘 습득을 유도한다. 동의어/반의어 기록지가 〈표 7-15〉에 제시되어 있다.

새로운 단어를 공부할 때 가능한 한 동의어와 반의어를 함께 찾도록 지도하고, 문장 내에서 대치 가능한 동의어나 대조적인 단어를 선택하도록 연습한다. 영영사전을 활용하는 것이 좋다.

- confirm = prove, substantiate, verify, affirm ↔ deny, contradict

  My physician thought I had broken my leg, and an Xray later <u>confirmed</u> his opinion.
  밑줄 친 단어와 대치할 수 없는 단어는?

  a. proved　　b. contradicted
  c. verified　　d. affirmed

- permanent = constant, durable, fixed, lasting, immutable, invariable, ↔ temporary, transient

  When my friend moved to San Francisco, he asked me to write to him at his temporary address, the Gateway Hotel. He promised to send me his <u>permanent</u> address as soon as his family could find an apartment.
  밑줄 친 단어와 그 의미가 대비되는 단어는?

  a. invariable　　b. constant
  c. temporary　　d. immutable

〈표 7-15〉 **동의어/반의어 기록지**

avid	= eager, greedy
	⇔ devoted, unconcerned
affluent	=
	⇔
abundant	=
	⇔
greedy	=
	⇔

deft	=
	⇔
expose	=
	⇔
manifest	=
	⇔
accede	=
	⇔
conform	=
	⇔
split	=
	⇔

⑤ 주요 어휘인 경우 동의어와 반의어를 찾는 연습을 한다.

6) 문맥 단서를 활용한 어휘 지도

새로운 어휘의 의미를 이해하는 가장 효과적인 방법 중의 하나는 문장 내에 있는 다른 단어나 전체적인 흐름으로부터 단서를 찾아내는 것인데, 이렇게 주어진 단서를 맥락적 단서라고 부른다. 맥락적 단서 추론을 위한 방법으로 다음과 같은 것들이 있다.

① 단어가 문장 내에서 어떻게 정의되어 있는지 살펴보기

> Gestalt psychology is a school of psychology based on the concept that the whole is greater than the sum of its parts.

② 단어 주변의 구두점, 쉼표, 괄호 전후의 단어와 문장에 주의를 기울이기

> The old man is strained; he is tense and nervous.

③ 반복해서 언급되는 단어에 집중하기

He is arrogant or offensively self-assertive.

④ 예를 든 문장을 잘 살펴보기

"He is as sharp as tack" is an example of a smile.

⑤ 생소한 단어나 용어를 포함하고 있는 문장의 전후에 나타나는 단서에 귀기울이기

John is so garrulous that nobody else gets a chance to say anything.

⑥ 유사하거나 대비가 되는 단서를 찾기

To be more circumspect is to be cautious. (유사)
Unlike her ingenious sister, she is dull. (대비)

⑦ 친숙한 경험과 이전 지식으로부터 추측하기

The poor man is destitute of money.
(가난한 사람이라면 돈이 궁핍하다는 것을 짐작할 수 있다.)

⑧ 새로운 단어의 의미를 문맥을 통해 연상해 보기

I just can't figure out the answer to that question because it is so difficult.

⑨ 요약되어 있는 부분을 통해 추론하기

Colloquialisms are familiar words and idioms unused in informal speech and writing, but not considered explicit or formal enough for polite conversation of business correspondence. Unlike slang, however, colloquialisms are used and understood by nearly everyone.

7) 시각적 단서를 통한 어휘 지도

어휘를 공부하는 데 있어서 그림, 카드, 다이어그램, 지도, 도표, 계단식 도형, 몸동작 및 어휘망, 마인드맵 등을 활용하게 되면 의미를 확실히 전달할 뿐 아니라 학습자의 흥미, 관심 및 주의를 지속시키고 기억을 오래 유지하도록 함으로써 효과적인 어휘 습득을 돕는다. 예컨대, 공간, 장소 이동을 나타내는 전치사, 빈도부사 등은 도표나 그림을 통해 제시하면 이해가 더 쉽고 인간의 행동, 상징적인 이미지 등은 막대사람(stick figure) 등을 활용하는 것이 효과적이다. 공간, 장소 이동, 빈도부사, 마인드맵을 이용한 날씨 관련 용어를 시각적 이미지로 표현한 예가 [그림 7-1], [그림 7-2] 및 [그림 7-3]에 제시되어 있다.

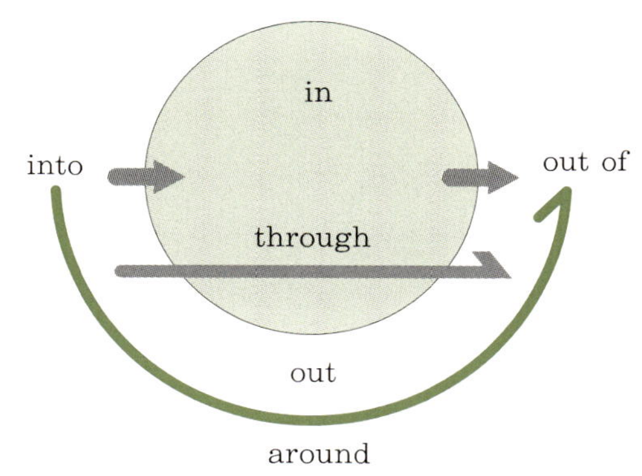

[그림 7-1] 공간, 장소 이동

0%				100%
never	sometimes	often	usually	always

[그림 7-2] 빈도부사

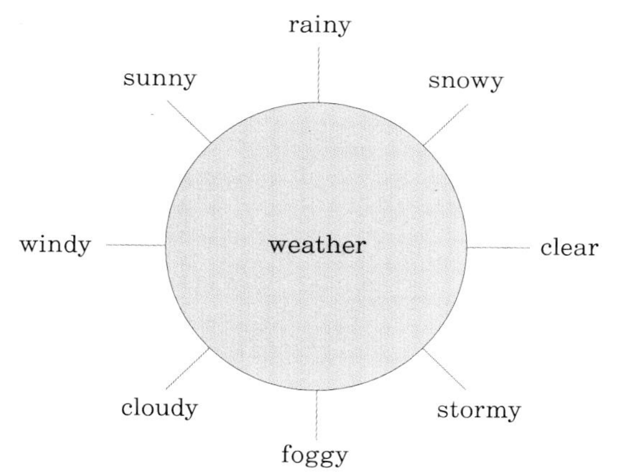

[그림 7-3] 날씨

8) 기타

기타의 방법으로는 글자 수수께끼(anagram quiz), 낱말 퍼즐, 빙고, 역할극, 촌극, 노래, 게임, 놀이 및 협동 학습을 활용한 방법들이 있다.

4 프로그램의 내용 및 지침

1) 프로그램의 내용

프로그램의 내용	세부 활동	
외국어 학습 전략 리뷰	외국어 학습 전략의 구성요소	• 기억 전략 • 인지적 전략 • 보상 전략 • 초인지적 전략 • 정서적 전략 • 사회적 전략
효과적인 외국어 학습 전략 실제	정교화 기법	• 정교화의 정의 • 정교화의 원리 • 영어 단어 정교화하는 법 • 영어 단어 정교화 연습
	사전 활용법	• 효과적인 사전 활용 순서 • 효과적인 사전 활용 예시 • 효과적인 사전 활용 연습
	어원 활용법	• 어원을 통한 어휘 습득 방법 예시 • 어원을 통한 어휘 습득 방법 연습
	연어관계 활용법	• 연어의 의미와 연어 학습법 • 연어 활용 연습
	구조적 분석 및 파생어 분석법	• 접두사 사용 연습 • 접미사 사용 연습 • 어근 및 어형 변화를 통한 어휘의 확장 • 동의어 및 반의어를 통한 어휘의 증강
	맥락적 추론법	• 정의 단서 • 단어 주변 단서 • 반복 기술되는 단서 • 사례 단서 • 전후 단서 • 유사 및 대비 단서 • 친숙한 경험과 이전 지식 • 연상하기 • 요약 단서

2) 프로그램의 지침

① 이 프로그램은 Oxford와 Crookall의 분류에 따른 여섯 가지 영어 학습 전략들에 대한 소개와 효과적인 어휘 습득 전략으로 구성되어 있다. 영어 학습 전략의 기본 원리는 일반적인 학습 전략의 내용과 크게 다르지 않기 때문에 지침서의 다른 장의 내용과 관련성이 높다. 따라서 인지적 · 초인지적 전략과 관련하여 제3장 주의집중력 향상 전략, 제5장 효과적인 읽기 및 필기 전략, 제6장 사고력 향상 전략 등을 함께 적용하는 것이 바람직하다. 또한 정서적 · 사회적 전략과 관련하여서는 제2장 학습동기 향상 전략, 제10장 시험불안 다루기 전략, 제13장 학업 스트레스 관리 전략 등을 적절히 통합해서 활용할 수 있다.

② 이 지침서에서 소개되는 효과적인 어휘 습득 전략의 내용은 대체로 중고생 수준에 적합하다. 따라서 기능 수준이 이보다 높거나 낮은 경우에는 해당 수준에 맞는 교재를 참조하기 바란다.

참고문헌

Brown, H. D. (2000). *Principles of language learning and training.* New York: Longman.

Chamot, A. U., & Kupper, L. (1989). Learning strategies instruction in the foreign language instruction. *Foreign Language Annual, 22,* 13–24.

Levin, J. R. (1988). Elaboration-based learning strategies: Powerful theory and powerful application. *Comtemporary Educational Psychology, 13,* 191–205.

Lewis, M. (2000). *Teaching collocation: Further development in the lexical approach.* London: Language Teaching Publications.

Nation, I. (2001). *Learning vocabulary in another language.* Cambridge: Combridge University Press.

O'Mally, J. M., & Chamot, A. U. (1990). *Learning strategies in second language acquisition.* Cambridge: Cambridge University Press.

Oxford, R., & Crookall, D. (1988). Learning strategies. In J. Berko-Gleason (Ed.), *You can take it with you: Helping students maintain second language skills.* Englewood Cliffs. NJ: Prentice-Hall.

Roberts, J. M. (1999). *Effective study skills: Maximizing your academic potential.* New Jersey: Prentice-Hall.

Schmitt, N. (2000). *Vocabulary in language teaching.* Cambridge: Cambridege University Press.

Weinstein, C. E., & Mayer, R. E. (1986). The teaching of learning strategies. In M. C. Wittrock (Ed.), *Handbook of research on teaching* (3rd ed.). New York: MacMillan.

Wenden, A. (1991). *Learner strategies for learner autonomy.* New York: Prentice-Hall.

제 8 장

수학적 문제해결 전략

1 수학적 문제해결의 개념

문제해결 중심의 수학 교육의 필요성은 1980년대부터 중요한 주제로 부상하였다. 1980년 버클리에서 개최된 국제수학교육회의(The International Congress on Mathematical Education, ICME) 4차 회의에서 수학 교육 현대화 운동의 문제점이 논의되면서 수학의 응용력, 수학의 생성 과정 및 발견 과정은 학생들이 직접 체험하는 교육이 되어야 한다는 것이 강조되었다. 이어, 5차 회의에서는 문제해결이 학교 수학의 초점이 되어야 하고 교과 과정은 문제해결 중심으로 구성되어야 한다고 권고하였다.

문제해결 중심의 교육 목표는 다음의 일곱 가지로 요약할 수 있다. 첫째, 사고하는 기술을 개발한다. 둘째, 사고하는 기술은 질문에 대한 이해, 조건과 변인에 대한 이해, 문제해결을 위한 자료나 전략의 선택, 올바른 문제해결, 자료에 적절한 답 제시 능력 및 답의 합리성에 대한 평가를 포함한다. 셋째, 문제해결 전략을 찾고 사용하는 능력을 개발한다. 넷째, 문제해결에 도움이 되는 태도와 신념을 개발한다. 다섯째, 관련된 지식사용능력을 개발한다. 여섯째, 협동 학습 상황에서 문제해결능력을 향상시킨다. 일곱째, 다양한 유형의 문제에 대하여 적절히 답할 수 있는 능력을 개발한다.

이를 통해 알 수 있듯이, 수학적 문제해결이란 수학적 사고력과 관련이 깊다고 할 수 있다. 수학적 문제해결력은 학습 자체의 내용과 정의적 요인이라 할 수 있는 태도에 제한되어 있는 것이 아니라, 방법론적인 측면을 포괄하고 있다. 한국교육개발원(1989)에서는 수학적 사고를 '논리와 직관의 긴밀한 상호작용을 통해 수학적 문제를 해결해 가는 체계적인 정신 활동'으로 정의하였다. 그리고 수학적 사고의 구성요소를 수학적 지식, 발견 전략, 조정 및 수학적 성향으로 구분하였다. 1992년 교육부에 의해 개정되고 제시된 수학과 학습 목표에서도 수학 교육에 있어서 문제해결이나 사고력에 관한 강조가 잘 반영되어 있음을 확인할 수 있다. 교육부에서 제안하고 있는 중·고등학교 수학과 학습 목표를 살펴보면 다음과 같다.

중학교 수학과 학습 목표

수학의 기초적 지식을 갖게 하고, 수학적으로 사고하는 능력을 기르게 하며, 이를 활용하여 합리적으로 문제를 해결할 수 있게 한다. 세부 내용은 다음과 같다.

- 여러 가지 사물의 현상을 수학적으로 고찰하는 경험을 통하여 수학의 기초적인 개념, 원리 및 법칙을 이해하게 한다.
- 수학의 용어와 기호를 정확하게 사용하고, 생활 주변에서 일어나는 여러 문제를 수학적으로 사고하는 능력을 기르게 하며, 이를 생활에 적용할 수 있게 한다.
- 수학에 대한 흥미와 관심을 지속적으로 갖게 하고, 수학적 지식과 기능을 활용하여 합리적으로 문제를 해결하는 태도를 갖게 한다.

고등학교 수학과 학습 목표

수학의 기본적인 기능과 지식을 갖게 하고, 수학적으로 사고하는 능력을 기르게 하며, 창의적으로 문제를 해결할 수 있게 한다. 세부 내용은 다음과 같다.

- 수학의 기본적인 개념, 원리 및 법칙과 이들 사이의 관계를 이해하게 한다.
- 여러 가지 현상을 수학적으로 표현하고 논리적으로 사고하여 처리할 수 있는 능력을 기르게 한다.
- 수학에 대한 흥미와 관심을 지속적으로 갖게 하고, 수학적 지식과 기능을 활용하여 합리적으로 문제를 해결하는 태도를 갖게 한다.

2 수학적 문제해결과 초인지

1970년대 Flavell에 의하여 초인지라는 용어가 제안된 후, 1980년대 초부터 수학 교육 문헌에 등장하기 시작하였다(Schoenfeld, 1983). 이는 초인지와 수학적 문제해결 과정이 밀접하게 관련되어 있기 때문인 것으로 보인다. 인지에 대한 지식, 이에 대한 조절과 통제로 요약할 수 있는 초인지는 개인, 과제 및 전략 변인들이 학습의 양과 질에 어떻게 영향을 미치는가를 아는 것이다. 이 세 가지 변인들은 주로 초인지적 지식에 해당되며, 감찰, 평가 및 통제 요인들이 초인지적 기능에 해당된다(Flavell, 1979). 이에 대해 좀 더 자세히 살펴보면 다음과 같다.

1) 초인지적 지식

① 개인 : 개인 변인에는 문제해결에 영향을 줄 수 있는 정의적 특성(동기, 불안, 인내), 개인의 신념, 자기 자신의 인지적 자원, 인지적 능력 및 어떤 문제에 대한 장·단점 인식(예컨대,

부주의했는가, 이해를 잘못했는가, 시 · 공간적 처리가 취약했는가 등에 대한 자기 이해) 등이 포함된다. 이러한 개인적 변인은 문제해결과 과제의 성공 여부에 주요 역할을 할 수 있다.

② **과제** : 과제 변인은 과제 수행에 영향을 주는 과제 특성에 대한 개인의 의식으로, 과제의 특성으로는 내용, 상황, 구조, 구문 및 과정 등이 포함된다. 내용은 과제의 수학적 내용과 관련된 것이고 상황은 과제에 대한 친근감의 정도를 나타낸다. 구조는 과제의 요소 간의 논리적인 관계를 기술하는 것이며, 구문은 과제의 진술에서 낱말, 기호, 배열 및 그것들 간의 관계에 관한 것이다. 과정은 과제에 대한 학습자의 심적 작용과 해결할 문제 간의 상호작용을 말한다. 과제는 흔히 문제해결의 초반에 대두되는 주제다. 학습자가 과제의 성질을 잘 이해할 때 문제해결을 좀 더 쉽게 할 수 있다. 학생들은 문제의 특성을 잘 이해하지 못하여 문제해결의 과정을 진행하지 못하는 경우가 많다. 그러한 이유에서 과제를 정확히 이해하는 훈련이 필요하다.

③ **전략** : 전략 변인은 이해, 조직, 계획, 계획 실행, 검토 및 평가에 도움을 주는 전략에 대한 개인의 인식과 관련되어 있다. 예컨대, 문제의 요점을 확인하기 위하여 훑어보기, 문제를 이해하기 위해 그림 그리기, 발견법 활용하기 및 문제해결의 과정을 감독할 시점과 그 방법 알기 등이 있다.

2) 초인지적 기능

① **감찰** : 효과적인 감찰은 무엇을, 언제, 어떻게 해야 하는가의 방법을 아는 것이다.

② **평가** : 평가는 과제에 대한 평가와 자신의 수행에 대한 평가로 구분할 수 있다.

③ **통제** : 통제는 수학적 문제를 해결하기 위하여 유용한 인지적 자원을 조직화하고, 후속적인 조치를 취하며, 문제해결 과정 동안의 자신의 수행에 대해 평가하고 조정하는 과정을 총칭한다.

3 수학적 문제해결의 모형

수학적 문제해결력 향상을 위한 여러 가지 교수 학습 모형 중 대표적인 것으로 Polya(1957)의 모형, 한국교육개발원(1989)의 수학적 문제해결 모형 및 Montague(1992)의 인지 전략 과정과 초인지 전략 과정이 있다. 이에 대해 살펴보면 다음과 같다.

1) Polya의 문제해결 모형

Polya의 문제해결의 과정은 4단계로 구분되어 있다.

① 1단계 : 문제 이해 단계로 문제를 분석하고 주어진 조건을 찾아야 한다는 것을 인식한다.

② 2단계 : 계획 수립 단계로 문제해결을 위한 전략을 모색한다.

③ 3단계 : 계획 실행 단계로 계획 수립 단계에서 선택한 전략을 실행하여 문제를 해결하고 답을 얻는다.

④ 4단계 : 반성 단계로 답을 얻고 난 후 각 단계의 실행 과정을 다시 확인해 본다.

이 모형에 따르면, 각 단계가 원활하게 실행되기 위해서는 수학적 지식, 발견 전략, 조정 및 수학적 성향과 같은 수학적 사고의 구성요소가 필요하다. 미국 전국수학교사협의회(National Council of Teachers of Mathematics, NCTM)에 따르면, 수학적 성향이란 수학에 대한 자신감, 수학적 아이디어를 탐구하고 다른 문제해결 방안을 찾는 데 있어서의 유연성, 수학적 과제를 지속적으로 수행하려는 자세, 수학을 행하는 데 있어서의 흥미, 호기심 및 창의성,

〈표 8-1〉 Polya의 문제해결 과정

문제해결 과정	문제해결과 관련된 질문
문제 이해	• 모르는 것은? 조건은? 자료는? • 조건은 충분한가? • 그림을 그린다. 적절한 기호를 붙인다. • 조건을 여러 부분으로 나눈다.
계획 수립	• 전에 이 문제를 본 적이 있는지 확인한다. • 관련된 문제를 알고 있는지 생각해 본다. • 모르는 것을 살펴본다. • 관련된 문제를 전에 풀어 본 적이 있는지 생각해 본다. • 문제를 다르게 진술할 수 있는지 확인한다. • 어려우면, 관련된 보다 쉬운 문제를 생각해 본다.
계획 실행	• 문제풀이 계획을 실행하고 각 단계를 점검해 본다.
반 성	• 결과를 점검한다. • 결과를 다른 방법으로 이끌어 낼 수 있는지 확인한다. • 결과나 방법을 다른 문제에 활용할 수 있는지 확인한다.

자신의 생각과 수행 결과를 감찰하고 반성하려는 경향, 수학을 적용하는 것의 가치를 아는 것, 수학의 가치에 대하여 이해하는 것 등이다. 각 단계에 대한 자세한 내용은 〈표 8-1〉에 제시되어 있다.

2) 한국교육개발원의 모형

한국교육개발원의 모형은 '실제의 학습 환경에 맞추어 수학적 문제해결력을 어떻게 신장시킬 것인가'라는 주제에 대한 연구로부터 나왔다. 이 모형이 제시하고 있는 문제해결의 단계는 문제 의식, 문제 이해, 계획 수립, 계획 실행 및 반성의 5단계로 기본적으로 Polya의 4단계와 비슷하다. 다만, 문제 이해의 전 단계로 문제 의식의 단계를 포함시켰다. 문제 의식이란 어떤 문제가 즉각적으로 해결되지 않는다는 것을 깨닫고 그 문제를 해결해 보려 하는 도전 의식을 갖는 것을 의미한다. [그림 8-1]에 모형이 제시되어 있다.

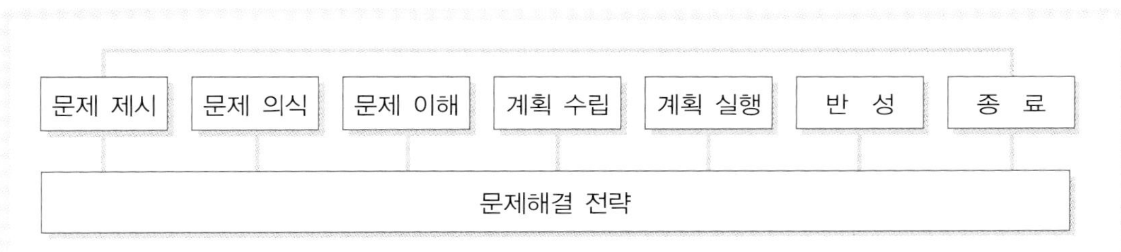

[그림 8-1] 한국교육개발원의 문제해결 모형

3) Montague의 인지 전략 과정과 초인지 전략 과정

Montague는 수학학습장애아의 문제해결력을 향상시키기 위한 방법으로 인지 전략 과정과 초인지 전략 과정을 제시하였다. 우선, 인지 전략 과정에는 주어진 문제를 해결하기 위한 읽기, 전환, 시각화, 가설화, 예측, 계산 및 점검이 포함된다. 초인지 전략 과정에는 인지 전략의 인식과 조정이 우선적으로 이루어지고 이후 자기 교수, 자기 질문 및 자기 감찰 등의 과정이 수반된다. 각 단계마다 지시와 질문, 점검의 과정이 반복되고, 마지막 단계인 평가 과정에서는 답이 정확하면 문제해결이 마무리되고, 오답일 경우에는 다시 처음 단계로 돌아가 재확인해야 한다. 인지 전략 과정은 기본적으로는 단계적이지만 과제의 난이도나 복잡성에 따른 학습자의 초인지적 판단에 의해 특정 단계는 생략되거나 추가적으로 생성될 수도 있다. 이를 정리하면

〈표 8-2〉와 같다.

〈표 8-2〉 Montague의 인지 전략 과정과 초인지 전략 과정

인지 전략 과정	초인지 전략 과정	
읽 기 (문제에 대한 이해)	지 시	문제를 읽는다. 만약 이해할 수 없으면 다시 읽는다.
	질 문	문제를 잘 읽고 이해했는지 확인한다.
	점 검	이해한 부분에 대해 점검한다.
전 환 (자신의 말로 변경)	지 시	중요한 부분에 밑줄을 친다. 문제를 자신이 이해할 수 있는 방식으로 바꾼다.
	질 문	중요한 부분에 밑줄을 쳤는지 확인한다. 질문은 무엇이고 자신이 찾고자 하는 것은 무엇인지 확인한다.
	점 검	그 정보는 문제와 부합되는지 점검한다.
시각화 (그림이나 도표화)	지 시	그림이나 도표로 그려 본다.
	질 문	그림이 주어진 문제에 적절한지 확인한다.
	점 검	그림이 문제의 정보와 어긋나는지 점검한다.
가설화 (계획)	지 시	얼마나 많은 단계와 계산이 요구되는지 결정한다. 계산 기호(+, −, ×, ÷)를 기록한다.
	질 문	구하고자 하는 것은 무엇이고 그 다음에 필요한 것은 무엇인지 확인한다. 얼마나 많은 단계들이 필요한지 확인한다.
	점 검	계획이 적절한지 점검한다.
예측(추정)	지 시	숫자를 관찰한다. 머릿속에서 문제를 풀어 본다. 답을 예측해 본다.
	질 문	반올림하거나 버렸는지, 추정한 내용을 기록했는지 확인한다.
	점 검	중요한 정보를 이용했는지 점검한다.
계 산	지 시	올바른 방법으로 계산한다.
	질 문	답과 예측을 비교할 수 있는지, 답이 옳은지 확인한다.
	점 검	모든 계산들이 정확한 순서로 이루어졌는지 점검한다.
평 가	지 시	계산 과정을 검토한다.
	질 문	모든 단계를 점검했는지, 답은 옳은지 확인한다.
	점 검	정확한지 점검하고 문제가 있으면 처음부터 다시 시작한다. 도움이 필요하면 도움을 요청한다.

4 수학적 문제해결을 위한 ISLAND 전략

이 책에서는 학생들로 하여금 초인지적 문제해결 과정을 훈련하기 위한 전략의 하나로 수학적 문제해결을 위한 ISLAND를 고안하였으며, 연습 과제로 초등학생용 문장제 산수 문제를 활용하였다. 기본적으로 문제에 대한 이해, 계획, 실행 및 검토라는 초인지적 문제해결 절차를 따랐으나, 전체적으로 그 과정을 간략하게 하였다. 아울러, 풀이 과정에서 보다 체계적으로 문제에 접근하고 또한 검토가 용이할 수 있도록 문제해결의 과정을 차례대로 기록하는 단계를 추가하였다. ISLAND는 각 단계의 앞글자를 딴 머릿글자로서 각 단계의 이름과 내용을 제시하면 〈표 8-3〉과 같다.

〈표 8-3〉 ISLAND 전략

I	Identify	문제 파악하기	어떤 유형의 문제인지 파악한다.
S	Select	자료 선택하기	중요한 내용과 그렇지 않은 내용을 선별한다.
L	Line up	계획 세우기	어떤 계산 절차와 공식을 사용해야 하는지 계획을 세운다.
A	Accent	강조점 확인하기	핵심과 강조되고 있는 부분이 분명하게 파악되었는지 확인한다.
N	Note & compute	기록하면서 계산하기	차례대로 기록하면서 계산한다.
D	Double check	검토하기	문제풀이 과정에 대해 검토하고 교정한다.

5 프로그램의 내용 및 지침

1) 프로그램의 내용

프로그램의 내용	세부 활동
수학적 태도 점검 및 수학능력 향상을 위한 실천 방안	• 수학에 대한 나의 생각과 태도 • 수학능력 향상을 위한 실천 방안
논리적 탐구 활동을 통해 수학과 친해지기	• 참-거짓 구분하기 • 조건의 분석과 정리를 통한 추론 • 연역적 탐구 활동을 통한 추론 • 창의적 사고 활동을 통한 추론
초인지적 수학능력 향상을 위한 ISLAND 전략	• ISLAND 전략의 정의 • ISLAND 전략의 예시 • ISLAND 전략의 연습

2) 프로그램의 지침

① 이 프로그램의 내용은 앞에서 소개된 대표적인 수학적 문제해결 모형을 참조로 하여 고안된 ISLAND를 교수하고 훈련하는 데 초점을 두고 있다. 즉, 수학적 개념 이해와 계산 기술의 습득이 목표가 아니라 초인지적 문제해결 절차를 연습하는 것이 목표다.

② 수학에 대한 태도의 점검과 사고력을 응용한 수학 문제 풀이를 워밍업 과정에 일부 포함시켰다.

③ 이 지침서에 제시된 예제는 초등학교 5~6학년 교과서에서 발췌하였으나, 수학 부진이나 학습장애가 있는 경우는 학년이 그 이상인 경우라도 사용할 수 있다. 학년이 보다 높거나 낮은 경우의 예제는 해당 학년의 교과서를 참조하기 바란다.

참고문헌

한국교육개발원(1989). **수학적 사고력 신장 프로그램을 위한 방안 탐색**. 서울: 한국교육개발원.

Flavell, J. H. (1979). Metacognition and cognitive monitoring: A new area of cognitive development inquiry. *American Psychologist, 34*, 906–911.

Montague, M. (1992). The effects of cognitive and metacognitive strategy instruction on the mathematical problem solving of middle school students with learning disabilities. *Journal of Leaning Disabilities, 25*, 230–248.

Polya, G. (1957). *How to solve it* (2nd ed.). New York: Doubleday Anchor Books.

Schoenfeld, A. H. (1983). The wild world of problem solving. *For the Learning of Mathematics, 3*, 40–47.

제 9 장

학습장애를 위한 치료적 전략

1. 학습장애에 대한 이해
2. 학습장애의 치료 및 교육
3. 특수한 문제에 대한 개입
4. 프로그램의 내용 및 지침

1 학습장애에 대한 이해

1) 학습장애의 개념

학습장애라는 명칭은 학습, 즉 듣기, 말하기, 읽기, 추론 및 수학적 계산 등의 특정 학습 영역에 어려움이 있는 경우에 사용된다. 학습장애는 언어적·비언어적 능력의 발달, 통합 및 표현과 관련하여 신경학적 결함에 그 기원이 있는 것으로 추정되며, 일차적으로 시청각 운동능력의 결함, 정신지체, 정서·행동장애 및 환경적 결핍으로 인한 학습 문제는 학습장애에 포함되지 않는다(Bradle, Danielson, & Hallahan, 2002; LDA : Association for Children with Learning Disability, 1986). 학습장애의 심각성은 경미한 수준에서 심각한 수준에 이르며, 주의력 결핍, 사회성 부족 및 정서적 문제가 흔히 동반되어 시간이 경과하면서 문제가 심각해지는 양상을 보인다.

『정신장애 진단 및 통계 편람(DSM-IV : American Psychiatric Association, 1994)』에 의한 학습장애 진단의 특징을 살펴보면 기대치와 성취도 간의 차이에 근거하고 있다. 즉, 지능 수준과 학업 성취 간에 통계적으로 유의한 차이가 있을 때 학습장애로 진단한다. 이러한 불일치 준거를 사용할 때의 문제점은, 지능이 매우 높은 경우에는 학업 성취 수준이 적절함에도 불구하고 학습장애로 판정될 수 있다는 것이다. 그리고 언어성 지능과 동작성 지능 간의 편차로 인하여 전체 지능이 과소 추정된 경우 실제로는 학습장애이지만 아닌 것으로 판정될 수도 있다. 또한 성취도를 비교의 대상으로 삼고 있기 때문에 학령기 이전에는 문제를 진단적으로 확인하기 어렵다. 따라서 지능과 학업성취도 간의 차이를 진단의 주요 준거로 삼는 것은 논쟁의 여지가 있으며, 여러 가지 대안적 설명이 시도되어 왔다. 이와 관련하여 인지적 혹은 신경심리학적 검사 자료를 통해 볼 때 학습장애 아동들이 일반적으로 언어성 지능과 동작성 지능 간의 불일치 및 소검사 평가치 간의 분산이 크다는 발견에 기초하여, 언어성이 떨어지는 아동들을 기초음운처리장애(Basic Phonological Processing Disorder, BPPD)로, 동작성이 떨어지는 아동들을 비언어적 학습장애(Nonverbal Learning Disorder, NLD)로 구분하기도 하였다(Mykelbust, 1975; Rouke & Tsatsanis, 1996). BPPD에 해당되는 학습장애 아동들은 시·공간적 조직화, 촉지각, 정신운동 및 비언어적 문제해결능력에 비해 심리언어적 기술(psycholinguistic skills)에서 상대적인 결함을 보인다. 이런 유형의 아동들은 읽기, 철자 수행이 저조하며, 주로 언어적 통로를 통한 인식 및 정보처리 과정에서 곤란을 겪는다. 반면, NLD에 해당되는 학습장애 아동들은 이와 상반되는 양상을 보인다. 사회적 환경을 탐색하고 이해하는 데 곤란을 보이고, 시·공간 능력, 산술능력 등에서 결함을 보인다.

이 밖에도 학습장애에 대한 정의는 60가지가 넘는데, 그들 간의 공통점을 요약해 보면 다음과 같다. 첫째, 대부분의 정의는 평균 지능 혹은 평균 지능에 가까우나 학업에 실패하는 것을 말한다. 즉, 학습잠재력과 학업 성취 간의 불일치를 지적하고 있다. 둘째, 기능 간의 불균형이다. 예를 들면, 아동이 쓰기 검사는 잘 해 낼 수 있으나, 읽기는 잘 하지 못할 수도 있다. 셋째, 학습장애는 정서장애 및 환경적 결핍과는 인과관계가 없다고 보고 있다. 즉, 관계는 있을 수 있으나, 일차적인 원인은 아닌 것으로 본다. 넷째, 감각 및 운동능력상의 신체적 결함은 대부분 학습장애에서 제외된다. 그러나 지각장애, 미소뇌기능장애, 난독증(dyslexia), 발달적 실어증(developmental aphasia)은 학습장애에 포함시킨다(Individual with Disabilities Education Act Amendments of 1997, IDEA). 다섯째, 학교에서의 수행성은 여러 가지 요인으로 인한 결과이기 때문에 학업 실패 그 자체를 학습장애로 보지 않는다. 그러나 교과 수행에 있어서의 어려움을 예상할 수는 있다. 여섯째, 일반적으로 중추신경계의 기능장애가 원인이라고 추정하고 있는데, 일부 연구자들은 대뇌 발달이 평균 수준 이하이고, 대뇌의 어떤 부분의 기능이 다른 부분보다 지체되며, 기능 간의 불균형을 나타내는 성숙 지체가 원인이라고 주장한다.

국내에서는 1994년 특수교육진흥법 법률 제4716호 제7항에 의하여 학습장애를 특수교육 대상자에 포함시켰으며, 시행령에 의하면, 특수교육 대상자를 '셈하기, 말하기, 읽기, 쓰기 등 특정한 분야에서 학습상 장애를 지니는 사람'으로 정하고, 그 평가 도구로 웩슬러 아동용 지능검사, 시지각검사 등을 제안하고 있다. 이처럼 학습장애를 정의하는 데는 다양한 관점들이 제시되고 있으나, 효과적으로 치료교육적 개입이 이루어지기 위해서는 보다 일치된 정의와 유형 구분이 이루어져야 한다. 이를 위해서는 인지적, 신경심리학적인 측면에서 체계적이고 포괄적인 평가를 통해 하위 유형들의 특성을 보다 상세히 밝히는 일이 선행되어야 할 것으로 보인다.

2) 학습장애 아동의 특성

학습장애에 수반되는 고유한 특징을 밝히는 것은 이를 변별하는 진단 기준을 제공해 줄 수 있을 뿐만 아니라, 치료와 교육을 계획하는 데도 중요한 지침을 마련해 줄 수 있다. 학습장애 아동의 특성은 첫째, 단순 정보처리상의 문제, 둘째, 초인지, 실행 기능 및 복합 정보처리상의 문제, 셋째, 사회, 정서 및 행동적 문제로 구분하여 살펴볼 수 있다. 각각의 내용이 〈표 9-1〉, 〈표 9-2〉, 〈표 9-3〉에 제시되어 있다.

〈표 9-1〉 학습장애의 단순 정보처리상의 문제 (Hallahan & Kauffman, 1976; Swanson & Sachse-Lee, 2001)

뇌의 기능 분화 특성		• 한쪽 뇌 발달의 열세 • 양반구 기능 분화의 지연과 약화, 이로 인한 주의분산, 분화된 정보처리 기능 부족, 양반구 간 상호작용의 결핍
인지적 특성	지각 기능	• 지각-운동 기능의 결함(쓰기 문제) • 형태일관성, 물체 간의 관계 인지, 시각적 완결(통합)의 어려움 • 발음 학습 곤란, 청각적 변별의 어려움
	지능 수준	• 평균 범위의 지능, 언어성/동작성 지능 간의 편차
	언어능력	• 언어적 개념형성능력, 언어적 표현력, 이해력의 결핍
	주의 기억	• 주의집중의 결함 • 비능률적 주의 배분 • 입력되는 자극에 대한 통제 과정의 어려움 • 단기 기억, 작업 기억의 문제 • 정보의 입력, 유지, 저장 및 인출의 어려움
	학습 속도	• 학습 속도의 지연이나 지체
정신운동 협응 및 행동 특성		• 과잉행동, 지각-운동장애, 방향감각 및 편측장애, 주의산만, 충동성 • 운동활동장애, 느리거나 굼뜬 행동 • 공간 지각의 결여, 빈약한 협응, 좌우 방향 혼동

〈표 9-2〉 학습장애의 초인지, 실행 기능 및 복합 정보처리상의 문제 (Jitendra, Hoppes, & Xin, 2000; Swanson, 1999)

초인지, 실행 기능	• 과제의 목적을 명료화하지 못함 • 과제를 착수하고 주의를 유지하며 완수하는 데 있어서의 곤란 • 자신의 행동과 이해 수준을 감찰하는 데 있어서의 곤란 • 초기억 전략(metamemory strategy) 활용의 어려움 • 과제 수행을 위해 외부 자원을 적절히 활용하는 데 있어서의 곤란

읽 기	• 읽기 과정에서 음성 부호를 사용하지 않거나 하지 못함 • 용량이 작거나 전략 사용의 문제로 인해 읽은 내용에 대한 기억의 곤란 • 문맥 수준에서 내용을 이해하거나 추론하는 데 있어서의 곤란 • 핵심 파악의 어려움
쓰 기	• 철자 오류 • 문장 부호의 오류 • 난필 • 문법의 오류 • 문장의 미완성 • 문자 및 문장 조직화/구성에 있어서의 취약성 • 단조로운 구문의 사용
산 수	• 기본 연산을 신속하고 정확하게 인출하는 데 실패 • 계산 과정에서 처음부터 수를 세는 비효율적인 연산 전략 • 연산 속도의 저하 • 수학적 표상능력, 응용능력의 부족 • 수학 개념 이해의 부족 • 공간적 시각화, 심적 회전력의 부족

〈표 9-3〉 학습장애의 사회, 정서 및 행동적 문제 (Tabassam & Grainger, 2002; Wong & Donahue, 2002)

• 낮은 자존심과 부정적 자기 개념
• 낮은 자기효능감, 노력을 해도 안 될 것이라는 믿음
• 귀인의 문제(외적 통제 소재)
• 부정적인 자기충족적 예언
• 학습된 무력감/동기 결여
• 우울, 불안, 좌절감, 분노
• 충동성과 내성적 사고의 결핍
• 좌절에 대한 내성, 인내심의 부족
• 감정 변화가 많고 즉흥적임
• 부적절한 사회적 판단 및 대응
• 행위의 결과에 대한 인식 부족(인과관계 추론능력의 어려움)
• 사회적 위축, 공격적 행동
• 학습 상황의 회피
• 품행 문제

3) 학습장애의 평가

① **판별 준거** : 학습장애의 올바른 평가를 위해서는 다른 장애와 구별할 수 있는 준거가 필요한데, Kirk와 Chalfan(1984)은 다음과 같은 세 가지 판별 준거를 제시하였다. 첫째, 불일치 준거로서 아동의 주의력, 지각능력, 기억, 언어능력 등과 같은 다양한 심리적 능력 발달에 심한 불일치를 보이는 경우 또는 지적 능력과 학업 성취 간에 심한 괴리를 나타내는 경우를 말한다. 둘째, 제외 준거로서 학교 상황에서 학습 문제를 보이는 모든 아동이 학습장애는 아니므로 학습장애의 정의에도 제시되었듯이 정신지체, 시·청각과 같은 감각장애, 정서장애, 그리고 학습 기회의 부족 등으로 인한 학습부진은 학습장애 범주에서 제외된다. 셋째, 특수교육 준거로서 학습에 문제를 보이는 이유가 학습 기회를 갖지 못했기 때문일 때는 정상적인 교육 방법으로 점진적인 학습이 가능한지 또는 일반적인 교육 방법이 아닌 장애특수적인 치료교육 프로그램이 요구되는 아동인지 구별하는 경우를 말한다.

② **검사 도구** : 학습장애를 진단하고 평가하는 검사는 국내의 경우 아직 제한적이어서, 국외에서 개발된 것들을 중심으로 하여 〈표 9-4〉에 제시하였다(Hallahan, et al., 2005; Grey House Publishing, 2004). 검사의 종류에는 인지 및 정보처리능력검사, 신경심리검사, 학업성취검사, 언어표현검사, 읽기검사, 쓰기검사, 산수검사, 시지각운동능력검사 및 비인지적 검사가 포함되어 있다.

〈표 9-4〉 **학습장애 평가를 위한 검사**

인지 및 정보처리능력검사	• WISC-III(Wechsler Intelligence Scales for Children-III) • WPPSI-R(Wechsler Preschool and Primary Scale of Intelligence) • KABC(Kaufman Assessment Battery for Children) • CMMS(Columbia Mental Maturity Scale) • Test of Nonverbal Intelligence • Learning Disability Evaluation Scale-Renormed • TOMAL(Test of Memory and Learning) • WMS(Wechsler Memory Scale) • Vision, Perception and Cognition: Manual for Evaluation & Treatment
신경심리검사	• LNNB(Luria-Nebraska Neuropsychological Battery) • HRNB(Halsted-Reitan Neuropsychological Battery) • Graham과 Kendall의 도형기억검사

학업성취검사	• 기초학습기능검사 • WIAT(The Wechsler Individual Achievement Test) • KTEA(Kaufman Test of Educational Achievement) • Woodcock-Johnson Psychoeducational Battery-Revised
언어표현검사	• Test for Auditory Comprehension of Language-3 • Test of Adolescent and Adult Language-3 • Test of Language Development-3-Intermediate • Test of Language Development-3-Primary • Test of Early Language Development-3 • Clinical Evaluation of Language Fundamentals-III
읽기검사	• BASA(기초학습기능수행평가체제) • Iowa Test of Basic Skills • PIAT-R: Peabody Individual Achievement Test-Revised • Woodcock-Johnson-III • Woodcock Diagnostic Reading Batter • Roswell-Chall Diagnostic Test of Word Analysis Skills
쓰기검사	• California Achievement Test-5th Edition • PIAT(Peabody Individual Achievement Test) • WIAT(Wechsler Individual Achievement Test) • TOWL(Test of Written Language) • TWS-3(Test of Written Spelling-3)
산수검사	• Key Math Revised: A Diagnostic Inventory of Essential Mathematics • Standford Diagnostic Mathematic Test • Multilevel Academic Survey Test • Buswell-John Test • Diagnostic Mathematics Inventory
시지각운동능력검사	• BGT(Bender Gestalt Test) • Benton Visual Retention Test-Fifth Edition • Boston Diagnostic Aphasia Exam-Third Edition • Development Test of Visual Perception • Peabody Developmental Motor Scales-2 • Test of Gross Motor Development
비인지적 검사	• KISE 학습장애선별척도 • CAT(Child Apperception Test) • TAT(Thematic Apperception Test) • HTP(House Tree Person) • KFD(Kinetic Family Drawing) • SCT(Sentence Completion Test) • Social-Emotional Dimension Scale

③ 판별 절차 : 판별 절차는 크게 네 단계로 나눌 수 있으며, 〈표 9-5〉와 같다.

〈표 9-5〉 학습장애 판별 절차

1단계	• 첫 단계는 예비 탐지 단계로서 일반적으로 WISC 등의 표준화된 지능검사를 실시하여 전체 지능지수를 알아본다. 그 다음, 언어성과 동작성 검사 간의 차이, 각 하위 검사의 수행 패턴과의 차이를 분석한다. 그리고 Bannatyne 분석법에 따라 공간처리능력, 개념적 처리 및 개별 처리능력 간의 차이를 분석해 본다. • 위의 단계에서 기초 인지에 문제가 발견되면, 이것이 실제 학업상의 어려움으로 나타나는지 확인한다. 학교에서 실시되는 일반 학업성취검사로서 교과목별로 성취 수준을 확인해 보는 것도 한 방법이다. • 장애가 '제외 준거'에 포함되는지 확인한다. 즉, 뇌성마비, 감각장애 또는 환경 결손 등에 기인한 것이 아닌지를 감별한다.
2단계	• 예비 탐지 단계에서 가려낸 아동을 대상으로 좀 더 세분화된 검사로서 진단을 심화시켜 나간다. 예컨대, 지능검사에서 주의 및 기억 문제가 있다고 판단되면 주의력검사, 기억검사 등을 추가적으로 실시한다. • 이와 함께 기초 학습 영역에서도 진단을 심화시킨다. 예컨대, 읽기장애가 의심되면 기초학습기능검사를 포함하여 지각능력검사, 의미분석검사, 문장이해력검사 등을 실시한다.
3단계	• 학습장애아동들이 보이는 장애는 인지적 장애 이외에 정서적 문제와도 관련되는 경우가 많으므로 비인지적 검사 중에서 적절한 검사를 추가적으로 선택하여 실시한다.
추후 단계	• 3단계 판별 절차를 마친 후 혹은 치료를 진행하는 동안에도 문제의 수준이나 문제의 구체적인 영역 등을 지속적으로 확인해 나간다. 그리고 이를 치료적 목표와 세분화된 치료 과정을 계획하는 데 활용한다.

2 학습장애의 치료 및 교육

학습장애에 대한 다양한 치료교육적 접근을 이론적 기초와 치료 실제라는 두 가지 관점에서 분류해 보았다. 이론적 기초에 의하면, 인지 과정 및 정보처리론적 접근, 발달 단계 접근, 기초학습기능능력 향상 접근, 학습전략적 접근 및 심리치료적 접근으로 구분된다. 치료 실제에 의하면, 학습전략적 개입과 교육적 개입 두 가지 방식으로 구분된다. 이론적 기초에 의한 접근 방식을 살펴보면 다음과 같다.

1) 이론적 기초에 의한 분류

① **인지 과정 및 정보처리론적 관점** : 학습자의 인지 과정 또는 정보처리 과정상의 결함을 발견하여 치료하는 것이 기본 전략이 된다. 아동의 시청각능력, 기억능력, 언어능력 등을 평가하여 정보처리 양식과 처리상의 장·단점을 밝혀서 결함이나 약점을 치료하거나 강점을 활용하는 치료 과정을 모색하는 것이다.

② **발달 단계 접근** : 발달 과업을 성공적으로 완수해야 다음 단계의 발달 과업을 성공적으로 성취할 수 있다고 보는 입장이다. 따라서 발달이 감각, 지각, 기억, 상징화 및 개념화의 순으로 진행된다고 볼 때, 아동이 해당 연령 수준의 발달 단계에서 미처 완수하지 못한 발달 과업을 확인하고 이를 보충할 수 있도록 돕는 것이 이 접근법의 예가 된다.

③ **기초학습능력 향상 접근** : 교과 영역의 기초 학습 기능의 위계를 분석하여, 학습하는 아동으로 하여금 주어진 학습 과제를 수행하는 데 필요한 학습 기능을 습득하도록 하는 접근이다. 따라서 학습 문제를 가진 아동의 기초 학습 기능의 수준을 확인하고 부족한 기능을 중점적으로 개발하는 데 초점을 둔다. 이 방법의 문제점은 기초 학습 기능의 보충이 얼마나 다른 학습 장면에 전이될 수 있는가에 있다.

④ **학습전략적 접근** : 학습전략적 접근은 교수 과정의 많은 측면이 학생들에게 학습하는 방법과 수행하는 방법을 교수하는 데 초점을 두어야 한다고 보는 입장이다. 학습전략적 접근에는 크게 인지적 학습 전략과 초인지적 학습 전략이 포함된다.

⑤ **심리치료적 접근** : 학습장애아들은 학습에만 어려움이 있는 것이 아니라 또래관계에서 외톨이가 될 수 있으며, 지속적이고 만성적인 학업 실패로 인하여 학습된 무력감, 우울, 불안, 위축 및 좌절감 등의 감정적 어려움이 동반되는 경우가 흔하다. 이러한 감정적 문제들은 학습 의욕을 저하시키고, 학습에 대한 회피적 행동을 강화하여, 결국은 학습 문제를 더욱 악화시키는 결과를 가져온다. 따라서 자신의 학습 문제에 대한 이해와 함께 관련된 감정적 문제를 다루고, 학습동기와 자신감을 유지하고 회복시킬 수 있도록 돕는 심리치료적 접근이 필요하다.

2) 치료 실제에 의한 분류 : 학습전략적 개입 대 교육적 개입

학습전략적 개입은 전통적인 의미의 학습 기술이나 학습 전략에 기초하고 있는 것으로서 초인지적 사고 및 정의적 특성이 보다 강조된다. 반면 교육적 개입은 읽기, 쓰기, 셈하기 등의 기초학습능력 향상을 위한 단계적이고 반복적인 교육이 보다 강조된다. 그러나 이 두 가지를 엄격하게 구분하기보다는 통합적으로 적용하거나 병행하는 것이 적절하다. 경험적인 연구 결과에 따르면, 학습장애를 가진 아동들은 세 가지 영역에서 초인지적 사고능력의 결함을 보인다(Hallahan, Lloyd, Kauffman, Weiss, & Martinez, 2005). 첫째, 정보 기억을 위한 전략 동원에 어려움이 있다. 둘째, 자신이 청취한 내용을 잘 점검하지 못하는 경향이 있다. 셋째, 읽기의 목적을 결정하기, 주제문에 초점을 맞춰 읽기, 이해 여부의 점검, 검토하고 교정하기 및 이해를 도울 수 있는 맥락 단서나 참고문헌의 활용 등 초인지적 전략 사용에 문제가 있다. 전략을 효율적으로 사용하지 못하는 이유에 대해서는 우선 초인지의 결함이 지적되고 있으며, 자아개념, 자기효능감, 자기존중감 및 귀인 등을 포함하는 부적절한 자기 체계(self-system)의 어려움이 제시되었다(Wong, 1991). 이에 기초해 볼 때, 학습장애아를 위한 프로그램에서는 초인지적 사고를 훈련시킬 수 있는 학습 전략에 의한 개입과 함께, 자기 체계의 문제를 개선시킬 수 있는 심리교육적인 개입이 필요하다. 학습전략적 개입과 교육적 개입을 간략히 정리해 보면 다음과 같다.

(1) 학습전략적 개입

학습장애아를 대상으로 개발되어 활용되고 있는 학습전략적 개입의 모형은 전략 중재 모형(Deshler, Ellis, & Lenz, 1996), 호혜적 교수법(Palinscar & Brown, 1984), 과정 중심 교수법(Ashman & Conway, 1989), 통합 전략 교수법(Ellis, 1993a, 1993b) 및 직접 교수법(Duffy & Roehler, 1987) 등이 있다.

① **전략 중재 모형** : 미국 캔사스 대학의 학습장애연구소에서 수년간의 경험적 연구 결과를 근거로 개발한 교과별 학습 전략 프로그램이다. 전략 중재 모형의 목표는 학습자에게 학업적, 사회적, 진로 관련 과업을 익히고 수행하는 방법을 가르쳐 주어진 과업을 성취하고 모든 삶의 영역에 문제해결 방법을 일반화할 수 있도록 하는 것이다. 전략 중재 모형의 세 가지 구성요소는 전략적 교육 과정(무슨 전략을 가르칠 것인가?), 전략적 수업(어떻게 전략을 가르칠 것인가?), 전략적 환경(학습을 촉진하고 강화하기 위하여 어떻게 환경을 배치할 것인가?)으로 이루어져 있다. 전략적 교육 과정에는 학습 전략, 사회적 기술 전략, 동기화 전략, 실행 전략이 포함된다. 전략적 수업은 습득, 일반화, 전략적 교수 활동, 강화라는 네 단계 절차가 포함된다. 전략적 환경으로는 교사, 심리학자, 학부모 및 학생 간의 상호 협력을 강조하고 있다.

② **호혜적 교수법** : 구조화된 토론 중심 학습 활동을 통해 학습 과제에 대한 독해력을 촉진하기 위한 프로그램이다. 이 교수법의 궁극적인 목표는 학습자에게 교재와 상호작용하는 법을 가르쳐 주며, 교육적 결함을 즉각적으로 치료하기보다는 학생들의 문제해결력을 향상시키는 데 있다. 호혜적 교수법에서는 네 가지 읽기 이해 학습 전략으로 예측, 질문, 요약 및 명료화를 제안하고 있다.

③ **과정 중심 교수법** : 임상적 상황이나 특수 학급에서 사용되는 학습 전략 프로그램을 일반 학급 상황에서 사용할 수 있도록 만든 학급 통합 모형이다. 과정 중심 교수법은 전략 계획, 부호화 전략, 협동적 교수-학습 활동 및 교과 내용을 프로그램의 구성 요인으로 포함하고 있다.

④ **통합 전략 교수법** : 교육 효과의 일반화를 위해서는 학급에서 교과 내용을 다루면서 전략적 학습이 이루어져야 한다고 강조한다. 통합 전략 교수 모형은 학습 전략에 대한 소개, 학습 전략에 대한 구체적인 설명과 시범, 적용 및 확장의 네 단계로 이루어져 있다.

⑤ **직접 설명법** : 읽기능력이 낮은 학생들의 독해를 증진시킬 수 있는 방법의 하나로 고안되었으며, 전략 교육의 핵심은 설명, 시범, 학생의 이해에 대한 중재다. 이 모형에서 분명하게 설명되어야 할 사항은 전략이란 무엇인가, 전략을 왜 학습하는가, 전략을 어떻게 사용하는가, 전략을 언제, 어디에 사용할 것인가, 전략의 적절한 사용 여부를 어떻게 평가할 것인가 등이다. 즉, 교사는 선언적, 절차적, 조건적 지식을 명확히 가르쳐야 한다. 전략에 대한 직접 설명의 과정은 사전 지식의 활성화, 추론 과정 시범, 추론 과정 설명, 내용 예측과 기록, 토론, 요약 및 연습의 8단계 과정으로 이루어져 있다.

(2) 교육적 개입

교육 중심 프로그램에서는 읽기 교육 프로그램(다감각 중심, 단어인식능력 향상, 읽기 이해력 증진), 쓰기 교육 프로그램(글씨 쓰기, 철자, 작문) 및 수학 교육 프로그램(수 이전의 기능, 기본적인 수 개념, 수학 문제와 연산법, 복잡한 계산과 계산 형식 및 문장제 산수 문제 풀이)이 있다.

① **읽기 교육 프로그램** : 학습장애아를 위한 읽기 교육 프로그램은 크게 다감각 중심 읽기 교수법, 단어인식능력 향상을 위한 교수법, 읽기 이해력 증진을 위한 교수법으로 나눌 수 있다.

- **다감각 중심 읽기 교수법** : 다감각 중심 읽기 교수법에는 Fernald 읽기 교수법, Gillingham 읽기 교수법, 신경학적인 각인법, Hegge-Kirk-Kirk 읽기 교수법이 있다(Lovitt, 1989).

Fernald 읽기 교수법은 처음에는 학생이 구어로 표현한 내용으로부터 학습해야 할 읽기 자료까지 단계적으로 교육 자료로 선정하여 교사가 먼저 학습할 내용을 적고, 그중 주요 단어를 선정하여 다감각적인 방법을 이용해서 쓰기 연습을 해 나가는 네 단계 과정으로 이루어져 있다. Gillingham 읽기 교수법은 음운, 자음과 모음의 결합 및 단어 생성에 초점을 둔 방법으로 기본적인 한글 해독에 곤란을 보이는 경우에 적합하다. 신경학적인 각인법은 음운 분석이나 단어 인식, 읽기 이해와 관련된 명시적 교수-학습 활동보다는 학생의 읽기 유창성(fluency)을 향상시키기 위해 적용될 수 있는 방법이다. 이 교수법은 교사와 학생이 함께 주어진 자료를 가능한 한 빨리 읽는 연습을 하도록 구성되어 있다. 신경학적 각인 교수법의 기본적인 가정은 학생들은 읽기 과제 수행 시 자신의 목소리와 타인의 목소리를 함께 들음으로써 유창성과 관련된 읽기 기능을 더 효과적으로 획득할 수 있다는 것이다. Hegge-Kirk-Kirk 읽기 교수법은 교정적인 읽기 훈련(Remedial Reading Drills) 프로그램이라고도 불린다. 이 교수법은 많은 연습을 통해 문자와 음소의 대응관계를 파악하도록 교수-학습 활동이 구성되어 있다. 프로그램에서는 모든 자음과 모음에 해당하는 음소를 아동이 모두 알도록 교수-학습 활동이 이루어진다. 먼저, 칠판에 자음 또는 모음을 쓰고, 그 문자가 어떤 소리를 가지고 있는지를 학생들에게 말해 준다. 이후, 칠판에 적힌 문자를 지우고 학생들에게 방금 본 문자를 적어 보도록 하고, 이 문자가 가지고 있는 음소를 말해 보도록 한다. 이 활동은 학생들이 주어진 문자와 그 음소의 관계를 완전히 습득할 때까지 반복해서 이루어진다.

- **단어인식능력 향상을 위한 교수법** : 단어인식능력 향상을 위한 교수법에는 의미 중심 프로그램과 해독 중심 프로그램이 있다. 먼저, 의미 중심 프로그램의 특징은 문자 해독과 관련된 개별 기능을 가르치기보다 의미 형성을 위한 전체적인 학습 활동으로서 읽기 활동을 전개한다는 것이다. 의미 중심 프로그램의 한 유형인 통언어적 접근에서는 문자 해독을 위한 구체적인 기능(예 : 음운 분석)을 직접 가르치기보다 이들 기능들이 의미 획득 또는 내용 이해를 위한 읽기 활동 과정에서 자연적으로 습득된다고 본다. 따라서 읽기능력 향상을 위한 교육 자료는 읽기 기능 중심이 아닌 주제 중심으로 구성되며, 읽기 활동은 말하기, 듣기, 쓰기와 같은 다른 언어 관련 활동과 연계되어 이루어진다. 해독 중심 프로그램에서는 의미에 대한 이해보다는 주어진 생소한 단어의 기능적 인식이 중요한 활동으로 고려된다. 해독 중심의 읽기 활동을 강조하는 접근으로는 음운분석적 접근과 언어학적 접근을

들 수 있다. 음운분석적 접근에서는 문자와 음소의 대응관계에 대한 지식, 그리고 단어를 구성하는 음소의 분석 및 결합 기능들이 문자 해독 기술 향상을 위한 중요한 교수-학습 활동이 된다. 언어학적 접근은 의사소통을 중심으로 한 문자 해독 읽기 활동을 강조한다. 이때 문자 해독 기능을 가르치기 위해 사용되는 단어들은 철자나 발음이 서로 유사한 것들로 구성된다.

- **읽기 이해력 증진을 위한 교수법** : 읽기 이해력 증진을 위한 교수법에는 어휘력 증진을 위한 교수법과 독해력 증진을 위한 교수법이 있다. 우선, 어휘력 증진을 위한 교수법은 문맥을 이용하는 방법과 범주를 이용하는 방법이 포함된다. 문맥을 이용하는 방법은 새로운 단어를 문장을 통해 제시하고, 문장 속에 내포된 어휘의 의미를 학생들이 생각하고 추론해 보도록 하는 절차를 포함한다. 범주를 이용하는 방법은 먼저 다양한 범주들이 제시되고, 제시된 범주에 해당되는 단어들을 학생들에게 나열하게 하는 절차를 포함한다. 이러한 활동을 통해 학생들은 각 범주에 해당되는 단어들의 의미적 차이점과 유사점을 확인해 나갈 수 있다. 독해력 증진을 위한 교수법에서는 읽기 자료의 주요 내용들을 논리적이고 의미 있게 서로 연결하고, 글의 내용을 중심으로 적절한 추론을 내릴 수 있도록 관련 지식을 자극하고, 주요 내용에 주의를 기울일 수 있도록 질문하는 방법을 사용한다. 그리고 글을 읽는 동안 마음속에 글의 내용에 대한 심상을 만들어 보도록 함으로써 글에 대한 이해력과 기억을 돕는다.

② **쓰기 교육 프로그램** : 쓰기는 글씨 쓰기, 철자 쓰기 및 작문의 세 영역으로 나눌 수 있다.

- **글씨 쓰기** : 알아볼 수 있는 글씨를 쓰게 하기, 쓰기 유창성을 키우기, 바른 자세로 글쓰기 활동이 포함되어 있다. 알아볼 수 있는 글씨를 쓰게 할 때는 문자 형태 지도 절차(Graham & Miller, 1980)에 따라 모델 제시, 중요한 속성에 주의하기, 신체적 단서를 주기, 강화하기, 암송하기, 기억해서 쓰기 및 반복하기를 활용한다. 글씨 쓰기 교수와 관련하여 감독하의 연습, 자기 검토의 강화, 바른 글자 모양의 모델을 제시, 지나치게 반복해서 연습시키지 않기, 잘 쓴 글씨는 게시하여 강화하기, 완전히 쓰는 것보다는 알아볼 수 있게 쓰는 것을 강화하기, 창조적인 쓰기 과제를 활용하기(예 : 초대장, 시, 신문 만들기 등의 활동) 등이 있다. 또한 인지행동적 모델에 기초하는 경우에는 언어화와 자기 검토 과정이 강조되는 자기 교시 전략을 활용한다(Blandford & Lloyd, 1987). 거꾸로 쓰기 문제에 대해서는 쓰기 전에 아동에게 글자의 이름을 말하게 하고 쓰는 동안에도 글자와 획을 말하게 한다. 글자에

대한 기억 단서를 높이기 위해 손가락 등의 신체를 활용하며, 자・모음판을 아동이 쉽게 확인할 수 있도록 책상이나 벽에 붙여 두고 수행 후에 바로 검토하고 언제든 참조할 수 있도록 한다.

- **철자 쓰기** : 철자 지도의 원리는 첫째, 작은 단위로 지도한다. 개인차가 있겠지만 대체로 하루에 3~5개 단어가 적절하다. 둘째, 충분한 연습과 피드백을 제공한다. 셋째, 적절한 단어를 선택한다. 넷째, 직접 교수를 통해 지도한다. 다섯째, 정확한 언어를 사용한다. 여섯째, 이전에 사용한 단어를 복습한다. 일곱째, 학습의 전이를 위해 지도한다. 여덟째, 아동들이 바르게 철자할 수 있도록 동기를 부여한다. 아홉째, 사전 찾기를 훈련시킨다. 구체적인 철자 지도법을 살펴보면 다음과 같다. ① 문장이나 문단보다 목록 형태로 철자 단어를 제시한다. ② 사전 검사를 실시한다. ③ 스스로 철자 검사를 하도록 한다. ③ 검사-학습-검사 방법을 사용한다. ④ 음절의 형태로 단어를 제시하며, 음절-분리 규칙을 가르치는 것보다 아동들이 전체 단어를 배우고 연습하도록 한다. ⑤ 의도적인 쓰기 활동을 통해 문맥 속에서 단어를 철자할 수 있는 기회를 아동에게 자주 부여한다. ⑥ 단어를 철자하는 데 있어 아동들에게 특정 전략을 가르쳐 준다. ⑦ 대부분의 철자 연습을 전체 단위로서의 단어에 초점을 맞춘다(Gramham, 1999; Scott, 2000).
- **작문하기** : 대표적인 지도법으로는 과정 접근법을 통한 작문 지도법이 있다. 과정 접근법의 요소 및 절차는 크게 쓰기 전 활동, 초고 쓰기 활동, 교정 활동으로 이루어져 있다. 쓰기 전 활동에서 중요한 요소는 아이디어 생성에 초점을 맞추고, 실제적인 독자를 의식하며 쓰기를 하도록 하는 것이다. 아동들에게 정보를 전달하는 편지나 가족들에게 보내는 편지 쓰기, 학교 신문의 기사 쓰기 등과 같은 과제를 줄 수 있다. 전략적으로는 마인드맵의 활용 등이 있다. 초고 쓰기 단계에서는 아이디어의 산출에 초점을 맞추도록 도와야 한다. 이와 관련하여 초고를 쓰는 동안에는 구두점, 문법 및 철자 등에 대해 지나치게 집중하지 않도록 하는 것이 중요하다. 교정 단계의 주요 초점은 무엇을 말하려고 하느냐에 두어야 한다. 아동들은 자신이 쓴 글을 교정하는 절차에 익숙하지 않다. 그러므로 교사는 적절한 교정 기술을 모델로 제시하고 강화해 준다. 자기 교시 절차로서 '소리 내어 생각하기(think aloud)'를 활용하는 것이 좋다.

③ **수학 교육 프로그램** : 수학적 기능과 개념 지도를 위한 교육 프로그램은 크게 수 이전의 기능, 기본적인 수 개념, 사칙 연산의 습득과 활용, 복잡한 계산과 계산 형식 및 문장제

산수 문제 풀이가 있다. 효과적인 교수 절차에는 공통적으로 모델링, 강화, 전략 훈련 및 자기 교시 훈련의 활용이 포함되어 있다(Hallahan, et al., 2005).

- **수 이전의 기능** : 수와 사물과의 관계를 이해해야 하고(일대일 대응), 사물을 모양이나 크기별로 분류할 수 있어야 하며(분류), 크기대로 차례를 짓는 방법을 알도록 한다(순서). 일대일 대응 교육에서는 물건과 주인을 짝짓기, 정해 놓은 구획에 하나의 사물을 짝짓기, 수를 셀 때 리듬을 붙여 세기, 사물을 큰 소리로 세기, 숫자와 소리를 짝짓기 등을 활용한다. 분류 교육에서는 정해 놓은 특징을 기준으로 사물을 분류하기, 분류 시 사용한 규칙이 무엇인지 확인하기, 다양한 분류 기준을 마련하고 연습하기 등이 있다. 차례짓기 교육에는 길이, 크기, 넓이, 명도, 채도 등의 면에서 일정한 순서대로 배열하기, 일상생활에서 서수 개념(첫 번째, 두 번째, 세 번째) 이해하기 등이 있다.
- **기본적인 수 개념** : 숫자를 구별하고 그 가치를 인식하며, 자릿값의 개념을 이해하는 것은 필수적이다. 기본적인 수 개념과 관련하여 숫자 개념 인식, 자릿값, 기초 수학의 원리가 다루어진다. 숫자 교육에서는 시각적 참조를 위하여 숫자와 이에 해당되는 만큼 점이 찍힌 카드 사용하기, 상자나 바구니에 숫자에 해당되는 만큼의 사물을 집어넣기, 숫자카드의 수만큼 물건을 건네주기, 숫자 퍼즐 사용하기 등이 포함된다. 자릿값 교육에서는 막대기나 연필을 10개씩 묶음으로 나누기, 10이 하나이면 10, 10이 두 개이면 20… 개념이 익숙해질 때까지 반복하기, 묶음과 낱개를 구분하고 숫자화하기, 단계적으로 100, 1000, 10000단위로 확장해 나가기, 0에 대한 개념 이해를 돕기, 0의 잘못된 쓰임에 대해 구별하기, 주사위 게임 등을 활용하기 등이 포함된다. 기초 수학의 원리 교육에서는 쌍을 이루는 수 이용(시각적 단서와 청각적 단서를 이용하기), 수세기, 치환의 원리 이용(덧셈이나 곱셈에서는 두 수의 교환이 가능하다는 원리 지도), 알고 있는 지식에서 하나 더하거나 빼기, 십(10) 이용하기, 구(9) 이용하기, 배수 세기, 덧셈과 뺄셈의 관계와 곱셈과 나눗셈의 관계 인식 등이 포함된다.
- **사칙 연산의 습득과 활용** : 사칙 연산을 배우고 연산의 조작법을 이해하고 기본적인 개념을 활용할 수 있도록 한다. Mercer와 Mercer(1993)는 기억의 의존도를 최소화시켜 곱셈을 가르치는 학습 절차를 제시하였는데, 이는 다음과 같다. ① 어느 수와 곱해도 0이 되는 곱셈을 지도한다. ② 1은 어느 수와 곱해도 그 자신이 된다는 것을 지도한다. ③ 2는 어느 수와 곱해도 곱하는 숫자의 배가 된다는 사실을 지도한다. ④ 3, 4, 5의 배수를 가르친다. ⑤ 9의 배수를 익히기 위하여 보수법과 수지법 등을 가르친다.

0 9 (1×9)
1 8 (2×9)
2 7 (3×9)
3 6 (4×9)
4 5
5 4
6 3
7 2
8 1
9 0 (10×9)

(보수법은 더하면 그 합이 모두 9가 된다.)

〈그림 9-1〉 보수법(inverse trick)

손바닥을 펴고 왼쪽부터 시작하여 1부터 10까지 숫자를 쓴다. 9에 곱하는 특정한 숫자에 해당되는 손가락을 구부린다. 구부러진 손가락을 중심으로 왼쪽에 있는 손가락의 개수는 십의자리에 해당이 되고, 오른쪽에 있는 손가락의 개수는 일의자리를 나타낸다.

예 : 7×9=63

〈그림 9-2〉 수지법(fingers trick)

- **복잡한 계산과 계산 형식** : 기본적인 연산을 이해하고 자동적으로 풀 수 있게 되면 보다 복잡한 문제를 풀 수 있는 준비가 된 것이다. 복잡한 문제를 계산하기 위해서는 십의자리나 일의자리 등을 재조정하는(받아올림, 받아내림) 방법에 대한 학습이 요구된다.
- **문장제 산수 문제 풀기** : 학습장애 아동에게 특히 어려운 부분은 글로 된 문장제 계산 영역이다. 문장제 산수 문제 해결은 일상생활에서도 필수적인 부분이다. 그러나 언어 이해가 부족하거나, 지나치게 단서에만 의존한다든지 혹은 단서를 찾아내지 못한다든지, 집중력이 부족한 경우 어려움을 겪을 수 있다. 문장제 산수 문제 해결을 위한 전략으로는 문제탐구(Choate, 1990)와 문제해결 카드(Fleischner, Nuzum, & Marzola, 1987) 등이 있다. 제8장에 문장제 산수 문제에 적용할 수 있는 ISLAND(Identity, Select, Line up, Accent, Note & compute, Double check) 전략이 소개되어 있으므로 참조하기 바란다.

3 특수한 문제에 대한 개입

다음에 제시되는 것들은 학습장애아의 기타 특수한 문제와 관련하여 치료자가 참조하거나 보호자들에게 지침으로 제공해 줄 수 있는 내용들이다(Harwell, 2001; Fine & Kotkin, 2003). 시지각적 결함, 청각적 처리 결함, 공간 인식 결함, 개념적 결함, 기억 결함 및 사회성 결함에 대한 내용이 포함되어 있다.

1) 시지각적 결함

글자나 숫자를 거꾸로 쓰거나 회전할 경우

1. 책상이나 노트에 문제가 되는 글자나 숫자를 만들어 붙이는데, 그림을 활용하는 것도 좋다. 해당 글자나 숫자를 써야 할 때, 그것을 참조하는 습관을 갖도록 한다.

하하하(웃는 얼굴) 축구(달리며 축구하는 모습)

2. 매일 일정시간 칠판을 이용한 활동을 한다. 문제가 되는 글자를 칠판 위에 크게 적는다. 학생이 10번 가량 따라 그리게 하고, 직접 손가락을 이용해 지우도록 한다. 매 활동을 반복하는 동안 글자를 소리 내어 말하게 한다. 이 활동은 역전과 회전이 나타나지 않을 때까지 지속한다. 이와 같이 대근육 운동을 이용한 활동은 글자의 방향과 형태를 내재화하도록 돕는다.

글을 읽을 때 건너뛰거나 반복해서 읽는 경우/단어를 생략할 경우

1. 읽는 동안 읽는 지점을 확인할 수 있도록 책갈피나 자 등을 사용하도록 하고, 치료자가 시범을 보인다. 이 활동은 지각적 문제뿐 아니라 부주의하고 안절부절못하는 행동에도

도움이 된다. 또한 아동이 잘 읽어 나가는지를 치료자가 신속하고 조용히 감찰하기에도 좋다. 아동이 읽는 지점을 벗어날 때, 구두로 표현하지 말고 책갈피나 자를 바른 지점으로 이동시킨다.

이상적인 책갈피의 크기는 길이 6인치, 너비 1인치, 중앙에 1인치 가량 검은색 줄이 표시되어 있는 것.
중앙의 검은색 줄은 글을 읽을 때, 단어 밑에 놓이도록 한다.

2. 읽은 내용을 그대로 쓰게 한다.
3. 펜으로 읽으면서 밑줄을 치게 한다.

눈을 크게 뜨거나 흐릿하게 보인다고 하거나 눈을 부비는 행동을 보이는 경우

1. 시각적 예리성과 초점이 적절한지 등을 확인하기 위해 전문적인 검사를 받게 하고, 필요하다면 안경이나 렌즈를 착용하게 한다.
2. 가능하다면 크기가 큰 교육 자료를 준비한다.
3. 아동이 눈의 불편을 호소하면, 약 30초 가량 눈을 감고 쉬게 한다. 물기가 있는 종이 타월이 도움이 될 때도 있다. 일부 학생들은 한쪽 눈으로만 읽을 때 이런 문제가 해소된다는 것을 깨닫는 경우도 있다.
4. 특히, 지면이 흰색일 때 형광등 불빛이 눈부심을 더할 수 있다. 교육 자료를 푸른색, 황색 및 초록색 종이에 복사해서 사용하는 것이 좋다. 만약 원본 그대로 사용해야 할 때에는 조명의 밝기를 조절하거나, 번쩍임이 없는 투명 아크릴이나 기름종이를 사용한다. 엷은 색상이 들어간 선글라스를 착용하게 하는 것도 한 방법이다.

정확하게 베껴 쓰지 못하는 경우

1. 정상적인 시력을 갖고 있는지 확인한다.
2. 칠판에 있는 내용을 베껴 써야 하는 경우 가까이 다가가 앉게 한다.

3. 글자를 그룹 단위로 기억할 수 있도록 훈련한다. 음절에 따라 그룹을 나누는 것이 이상적이다.
5. 유인물을 사용하여 필요 이상으로 베껴 써야 하는 일을 줄인다.

글씨체가 엉망인 경우

1. 정자체로 글씨를 쓰는 것을 재교육한다. 또한 글씨를 쓰는 좋은 자세, 올바른 각도로 종이를 사용하는 법 및 연필을 쥐는 법을 가르친다. 글씨는 소단위로 나누고, 비슷한 것끼리 묶어서 교수한다. 주로 사용하는 손에 따른 적절한 자세가 다음에 제시되어 있다.

오른손 사용자 왼손 사용자

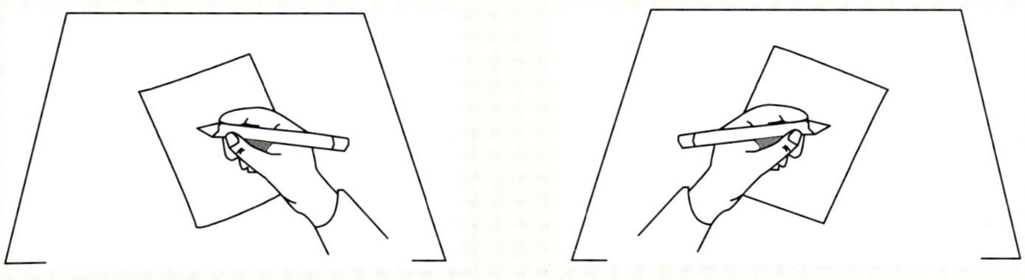

〈자음 그룹〉
그룹 1 : ㄱ ㅋ ㄲ
그룹 2 : ㄴ ㄷ ㄹ ㄸ
그룹 3 : ㅁ ㅂ ㄹ
그룹 4 : ㅇ ㅎ
그룹 5 : ㅅ ㅈ ㅊ ㅆ ㅉ

〈모음 그룹〉
그룹 1 : ㅏ ㅑ
그룹 2 : ㅓ ㅕ
그룹 3 : ㅗ ㅛ
그룹 4 : ㅜ ㅠ
그룹 5 : ㅡ ㅣ
그룹 6 : ㅐ ㅔ ㅒ ㅖ
그룹 7 : ㅘ ㅚ ㅙ
그룹 8 : ㅝ ㅞ ㅟ ㅢ

느리고, 힘들게 글씨를 쓰는 경우

1. 구두 시험을 치르게 한다.
2. 짤막한 과제를 제시한다.

3. 컴퓨터 한글 프로그램을 사용하게 한다.
4. 가능하다면 진위 문제, 연결하기, 선다형 형식을 사용하여 학습 자료를 준비한다.
5. 회상 과제의 경우, 녹음기 등을 사용하도록 한다.

지저분하게 지면을 사용하고 글씨를 쓰는 경우

1. 깔끔하게 지면을 사용하고 글씨를 쓰는 것의 이점에 관하여 이야기를 나눈다. 학생 자신이 쓴 글을 보여 주며, 이에 대해 각성할 수 있도록 돕는다. 어떻게 해야 좋은 평가를 받을 수 있을지 질문한다.
2. 지우개를 지나치게 많이 사용하는 이유에 대해서 검토한다. 지우개를 사용하지 않고 실수를 교정하기 위해 한 줄을 비워 두고 글을 쓰게 한다.

> 글 속에 답이 없지만 글 내용과 관련하여 ______________________
>
> ____
>
> 우리의 일상생활을 통해 추측할 수 있는 ______________________

3. 컴퓨터 한글 프로그램을 사용하도록 한다.

2) 청각적 처리 결함

정상적인 속도로 전달되는 메시지를 이해하지 못하는 경우

(대화 중 반복적으로 "뭐라고요?", "네?"라고 묻는 경우에서 흔하다.)

1. 가까이 마주보고, 말할 때 입 모양을 반드시 바라보게 한다.
2. 치료자가 말하기 직전 주의를 기울이도록 한다.
3. 천천히 말하고, 간결한 문장을 사용하며, 필요하다면 되풀이한다.
4. 필요하다면 언제든 다시 들을 수 있도록 녹음테이프를 사용한다.
5. 반복해서 해 낼 수 있고 감당할 수 있을 만한 지시와 정보를 준다.
6. 다루어질 내용의 요점을 기록한 서면 자료를 제공한다.
7. 만약 선생님이 가르치고 있는 내용을 학생이 따라올 수 없을 때 이를 전달할 수 있도록 격려한다. 직접 손을 드는 것을 거북해 한다면 서로만 알 수 있는 또 다른 방식으로

표현하도록 하는 것도 좋다.

8. 잘 이해하고 있는지 자주 확인하고 명료화한다.
9. 청각적 입력을 돕기 위해서는 다양한 시각적 자료와 칠판을 활용한다. 칠판에 기록할 때는 다루어질 내용의 핵심어, 정의 및 질문을 포함시킨다.
10. 언어치료사에게 의뢰하여 수용언어능력을 평가한다.

구어로 표현된 소리를 식별하지 못하는 경우

1. 청력에 문제가 없는지 검사를 받도록 한다. 만약 정상이라면 언어치료사에게 의뢰하여 아동의 청각판별력(auditory discrimination)을 평가한다.
2. 만약 아동이 특정한 음을 잘 듣지 못한다면 들을 수 있을 만큼 크게 말하거나, 단어를 직접 쓰거나, 그 음에 해당하는 글자를 손가락으로 가리킨다.
3. 해당 글자를 말할 때 혀와 입술의 위치가 어떻게 변화하면서 소리가 만들어지는지 보여준다.

불필요한 소음을 통제하지 못하는 경우

1. 교사나 치료자 가까이 앉도록 한다.
2. 말하기 전에 주의를 기울이도록 한다.
3. 말할 때 입술을 바라보게 한다.
4. 문제가 계속된다면 청력검사를 받도록 한다.
5. 핵심적인 내용을 칠판에 기록한다.
6. 학습이 이루어지는 동안 조용한 환경을 유지한다.
7. 녹음된 학습 내용을 소음이 없는 곳에서 듣게 하거나, 이어폰을 사용해 듣도록 한다.
8. 자율 학습이 이루어지는 동안 소음을 상쇄시킬 수 있는 이른바 백색 음악이라고 하는 배경 음악을 틀어 둔다.

청각적 입력으로부터 도움을 받지 못하는 경우

1. 구두로 제시되는 내용이 기록된 서면 자료를 제공한다. 선생님이 구두로 설명하는 동안 글을 보며 확인할 수 있도록 한다.

2. 수업이 끝날 무렵, 학생에게 요점을 표시해 보도록 하거나 잘 이해했는지를 확인한다.

3) 공간 인식 결함

익숙한 장소에서 길을 잘 찾지 못하는 경우

1. 다니던 곳을 둘러보거나 산책하도록 하면서 주변 환경을 주의 깊게 관찰하도록 한다. 예컨대, 학교에 가는 동안 상점이 몇 개나 있었는지 등을 확인하도록 한다.
2. 지도를 직접 그려 보도록 한다.

좌우 순서를 기억하지 못하는 경우

1. 책상 위에 다음과 같은 화살표 그림을 그리게 한다. 읽어야 할 자료를 그림 아래에 두게 한 뒤, 동그라미가 그려진 부분에서 화살표 방향으로 읽어 나가도록 지시한다.

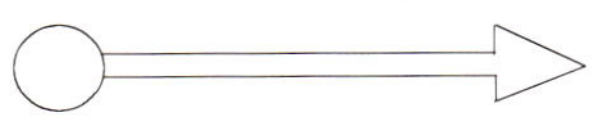

2. 바닥 위에 테이프로 다섯 개의 줄을 만들어 놓고, 타자기처럼 왼쪽에서 오른쪽으로 이동하는 연습을 한다. 각 줄의 끝에 도달하면 다음 줄 처음으로 이동하게 하여 반복한다.
3. 오른쪽과 왼쪽을 가르친다. 보통 밥을 먹는 손이나 글씨를 쓰는 손이 어느 쪽인지 물으며, 오른손과 왼손을 구분하게 한다.

띄어쓰기를 잘 하지 못하는 경우

1. 무엇을 쓰고 싶은지를 학생에게 묻고, 그 문장을 세 번 반복해서 말하게 한다. 그리고 학생으로 하여금 그 글귀를 마음속으로 떠올리게 한다. 치료자가 그 문장을 그대로 말해 준다. 치료자가 띄어쓰기에 맞게 다음과 같이 밑줄을 표시한 후에 학생에게 문장을 쓰도록 한다.

친 구 가　나 에 게　편 지 를　전 해　주 었 다.

——— ——— ——— —— ———.

2. 컴퓨터 한글 프로그램을 사용하도록 한다.
3. 학생의 연령에 적합한 칸 노트를 사용하게 한다. 각 칸에 글자를 하나씩 쓰고, 단어 사이에 칸을 띄어 두도록 연습한다.

가	을		은	행	나	무		결	실

정리와 조직화를 하지 못하는 경우

1. 새로운 과제를 수행하기에 앞서 불필요한 재료들을 책상 위에서 치우도록 한다. 그 다음, 새로운 과제에 요구되는 것들만 선택해서 올려 두도록 한다. 학생들은 이 두 가지 준비 과정만으로도 도움을 받을 수 있다.
2. 일정과 해야 할 과제를 반드시 달력에 기록하도록 한다.
3. 여백, 제목, 들여쓰기 등을 통해 글을 조직화하도록 한다.
4. 수학 과목의 경우에는 노트를 1/2이나 1/4로 접어서 한 칸에 하나의 문제만을 풀도록 한다.
5. 집에서 학생이 정리해야 할 일의 목록을 부모님이 작성하도록 한다. 가능한 한 물건을 제자리에 두는 습관을 갖도록 격려한다.

4) 개념적 결함

사회적 상황과 제스처를 이해하지 못하는 경우

1. 역할놀이를 활용한다. 감상했던 책이나 영화로부터 장면을 선정하거나, 있을 수 있는 사회적 상황을 주제로 정한다. 진행 중 자주 멈춰서 각 상황에서의 느낌을 토론한다. 치료자가 함께 하면서 시범을 보이고, 학생들도 이를 참조로 역할놀이를 할 수 있도록 한다. 적절한 거리의 유지, 질문, 경청법, 요청하기, 거절하기, 호감을 표현하기 및 자기 주장 등을 역할놀이를 통해 체험하고 학습할 수 있도록 한다.
2. 동료들 간의 대결이나 갈등이 제스처를 통해 드러날 때 그 상황이 어떻게 보이는지, 무엇을 의미하는지 또 어떻게 대응하는 것이 적절한지 등을 설명한다. 흥미롭게도 실제로

이런 상황들이 교수 활동을 통해 다루어지면 갈등과 분노 감정이 희석된다.

유사한 상황 간의 관계성을 이해하지 못하고 추론에 실패하는 경우

1. 비슷한 두 가지 사물이나 개념을 평가하고 기술하도록 한다. 이를 소리 내어 설명하게 하고 칠판에 생각을 적게 한 후에 두 사물 간의 유사점과 차이점을 비교하여 글을 쓰게 한다.

(글 또는 그림으로 제시)

컵/머그컵	연필/볼펜	의자/소파
	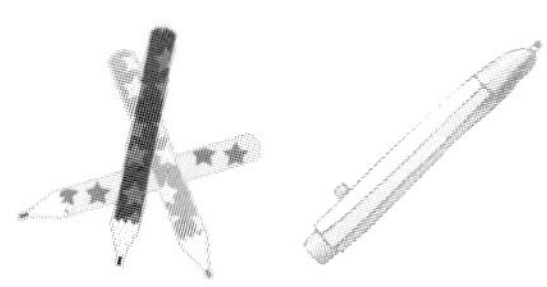	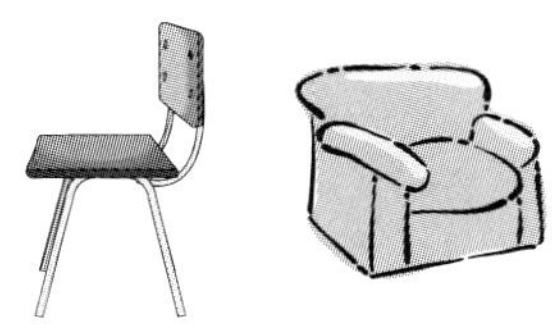

2. 이야기를 읽다가 적절한 위치에서 멈춘 후 다음에 무슨 일이 이어질 것 같은지, 등장인물의 기분은 어떨지 등을 질문한다.
3. 어떤 사실이 담겨 있는 카드 세트를 준비하여 학생들에게 추론하도록 질문한다.

- 지원이는 어린 동생이 자신의 도움을 원하고 있다는 것을 알았다.
- 영수는 지금껏 스케이트보드를 타 본 적이 없다.

- 라디오에서 너무 신나는 노래가 흘러나왔다. 진호의 손가락은 리듬을 타듯, 책상을 톡톡 두드리기 시작했다. 곧이어 발을 구르기 시작했다. 다음에는 어떤 일이 일어날까?
- 은희는 친구와 함께 학교 도서관에 갔다. 열심히 책을 보고 있는데, 무섭다고 소문이 난 체육 선생님이 화가 난 모습으로 걸어오고 있었다. 은희 뒷좌석에서는 남학생들 셋이 제법 큰 소리로 떠들고 있었다. 다음에는 어떤 일이 일어날까?

단어를 읽지만 그것을 심상으로 전환시키지 못하는 경우

1. 글로 읽은 이야기를 역할놀이하거나 행동으로 표현하는 협동적인 집단놀이를 한다.
2. '마음의 눈으로 보는 것'이 무엇을 의미하는지 시범을 보인다.

영애는 눈사람을 만들었다. 조금 지난 후에 웃음을 터뜨렸는데, 그 이유는 집에서 키우는 고양이가 영애가 만들어 놓은 눈사람의 머리 위로 뛰어오르다 미끄러졌기 때문이다.
학생에게 묻는다. "어떤 색깔의 고양이었지?" 학생들이 다시 글을 읽으려고 할 때 다음과 같이 말한다. "선생님은 예전에 키웠던 까만색 고양이라고 마음속에 떠올릴 거야." 학생들이 치료자가 말한 그대로 마음속에 이미지를 떠올려도 좋고, 각자 생각대로 떠올려 보도록 해도 좋다. 글 속에 구체적인 내용이 밝혀져 있지 않는 한 스스로 생각해서 이미지를 떠올리는 것은 좋은 학습 방법임을 알려 준다.

5) 기억 결함

방금 본 내용을 기억하지 못하는 경우

1. 구체적인 사물을 이용한 기억 게임을 한다. 30초 동안 상자 안에 있는 열 가지 사물을 보여 준다. 뚜껑을 닫고 자기가 본 사물의 이름을 가능한 한 많이 대도록 한다. 상자 안의 내용물을 바꾸어가며 게임을 반복한다. 기억할 때 활용할 수 있는 질문 전략들을 학생들에게 가르친다(내가 본 사물의 색깔은? 어디에 쓰는 물건이었지? 서로 짝지을 수 있는 것은?)
2. 단어 리스트를 활용한 기억 게임을 한다.

사과 장미 봄 하마 사슴 보람 하늘 장기 강

학생들에게 몇 분 동안 단어 목록을 주고, 얼마나 기억하는지를 관찰한다. 다음과 같은 공식을 학생에게 교수한다 : '사'자 두 개, '장'자 두 개, '하'자 두 개, '강'자 하나

'주의 집중' 게임도 기억을 촉진할 수 있다. 낱말이나 그림이 그려진 카드를 활용하여 다음과 같은 집중 게임을 할 수 있다. 서로 관련 있는 낱말이나 그림을 두 장씩 짝지어 배열하게 한다. 그리고 모두 뒤집어 놓는다. 약간의 시간이 흐른 뒤에 카드를 한 장 씩 뒤집게 하고, 그것과 짝을 이루는 카드의 내용을 기억해서 말하게 한다.

3. 고학년 학생에게는 강조하기, 개괄하기 및 요약하기 방법 등을 가르친다.
4. 효과적인 노트필기법과 내용에 대한 조직화 방법을 가르친다.
5. 필요한 정보를 언제든 찾아볼 수 있는 백과사전, 영어/국어사전, 참고서 등을 활용하도록 한다.
6. 철자를 익힐 때 소리 내어 말하는 방법을 익히도록 한다. 이는 철자를 내면화하는 데 도움을 주고 기억을 향상시킬 수 있다.
7. 기억력을 향상시킬 수 있는 기억 전략을 가르친다.
8. 언어적 교수 내용과 관련된 미술 활동을 활용한다.

방금 들은 내용을 기억하지 못하는 경우

1. 수업이 진행되는 동안 대답해야 할 질문의 목록을 쓴다.
2. 녹음기를 활용한다.
3. 노트필기를 하도록 한다.
4. 진행 사항을 치료자가 반복하거나, 학생의 친구에게 정보를 반복해서 전달해 주도록 한다.

지시에 주의를 기울이지 못하는 경우

1. 지시가 주어질 것임을 알려 주는 신호어(주목!, 집중! 등)를 사용한다.
2. 선생님이나 치료자가 있는 쪽으로 모이도록 한다.
3. 구두로 지시가 내려질 경우, 손가락을 사용한다. 첫 번째 손가락을 들고 첫 번째 지시를 말하고 학생들이 따라 말하게 한 후, 두 번째와 세 번째도 같은 방식으로 한다. 지시를 전달한 후에는 학생들이 직접 손가락을 세며 지시를 처음부터 말하도록 한다.
4. 지시를 칠판에 적는다.
5. 글 자료나 교과서를 사용하는 경우에는 지시어에 밑줄을 긋도록 한다.

6) 사회성 결함

놀리거나 시비를 거는 것에 대한 부적절한 반응

1. 학습장애아들은 또래 아이들로부터 놀림의 대상이 되기 쉽다. 적절히 대응하는 법을 알고 연습하게 되면 싸움에 휘말려들거나 감정적 문제가 증폭되는 일을 줄일 수 있다. 학습

장애아들이 흔히 겪을 수 있는 문제 상황을 구체화하고 언어적·비언어적 대응법 역시 구체화하는 것이 필요하다. 예컨대, 어떤 아이가 부모를 두고 시비를 걸 때 적절한 반응의 예는 단호하면서도 차분한 목소리로 "조용히 해 줄래. 넌 우리 엄마를 본 적도 없잖니."하는 것이다. 또한 옷차림을 보고 "이 웃긴 옷 좀 봐. 넌 이걸 돈 주고 샀냐?"라고 한다면, "글쎄, 웃긴 옷일지는 모르지만, 사람한테 중요한 건 옷이 아니야."라고 할 수도 있다. 역할 연기 등을 통해 다양한 상황을 반복 연습하는 것이 좋다.

2. 만약 치료 중에 누군가가 시비를 거는 행동을 할 때는 이를 단호하게 다룬다. 타인을 존중한다는 것의 중요성을 배울 필요가 있다. 시비를 거는 말이나 행동을 한 후에 "농담이야."라고 넘기는 경우가 있는데, 농담이든 아니든 그것이 타인의 기분을 상하게 했다면 진심을 담아 사과해야 할 일임을 분명히 한다.

다른 아이들로부터 수용받지 못하는 경우

1. 리더십이 있으면서도 배려할 줄 아는 급우들의 협력을 이끌어 낸다. 동기화와 자발성을 격려하되, 압력을 가하지는 않는다.
2. 학습장애아의 말과 행동을 주의 깊게 관찰하면서 부적응적인 행동이라 할 수 있는 것들에 대해 생각해 보도록 한다. 치료자는 어떤 문제 행동에 대해 "그런 상황에서 다른 친구들은 어떻게 생각할까?" 또는 "어떤 기분이 들 것 같지?"라고 질문함으로써 스스로의 행동에 대해 관찰하고 적응적인 행동을 시도해 볼 수 있도록 격려한다.
3. 만약 그룹에서 학습장애아가 다른 아이들과 문제를 일으켰을 때, 그룹원 전부를 처벌하는 것은 바람직하지 않다. 처벌은 죄책감과 함께 불만을 야기할 수 있다.

다른 사람들을 탓하며 자신의 행동에 대해 책임을 지지 않으려 하는 경우

1. 아동을 따로 만나서 온화한 방식으로 그 사실에 대해 직면시킨다. 아동은 아마도 그 사실을 부인하거나 남을 탓하는 모습을 여전히 보일 수 있다. 사실은 그렇지 않은데 자기 주장을 고집하는 것이 과연 유쾌한 일인지를 묻는다. 잘못이 분명한 경우에는 아동이 인정을 하든 그렇지 않든 책임을 이행하도록 한다.
2. 부모가 지나치게 처벌적인 경우에는 잘못을 인정하기보다는 회피하는 행동을 학습할 수 있다. 이와 같은 문제를 보이는 아동과 이야기할 때에는 치료자 자신의 아동기 경험이나 적절한 시나리오를 활용하는 것도 좋은 방법이다. 예컨대, "선생님이 초등학교 1학년

때 어머니께서 매우 아끼시는 꽃병을 실수로 깨뜨린 적이 있었어. 혼날까봐 두려워 엉겁결에 동생이 깨뜨렸다고 말했지. 그런데 동생은 그때 겨우 한 살이었지 뭐니. 꽃병이 있는 곳까지 혼자 걸어오기도 힘들뿐더러, 겨우겨우 걸어온다 할지라도 꽃병이 있는 탁자 위에는 손이 닿을 수가 없었어. 그 사건 이후, 실제로 동생이 잘못한 일까지도 부모님께서는 한동안은 나를 의심하셨어." 누구든 실수를 할 수 있다는 점과 함께 적절한 반응의 예는 다음과 같다. "제가 실수했습니다. 저도 놀랍고 당황스럽네요. 진심으로 사과드립니다. 제가 어떻게 하면 될까요?"

과도한 떼쓰기(temper tantrum)

1. ADHD에게 흔하며, 약물을 통해 경감될 수 있다. 그러나 '관심 끌기'를 목적으로 하는 경우, 주변에 사람이 없이 혼자 있도록 놔 두면 신속하게 멈추는 경우가 많다.
2. 교실이나 그룹 치료 내에서 이러한 문제가 반복되면 집단원들과 함께 이를 도울 수 있는 방법을 모색한다. 아동이 그런 행동을 보일 때 놀리거나 수근대거나 웃지 말고, 그 행동을 무시하거나 "너의 그런 행동은 마치 어린아이처럼 보여."라고 단호하게 피드백을 주도록 하는 것 등이다.
3. 과도한 떼쓰기 행동이 좌절, 불안과 관련된 행동으로 생각될 때에는 좌절과 불안을 견디고 이를 다룰 수 있는 대처 행동을 학습하는 데 집중한다. 아동이 사회적 상황에 대하여 무력감을 느끼고, 자신감이 없을 때는 과도한 떼쓰기를 통해 그 상황을 회피하려고 할 수도 있다. 그러한 상황의 속성을 이해하고 이를 효과적으로 다룰 수 있는 적응적 행동을 단계적으로 연습하면서 통제감을 향상시키도록 돕는 것이 필요하다. 사회성 프로그램에서 활용할 수 있는 사회적 기술의 목록은 〈표 9-6〉과 같다.

〈표 9-6〉 사회적 기술의 목록

의사소통 기술	• 자기 소개하기 • 대화를 시작하기 • 대화를 유지하기 • 제스처를 적절히 활용하기 • 대화를 마무리하기 • 적절한 톤으로 말하기

의사소통 기술	• 다른 사람에게 어떤 방식으로 말하는지 스스로 평가해 보기(다정한 느낌을 주는지, 공격적인 느낌을 주는지 등) • 때와 장소 및 대상에 알맞게 표현하기
친밀감 형성 기술	• 칭찬을 받아들이기 • 호감을 표현하고 칭찬하기 • 함께 나누기 • 놀이에 초대하기 • 주의 깊게 듣기 • 다정하게 말하기 • 함께 놀자고 요청하기 • 부탁하고 들어주기 • 친절함을 보여 주기 • 활동 수준을 감찰하기 • 공정하게 놀기 • 적절한 방식으로 자기주장하기 • 도와주기 • 대화를 독점하지 않기 • 성가시게 하는 행동을 잘 다루기 • 교대로 하기 • 게임의 규칙을 준수하기 • 자신의 행동이 타인에게 미치는 영향을 알기 • 인내심을 갖기 • 함께하는 활동에 참여하기 • 당황스러운 상황을 다루기 • 자신의 행동을 감찰하기 • 전화통화하기 • 다른 사람에 대한 연민과 걱정을 표현하기 • 갈등 다루는 기술을 배우기 • 불필요한 논쟁을 삼가기 • 사과하기 • 비판에 대해 대처하기 • 놀이에서 패하거나 뜻이 좌절되는 상황에 대처하기 • 타협하고 문제해결하기 • 여러 사람과 동시에 상호작용하는 법을 배우기
감정조절 기술	• 다양한 감정들을 확인하기 • 다른 사람들의 감정을 인식하기(언어적/비언어적) • 공감을 전달하기 • 분노를 조절하기 • 불안하고 낯선 상황을 다루기 • 갈등 상황에서 분노를 조절하기

4 프로그램의 내용 및 지침

1) 프로그램의 내용

프로그램의 내용	세부 활동
자모 및 낱자 익히기	• 우리말 한글은 어떻게 이루어져 있을까? • 자음과 소리 • 모음과 소리 • 받침과 소리 • 자음 익히기 • 모음 익히기 • 단어를 통한 자음 익히기(음운 범주) • 단어를 통한 모음 익히기(음운 범주) • 자·모음 결합표 • 카드를 이용한 글자 만들기
음운 인식 훈련을 통한 심화 학습	• 음소 인식 • 음절 인식 • 음소 결합-대치-첨가 • 음절 분절 • 음소 분절 • 두운 비교(음절 단위) • 각운 비교(음절 단위) • 음절 분석(두운·각운 혼합) • 두운 비교(음소 단위) • 각운 비교(음소 단위)
어휘 유창성 향상	• 음운 범주별 기본 어휘 수첩 만들기 • 숨은 그림 찾기를 활용한 기초 의미 범주 익히기 • 의미 범주별 어휘 수첩 만들기 • 문맥을 통한 어휘 지도
문장력 및 읽기 이해력 향상	• 육하원칙 배우기 • 그림을 보고 문장 만들기 • 논리적 순서에 따라 문장 만들기 • 문장을 시각화하기 • 마인드맵을 이용해서 글쓰기 • 언어적 추론 및 독해능력 향상

2) 프로그램의 지침

① 여기에 소개되는 학습장애를 위한 치료 교육 프로그램은 주로 전략적 개입의 하나인 '전략 중재 모형'을 참조로 하였다. 전략 중재 모형의 세 가지 구성요소 중의 하나인 전략적 교육 과정에는 학습 전략, 사회적 기술 전략, 동기화 전략 및 실행 전략이 포함되어 있다. 학습 전략 교육 과정은 습득, 기억, 표현 및 수행이라는 세 가지 하위 전략에 기초하고 있으며, 구체적인 학습 전략의 내용으로는 단어 해독, 오류 점검, 문장 작성 훈련 등과 함께 기존의 학습 기술과 학습 전략에서 다루어지는 정보 기억, 질문하기, SQ3R, 시각화, 노트필기, 시험 치르기 기술 등이 포함되어 있다. 따라서 이 책의 다른 장에 있는 내용들이 학습장애 학생들에게도 활용될 수 있으며, 교수 방법에 있어서는 학습장애에 보다 특수한 시범, 적극적인 피드백, 이해에 대한 재검토 및 진행 상황에 대한 검토 등이 강조될 수 있다.

② 전략 중재 모형에 의하면, 전략적 학습 환경을 촉진하기 위한 것 중의 하나로 협력팀 구성을 제시하고 있는데, 특수교사, 심리학자, 교육학자 등이 체계적인 방식으로 서로 협력하는 것이 보다 효과적인 학습장애 치료 교육을 위한 선행 과제다.

③ 학습장애아를 위해 활용될 수 있는 학습 전략의 공통 내용과 이 장에서 다루어지는 단계적인 교육 프로그램의 내용을 제시하면 〈표 9-7〉와 같다. 단계적인 교육 프로그램은 앞서 소개된 학습 영역별 전략, 교육 중심 프로그램의 내용 및 국내외 관련 연구에 기초하고 있으며, 언어적 능력 향상에 초점을 두고 있다.

〈표 9-7〉 **학습장애 치료 · 교육 프로그램의 내용**

학습전략의 공통 영역	학습장애아를 위한 특수 영역
• 학습동기 향상 전략 • 기억력 향상 전략 • 효과적인 읽기 및 필기 전략 • 주의집중력 향상 전략 • 효과적인 시간 및 공간 관리 전략 • 학업 스트레스 관리 전략 • 시험 전략	• 수학적 문제해결 전략 • 자모 및 낱자 익히기 • 음운 인식 훈련을 통한 심화 학습 • 어휘 유창성 향상 • 문장력 및 읽기 이해력 향상 • 특수한 문제에 대한 개입

④ 실제 프로그램 적용에 앞서 학습장애의 특성, 학습 전략에 대해 숙지한다.

⑤ 진행 순서와 내용은 학생의 기초 학습 기능 수준에 맞추어 조정한다.

⑥ 학습 전략의 공통 영역과 특수 영역에 대한 교육을 병행한다.

⑦ 주의력을 효과적으로 유지하기 위해 한 회기에 두세 가지 주제를 다룬다.

⑧ 새로운 내용과 앞서 배운 내용에 대한 복습을 약 1 : 1의 비율로 치료 세션에 할당한다.

⑨ 음운 인식 훈련을 통한 심화 학습의 과제, 내용 및 예를 요약해서 제시하면 〈표 9-8〉과 같다.

⑩ 단어 수첩 만들기 같은 과제에서는 숙제를 체계적으로 할당한다.

⑪ 의미 범주별 단어 수첩 만들기에서 치료자가 참고할 수 있는 어휘 목록은 국립국어연구원(http://www.korean.go.kr)의 자료를 참조한다.

⑫ 특수한 문제에 대한 개입은 치료자를 위한 지침으로만 제공되는 것이다.

⑬ 학생용 워크북의 제목은 '기초학습능력 향상 전략'으로 하였다.

⑭ 워크북에 제시된 예제는 연습 과제의 일부로서 학생의 기능 수준에 따라 보다 많은 연습용 문제를 준비해야 한다.

〈표 9-8〉 음운인식 훈련의 과제, 내용 및 예

	과 제	내 용	예
음운 분석 및 합성	음소 인식	3개의 글자 중 소리가 다른 것을 찾기(음소)	• ㄱ ㄴ ㄱ • ㄷ ㅌ ㄷ
	음절 인식	3개의 글자 중 소리가 다른 것을 찾기(음절)	• 가 사 가 • 냐 나 냐
	음소 결합－대치－첨가	한글 글자의 시각적 형태 유형에 따라 1단계에서 6단계별로 연습(워크북 참조)	
	음절 분절	• 단어를 한 음절씩 끊어 말하기 • 단어의 음절 수를 감각적으로 세기(손뼉을 치거나 발을 구른다.)	어린이 ⇨ 어/린/이(쿵쿵쿵)
	음소 분절	• 단어를 음소 단위로 끊어 말하기 • 단어의 음소 수를 감각적으로 세기(손뼉을 치거나 발을 구른다.)	어린이 ⇨ ㅇ/ㅓ/ㄹ/ㅣ/ㄴ/ㅇ/ㅣ (쿵쿵 쿵쿵쿵 쿵쿵)
	두운 비교(음절 단위)	4개의 그림 중 첫소리(두운)가 같은 그림을 찾는 연습(워크북 참조)	
	각운 비교(음절 단위)	4개의 그림 중 끝소리(각운)가 같은 그림을 찾는 연습(워크북 참조)	
	음절 분석(두운 · 각운 혼합)	3개의 단어 중 두운/각운으로 공통점이 없는 단어를 찾기(음절 단위)	가방 가수 <u>고기</u>
	두운 비교(음소 단위)	두운이 같은 음소로 시작되는 단어를 만들기	가족(ㄱ) ⇨ 강아지, 공, 괴물
	각운 비교(음소 단위)	각운이 같은 음소로 끝나는 단어를 만들기	유아(ㅏ) ⇨ 엄마, 아빠, 학자

참고문헌

American Psychiatric Association (1994). *Diagnostic and statistical manual of mental disorders* (4th ed.). Washington, DC: Author.

Ashman, A. F., & Conway, R. N. F. (1989). *Cognitive strategies for special education: Process-based instruction.* New York: Routledge.

Association for Children with Leaning Disabilities. (1986). ACLD definition: Specific learning disabilities. *ACLD Newsbriefs,* 15-16.

Blandford, B. J., & Lloyd, J. W. (1987). Effects of a self-instructional procedure on handwriting. *Journal of Leaning Disabilities, 20,* 342-346.

Bradly, R., Danielson, L., & Hallahan, D. P. (Eds.). (2002). *Identification of learning disabilities: Research to practice.* Mahwah, NJ: Erlbaum.

Deshler, D. D., Ellis, E. S., & Lens, B. K. (1996). *Teaching adolescents with learning disabilities: Strategies and methods* (2nd ed.). Denver, Co: Love.

Duffy, D. D., & Roehler, L. R. (1987). Teaching reading skills as strategies. *The Reading Teacher, 40,* 414-421.

Ellis, E. S. (1993a). Integrative strategy instruction: A potential model for teaching content area subjects to adolescents with learning disabilities. *Journal of Learning Disabilities, 26,* 358-383.

Ellis, E. S. (1993b). Teaching strategy sameness using integrated formats. *Journal of Leaning Disabilities, 26,* 448-481.

Fine, A. H., & Kotkin, R. A. (2003). *Therapist's guide to leaning and attention disorders.* San Diego: Academic Press.

Fleischner, J. E., Nuznm, M. G., & Marzola, E. S. (1987). Devising an instructional program to teach arithmetic problem solving skills to students with learning disabilities. *Journal of Learning Disabilities, 20,* 214-217.

Graham, S. (1999). Handwriting and spelling instruction for students with learning disabilities: A review. *Learning Disability Quarterly, 22,* 78-98.

Graham, S., & Miller, L. (1970). Spelling research and practice: A unified approach. *Focus on Exceptional Children, 12,* 1-16.

Grey House Publishing. (2004). *The complete leaning disability directory* (5th ed.). New York: Sedwick Press Book.

Hallahan, D. P., & Kaufman, J. M. (1976). *Introduction to learning disabilities.* New Jersey: Prentice-Hall.

Hallahan, D. P., Lloyd, J. W., Kauffman, J. M., Weiss, M., & Martinez, E. A. (2005). *Learning disabilities: Foundations, characteristics, and effective teaching* (3rd ed.). Boston: Pearson Education.

Harwell, J. M. (2001). *Complete leaning disabilities handbook: Ready-to-use strategies and activities for teaching students with learning disabilities* (2nd ed.). San Francisco: Jossey-Bass.

Individuals with Disabilities Education Act (IDEA) Amendments of 1997 (1997). Public Law 105-17.

Jitendra, A. K., Hoppes, M. K., & Xin, Y. P. (2000). Enhancing main idea comprehension for students with learning problems: The role of a summarization strategy and self-monitoring instruction. *Journal of Special Education, 34*, 127-139.

Kirk, S. A., & Chalfant, J. C. (1984). *Academic and developmental learning disabilities.* Denver: Love Publishing.

Lovitt, T. C. (1989). *Introduction to learning disabilities.* Needham Heights, MS: Allyn & Bacon.

Mercer, C. D., & Mercer, A. R. (1993). *Teaching students with learning problems* (4th ed.). New York: MacMillan.

Myklebust, H. R. (1975). Nonverbal learning disabilities: Assessment and intervention. In H. R. Myklebust (Ed.), *Progress in learning disabilities* (Vol. 3, pp. 85-121). New York: Grune & Stratton.

Palinscar, A. M., & Brown, A. L. (1984). Reciprocal teaching of comprehension fosterning and comprehension monitoring activities. *Cognition and Instruction, 1*, 117-175.

Rourke, B. P., & Tsatsanis, K. D. (1996). Syndrome of nonverbal learning disabilities: Psycholinguistic assets and deficits. *Topics in Language Disorders, 16*, 30-44.

Scott, C. M. (2000). Principles and methods of spelling instruction: Applications for poor slellers. *Topics in Language Disorder, 20*, 66-82.

Swanson, H. L. (1999). Reading comprehension and working memory in learning-disabled readers: Is the phonological loop more important than the executive system? *Journal of Experimental Child Psychology, 72*, 1-31.

Swanson, H. L., & Sachse-Lee, C. (2001). Mathematical problem solving and working memory in children with learning disabilities: Both executive and phonological processes are important. *Journal of Experimental Child Psychology, 79*, 294-321.

Tabassam, W., & Grainger, J. (2002). Self-concept, attributional style and self-efficacy beliefs of students with learning disabilities with and without attention deficit hyperactivity disorder. *Learning Disability Quarterly, 25*, 141-151.

Wong, B. Y. L. (1991). The relevance of metacognition to learning disabilities. In B. Y. L. Wong (Ed.), *Learning about learning disabilities* (pp. 231-258). New York: Academic Press.

Wong, B. Y. L., & Donahue, M. (Eds.) (2000). *The social dimensions of learning disabilities: Essays in honor of Tanis Bryan.* Mahwah, NJ: Erlbaum.

제 10 장

시험불안 다루기 전략

1. 시험불안과 관련된 이론적 고찰
2. 시험불안의 치료
3. 프로그램의 내용 및 지침

1 시험불안과 관련된 이론적 고찰

1) 시험불안의 정의

시험불안이란 시험이라는 특정 상황에서 나타나는 여러 가지 인지적, 감정적, 생리적 및 행동적 반응이라고 할 수 있다. 시험불안은 평가 상황에서 개인이 자신의 수행에 대해 갖는 불안 반응으로서 잠재적인 능력의 표출을 방해하고 과제 수행을 저해하는 심리적, 신체적 증상으로도 설명된다(Sarason & Mandler, 1952). 또한 시험불안은 자의식, 자기 의심 및 자기 비하와 같은 자기 몰두로서 간주되며, 결과적으로 학습 내용에 대한 인출과 새로운 학습을 방해하여 인지적 수행에 부정적 영향을 미치는 것으로 보기도 한다. 수행에 미치는 부정적 영향의 예로는 추론능력, 작업 기억, 특히 음운 처리 과정의 곤란 등이 있다(Calvo & Eysenck, 1996; Eysenck & Calvo, 1992; Hembree, 1988; Richards, French, Keogh, & Carter, 2000).

시험불안의 구성요소로는 인지적인 요소인 걱정(worry)과 정서적 요소인 정서성(emotionality)이 있다. 걱정이란 자기 자신이 행한 행동 및 그 결과에 대한 걱정, 시험 상황 및 잠정적인 결과에 대한 부정적인 기대, 부정적인 자기 평가와 관련된 불안 경험 등을 말한다. 그리고 정서성은 불안 경험의 생리적 요소로 볼 수 있는 긴장과 관련된 자율신경계의 각성과 불쾌한 감정적 상태를 지각하는 것을 일컫는다(Morris & Liebert, 1970). 이 밖에 시험불안의 유형은 크게 특성불안과 상태불안으로 나뉜다(Spielberger, 1972).

2) 시험불안에 관한 설명

시험불안을 어떻게 설명하는가에 관하여는 여러 가지 접근 방법이 있어 왔는데, 이를 대략 여섯 가지로 정리해 보면 다음과 같다.

① **욕구이론에 기초한 설명** : 시험불안에 대한 초기 이론으로 Hull의 욕구이론을 이용하여 불안과 성취 간의 관계를 설명하려는 의도로 시도되었다. 욕구이론에 따르면, 불안은 배고픔과 같은 욕구로 간주되며, 높은 수준의 시험불안은 쉬운 과제의 반응은 촉진하지만 어려운 과제의 수행은 저해한다(Taylor & Spence, 1952).

② **인지 기능에 기초한 설명** : 시험 상황에서 성취에 개인적 차이가 있는 것은 인지 기능, 특히 주의력의 차이에 기인한다고 보는 견해다(Wine, 1971). 시험불안이 낮은 학생들은 시험 상황에서 시험과 관련 있는 사항에 대해서만 집중하는 반면, 시험불안이 높은 학생들은

시험과 직접적으로 관련이 없는 사항에 주의를 집중하기 때문에 주의가 분산되어 효율적으로 시험에 응하지 못한다는 설명이다. 귀인이론도 시험불안에 대한 인지 접근의 한 방향으로 생각될 수 있는데, 이는 시험에 실패한 후에 실패의 원인을 어디에 귀속시키느냐에 따라 다음 시험에 대한 태도와 반응이 달라진다고 본다. 예로, 시험 실패의 원인을 자신의 안정적인 내적 요인, 즉 자신의 능력 부족으로 귀인하게 되면 낙담하거나 좌절에 빠지고 동기가 저하되어 시험에 대한 자신감이 부족해지며, 이는 다시 시험에 관한 불안감으로 이어질 수 있다.

③ **정신역동이론에 기초한 설명** : 시험불안의 발생 기제를 부모와의 관계에서 보는 가설이다(Sarason & Koening, 1965). 시험불안은 학령 전기부터 발생하는데, 평가를 받는 상황에서 아동들의 성취가 부모의 기대에 미치지 못하는 경우에 부모들이 아동에 대하여 부정적인 태도를 갖게 되며, 자녀들은 부모의 기대 수준뿐 아니라 이러한 부정적 태도 역시 내재화한다. 그 결과, 기대와 인정을 위해 노력하지만, 또 한편으로는 부정적 태도와 그와 관련된 부정적 감정을 억압해야 하기 때문에 이러한 과정에서 불안이 발생한다고 보는 것이다.

④ **인지치료이론에 기초한 설명** : 시험불안을 걱정과 정서성으로 구분한 Morris와 Libert의 접근, Ellis(1962)와 Beck(1970)의 합리적 정서치료 및 인지치료에 근거를 두는 관점이다. 이에 따르면, 우리가 경험하는 정서적 반응은 걱정을 포함하는 개인의 사고 및 신념 체계에서 비롯된다. 시험불안을 일으키는 걱정과 사고의 예는 자신감 부족, 시험에 대한 지나친 염려, 타인에 대한 의식, 시험 결과에 대한 걱정 및 준비가 미비했다는 생각 등이다. 이에 대해 발생하는 결과로는 긴장으로 인한 당황, 불안, 초조감, 빠른 심장박동, 소화장애, 공황에 가까운 극심한 불안 상태와 이와 관련된 생리적 반응 등이 있다.

⑤ **특성·상태불안에 기초한 설명** : 시험불안이 높은 학생은 시험 상황을 더 위협적인 것으로 지각하게 되며, 이는 정보처리 과정의 손상을 가져올 수 있기 때문에 시험 상황에서 자신의 능력을 제대로 발휘하지 못한다고 설명한다(Spielberger, 1972). 시험 상황에 대한 지속적이고 만성적인 불안은 특성불안으로 간주된다.

⑥ **학습 기술에 기초한 설명** : 시험불안이 높은 학생들의 낮은 학업 성취의 원인은 공부하는 요령의 부족 때문이다. 즉, 시험불안이 높은 학생들은 학습 방법의 선택, 기억, 필기법, 시간 관리 및 시험 치르는 요령 등에서 시험불안이 낮은 학생들에 비해 비효율적이라고 본다(Culler & Holahan, 1980).

2 시험불안의 치료

1) 시험불안 치료를 위한 개념적 모형

시험불안에 대한 인간 행동의 모형은 내적 대화(internal dialogue), 행동적 행위(behavioral acts), 행동적 결과(behavioral outcome) 및 인지적 구조(cognitive structure) 등 네 가지 개념으로 설명된다(Meichenbaum & Butler, 1980).

내적 대화란 타인에게 전할 수 있는 의식적 사고, 즉 자기 진술과 자기상을 의미한다. 행동적 행위는 학습 습관, 개인의 행동 패턴, 시험 치르기 행동 등이 포함된다. 학습 습관의 경우 시험불안이 높은 학생들은 효과적이지 않은 학습 습관을 갖고 있고, 그것이 학업 성취를 떨어뜨리며, 결과적으로 시험에 대한 자신감의 결핍과 불안으로 이어진다고 보았다(Desiderato & Koskinen, 1969). 개인의 행동 패턴에 대해서는 시험에 대한 정보를 얻기, 지지 및 강화를 얻기 위한 노력 등과 같은 개인의 행동이 시험불안을 효과적으로 조절하는 데 기여한다고 간주한다. 시험 치르기 행동도 시험의 결과와 감정에 영향을 미칠 수 있다. 다시 말하면, 내적 대화를 통해 스스로를 안심시키며, 시험에 임할 때와 그렇지 않을 때, 단계적으로 접근할 때와 그렇지 않을 때, 시험 치르는 방법을 알고 연습했을 때와 그렇지 않을 때 경험하는 감정과 수행 양상이 다를 수 있다. 행동적 결과에 대한 개념에는 인지적, 정서적, 행동적 반응 등 넓은 범위의 것들이 포함된다. 예컨대, 성적이나 시험에서 얻는 피드백, 정적 또는 부적 강화, 생리적 반응, 감정 상태 및 내적 대화 등이 행동적 결과로서 간주될 수 있다. 인지적 구조는 앞서 언급된 내적 대화, 행동적 행위, 행동적 결과를 거치면서 형성되는 개인의 독특한 인지 양식, 특성 및 신념 체계라 할 수 있다. 인지적 구조는 오랜 기간에 걸쳐 생성되며, 개인이 경험을 해석하고 반응하는 데 지속적으로 영향을 미칠 수 있다.

2) 시험불안 감소를 위한 인지 행동 수정 요법

인지 행동 수정 요법은 인간의 사고에 대한 인지치료적 입장과 행동주의 심리학적 입장을 통합한 관점으로 이해할 수 있다. 행동 수정의 대상이 되는 것은 관찰 가능한 외현적 행동과 사고 패턴과 같은 내면적 행동 모두를 포함한다.

인지 행동 수정 요법은 다음의 네 가지 측면을 강조한다. 첫째, 외현적 행동이 학습 원리에 의해 통제되듯이, 내면적 행동도 학습 원리에 의해 통제될 수 있다는 것이다. 둘째, 신념, 기대,

태도, 귀인 및 기타 인지적 활동이 인간 행동 변화에 중심적인 역할을 한다는 것이다(Beck, 1970; Ellis, 1962). 셋째, 자기 조절(self-regulation), 자기효능감, 동기나 기대와 같은 인지적 요소가 감정과 행동 변화의 기본 과정을 통제한다는 것이다(Bandura, 1987). 넷째, 인지적 방법과 행동적 방법을 함께 활용함으로써 인지와 행동 모두를 변화시킬 수 있다고 보는 것이다(Stone, 1977).

인지 행동 수정에 포함될 수 있는 기법은 다양하다. 시험불안을 감소시키기 위한 프로그램에 활용될 수 있는 주요 기법을 요약하면 〈표 10-1〉과 같다(Beck, et al., 1996; Jones & Petruzzi, 1995).

〈표 10-1〉 **시험불안 감소를 위한 프로그램에 활용할 수 있는 주요 기법**

인지적 재구조화	시험불안과 같은 부적응적이고 불편한 감정들이 개인의 비합리적인 믿음에 기초하고 있다고 가정하며, 이를 재구조화함으로써 불안을 경감시키거나 통제할 수 있다고 보는 관점이다. 일반적인 절차에는 인지적 재구조화의 원리 이해, 문제의 핵심이 되는 비합리적 사고의 탐색, 문제해결을 위한 대처 행동의 탐색 및 행동적 실천을 통한 대처 행동의 활용 등이 있다.
자기 교시법	비합리적 자기 진술을 합리적 자기 진술로 이끌어 가는 방법으로 내적 인지 요인으로서의 언어 지도 과정을 활용한 방법이다. 불안은 대부분 부정적이며 비합리적인 자기진술적 언어의 형태를 띠고 있다. 따라서 불안에 대처하기 위해서는 이런 부정적 진술을 긍정적이고 합리적인 진술로 수정해야 한다는 것이 기본적인 관점이다. 일반적인 절차는 ① 문제의 정의(내가 해야 할 일이 무엇이지?), ② 주의집중과 반응 지도(~에 대해서 ~해야지), ③ 자기 강화(나는 아주 잘하고 있어), ④ 자기 평가와 오류 교정(지금은 잘하지 못해도 앞으로는 더 나아질 거야)으로 구성된다.
이완 훈련	점진적 이완 훈련은 모든 종류의 심리적 긴장은 반드시 신체적 긴장 상태를 수반하므로 근육의 긴장을 점진적으로 이완시켜 주면 심리적 긴장 역시 해소된다는 원리에 기초하고 있다. 점진적 이완 훈련은 ① 준비 단계, ② 정해진 순서에 따라 신체의 각 부분을 이완시키는 단계, ③ 자기 교시를 포함하여 심리적 긴장을 해소하는 단계로 이루어져 있다.
체계적 둔감법	Wolpe가 발전시킨 이 기법은 ① 근육 긴장을 이완시키기 위한 이완 훈련 단계, ② 불안 위계 목록을 작성하고 순서를 정하는 단계, ③ 불안 유발 장면을 상상하면서 이를 극복하는 방법을 터득하는 단계로 구성된다.
학습 기술 접근	인지행동적 기법과 학습 기술 접근이 결합된 것으로 학습 기술 훈련, 시험 치르기 훈련 및 기타 학습 방법들이 통합된 접근 방법이다.

3) 시험불안 치료와 관련된 선행 연구 결과

Meichenbaum(1972)은 이완 훈련, 합리적 정서치료 및 자기 교시법을 포함한 치료 절차를 개발하여 시험불안 수준이 높은 학생들에게 실시하였다. 이 절차에는 이완 훈련으로 시작하여 시험 실시 상황에서 불안을 유발하는 비합리적 신념에 대하여 논의하는 과정이 포함된다. 그리고 시험에만 주의를 집중하게 하는 자기 교시법을 실시하였다. 검증 결과, 이 절차는 체계적 둔감법만을 사용한 절차보다 더 효과적인 것으로 나타났다.

Holroyd(1976)는 대학생의 시험불안 감소를 위하여 인지적 방법만을 사용한 조건과 인지행동적 방법을 사용한 조건 모두에서 시험불안 감소 및 성적 향상의 효과가 있었으나, 후자의 조건에서 효과가 더 컸음을 보고하였다. 또한 대학생을 대상으로 Meichenbaum의 시험불안 치료 과정에서 이완 훈련을 제외한 인지적 수정 기법만을 사용하여 이 기법이 체계적 둔감법보다 더 효과적이라는 것을 확인할 수 있었다.

Kenneth와 Don Diener(1986)는 대학생을 대상으로 인지행동적 조건, 학습기술 훈련 조건 및 두 가지 기법을 결합한 조건에서 치료 효과를 비교하였다. 그 결과, 인지행동적 조건에서는 시험불안은 감소되었으나, 성적에는 변화가 없었다. 그리고 결합 처치 조건에서는 시험불안의 감소와 함께 성적 향상에 긍정적인 영향을 미친다는 것을 알 수 있었다.

이 연구 결과는 시험불안의 감소가 성적의 향상으로 이어지기 위해서는 인지적 수정 기법과 함께 학습 기술의 훈련이 병행되어야 한다는 것을 보여 주는 것이라 할 수 있다. 따라서 시험불안을 다루기 위한 프로그램은 기본적으로 인지행동적 접근과 함께 다양한 학습 방법과 기술 훈련을 병행하는 것이 바람직하다.

3 프로그램의 내용 및 지침

1) 프로그램의 내용

프로그램의 내용	세부 활동
시험불안의 정의와 증상 이해	· 시험불안이란? · 시험불안의 증상을 알아보기 · 시험불안의 정도를 평가해 보기

시험불안 극복하기	• 시험불안을 극복하려면… • 첫 번째 걸음 : 인지 행동 요법이란? • 두 번째 걸음 : 생각 · 감정 · 행동(상황)을 구분하기 • 세 번째 걸음 : 자동적 사고 찾기 • 네 번째 걸음 : 자동적 사고의 기원 • 다섯 번째 걸음 : 나의 자동적 사고는 어떤 신념과 관련 있을까? • 여섯 번째 걸음 : 인지적 왜곡 • 일곱 번째 걸음 : 나의 생각에 도전하기 위한 질문 • 여덟 번째 걸음 : 생각에 도전하고 합리적인 생각으로 바꾸는 법 • 아홉 번째 걸음 : 시험불안의 정도에 대한 재평가
시험불안 극복을 위한 그 밖의 전략들	• 긍정적 자기 언어를 활성화하기 • 걱정하는 시간을 계획하기 • 심상 체인지 • 심상을 통한 대처법 • 생각 중지법 • 나의 PMI 분석 • 긴장이완을 위한 방법

2) 프로그램의 지침

① 시험불안 다루기 전략은 인지행동치료의 기본 원리와 기법에 기초하고 있다. 따라서 자동적 사고의 탐색, 인지적 왜곡의 수정 등의 절차에 따라 프로그램이 전개된다.

② 일반적인 진행 순서는 앞에서 기술한 주제별로 하되, 학년에 따라 선택되는 내용의 종류나 다루는 내용의 깊이 및 강조점은 다양화할 수 있다.

③ 이 프로그램은 초등학교 고학년 이상에서 적용하는 것이 바람직하다. 불안과 억제가 심한 저학년 아동의 경우에는 미술치료나 놀이치료를 선행하는 것이 좋다.

④ 부모나 내담자 자신이 성취에 대한 과도한 기대, 강박적인 요구 및 완벽주의 성향을 보이는 경우, 보다 집중적인 심층치료(분석적 혹은 인지행동치료 등)가 바람직하며, 부모 상담이 권장된다.

⑤ 불안 수준이 지나치게 높아 공황 상태에 가까운 증상이 있는 경우에는 의학적인 처치를 병행하는 것을 고려해 볼 수 있다.

참고문헌

Beck, A. T. (1970). Cognitive therapy: Nature and relation to behavior therapy. *Behavior Therapy, 1*, 184-200.

Beck, A. T., Emery, G., & Greenberg, R. L. (1996). Cognitive therapy for evaluation anxieties. In C. G. Lindmann (Ed.), *Handbook of the treatment of the anxiety disorders* (2nd ed.). Northvale, NJ: Jason Arnson Inc.

Bandura, A. (1982). Self-efficacy mechanism in human agency. *American Psychologist, 37,* 122-147.

Calvo, M. G., & Eysenck, M. W. (1996). Phonological working memory and reading in test anxiety. *Memory, 4,* 289-305.

Culler, R. E., & Holahan, C. J. (1980). Test anxiety and academic performance. The effects of study related behaviors. *Journal of Educational Psychology, 72,* 16-20.

Desiderato, O., & Koskinen, P. (1969). Anxiety, study habits and academic achievement. *Journal of Consulting Psychology, 16,* 162-165.

Ellis, A. (1962). *Reason and emotion in psychotherapy.* New York: Lyle Stuart.

Eysenck, M. W., & Calvo, M. G. (1992). Anxiety and performance: The processing efficiency theory. *Cognition and Emotion, 6,* 409-434.

Hembree, R. (1988). Correlates, causes, effects, and treatment of test anxiety. *Review of Educational Research, 58,* 47-77.

Holroyd, K. A. (1976). Cognition and desensitization in the group treatment of test anxiety. *Journal of Consulting and Clinical Psychology, 44*, 991-1001.

Jones, L., & Petruzi, D. C. (1995). Test anxiety: A review of theory and current treatment. *Journal of College Student Psychotherapy, 10,* 3-15.

Kenneth, M. D., & Don Diener. (1986). Effective of cognitive relaxation therapy and study skills training in the reducing self-reported anxiety and improving the academic performance of test anxious students. *Journal of Counseling Psychology, 33,* 131-135.

Meichenbaum, D. (1972). Cognitive modification of test anxious college students. *Journal of Consulting and Clinical Psychology, 39,* 370-380.

Meichenbaum, D., & Butler, L. (1980). Toward a conceptual model for the treatment of test anxiety: Implications for research and treatment. In I. G. Sarason (Ed.), *Test anxiety: Theory, research, and applications* (pp. 187-208). Hillsdale, New Jersey: Lawrence Erlbaum.

Morris, L. W., & Liebert, R. M. (1970). The relationship of cognitive and emotional components of test anxiety to physiological arousal and academic performance. *Journal of Consulting and Clinical Psychology, 35,* 332–337.

Richards, A., French, C. C., Keogh, E., & Carter, C. (2000). Test anxiety, inferential reasoning and working memory load. *Anxiety, Stress and Coping, 13,* 87–109.

Sarason, S. B., & Koening, K. P. (1965). The relationship of test anxiety and hostility to description of self and parents. *Journal of Personality and Social Psychology, 2,* 617–621.

Sarason, S. B., & Mandler, G. (1952). Some correlates of test anxiety. *Journal of Abnormal and Social Psychology, 47,* 810–817.

Spielberger, C. D. (1972). Anxiety as an emotional state. In C. D. Spielberger (Ed.), *Anxiety: Current trends in theory and research* (Vol. 1). New York: Academic Press.

Taylor, J. A., & Spence, K. W. (1952). The relationship of anxiety level to performance in serial learning. *Journal of Experimental Psychology, 44,* 61–64.

Wind, J. D. (1982). Test anxiety and direction of attention. *Psychological Bulletin, 76,* 92–104.

제 11 장

시험 전략

1 시험 전략의 개념

시험 전략은 학습 전략의 하위 구성요소로서 시험을 체계적으로 준비하고, 효과적으로 치르며, 시험 유형별로 대처하는 기술을 습득하고 활용하는 것 등을 일컫는다. 따라서 시험 전략은 자기 관리, 자기 조절, 시간 관리 및 시험불안 다루기 등과 밀접하게 관련되어 있다. 또한 구체적인 학습 기법으로는 경청과 집중, 기억법, 효과적인 읽기 및 노트필기법 등이 포함된다.

이러한 시험 전략의 목표는 시험에 대한 준비를 효과적으로 하는 것과 동시에, 흔히 경험하는 시험불안을 체계적으로 다루는 것을 통해 효율적으로 시험에 임하면서 좋은 결과를 얻도록 하는 것이다.

일반적으로 시험 전략의 하위 내용으로는 시험불안 다루기, 시험 준비 기술, 시험 치르기 기술, 시험 유형별 전략 및 시험 치른 후의 기술(posttest skills) 등이 포함된다(Carter, Bishop, & Kravits, 2000; Frender, 1990; Roberts, 1999; Strichart, Mangrum II, & Iannuzzi, 1998).

2 시험 전략의 구체적인 내용

1) 시험 준비 기술

시험 준비 기술은 시험 전에 미리 시험에 대해 파악하고, 학습 시간과 학습 내용에 관한 계획을 세우고 자료를 수집하며, 계획에 따라 단계적으로 공부해 가면서 시험을 실제적으로 준비하는 것과 관련된 기술이다. 이와 관련된 지침은 다음과 같다.

- 평가가 이루어질 시험의 종류나 형태를 확인한다.
- 시험 치르기 하루 전까지 수업에는 반드시 참여한다.
- 정리 혹은 보충수업이 이루어질 경우에는 반드시 참여한다.
- 가능하다면 공부 파트너나 스터디 모임을 구성한다.
- 교과서에 나온 내용과 선생님께서 직접 가르치신 수업 내용을 관련지으면서 공부한다.
- 예상 문제를 만들어 보고 답을 생각하고 작성해 본다.

- 공부 시간과 양을 체계적으로 계획한다.
- 공부한 내용을 자신에게 맞는 효과적인 방식으로 조직화한다.
- 한두 번 보는 것으로 그치지 말고 여러 번 되풀이한다.
- 무조건 책을 읽거나 반복할 것이 아니라 시험 유형에 적합한 방식으로 공부한다.

2) 시험 치르기 기술

시험 치르기 기술에는 크게 두 가지 내용이 포함될 수 있다. 첫째는 시험 치르는 상황에서 효과적으로 기능하는 데 필요한 시험 대비 자기 관리 기술이고, 둘째는 시험을 치르는 상황에서 기억하고 실천해야 할 시험 치르기 기술이다. 시험 치르기 기술만으로는 좋은 성과를 기대하기 어려우나, 체계적인 시험 준비가 이루어진 경우라면 학업 성취에 긍정적 효과를 기대할 수 있다.

① 시험 대비 자기관리능력을 향상시키기 위한 여섯 가지 지침

- 시험에 대한 자신의 태도, 목표 및 동기 등을 확인한다.
- 시간 제한이 있는 시험 상황에서 과도하게 긴장하고 불안해지는 경향이 있다면, 시간 제한을 두고 책을 읽거나 공부하는 연습을 한다.
- 주의집중력을 향상시키기 위해 소설이나 다양한 책을 읽는 습관을 가진다.
- 건강한 생활 습관을 갖는다. 시험 직전에 밤을 새는 것은 회상을 저해하기 때문에 좋지 않으며, 과도하게 배가 고프면 주의집중과 명료한 정신 상태를 유지하는 데 방해가 되므로 식사를 거르지 않는 것이 좋다.
- 시험 치르는 장소에는 여유 있게 도착하고, 공부할 책과 함께 시험을 치르는 데 필요한 도구를 준비한다.
- 시험 직전에는 친구들과 대화를 나누기보다는 혼자 앉아 호흡을 가다듬거나, 시험 후에 있을 흥미로운 계획이나 약속을 떠올린다.

② 효과적으로 시험 치르기 위한 열 가지 지침

- 문제를 풀기 직전에 전체적으로 훑어본다.
- 주관식·서술식 문제가 있다면 미리 읽어 둔다(객관식 문제를 푸는 동안 답을 생각해 볼 수 있는 시간을 확보할 수 있다).
- 특히, 시험불안이 높을 경우에는 분명하고 자신 있게 알고 있는 것부터 답한다.
- 문제를 세심히 읽는다. 특히, 부정문, 이중부정문 등에 유의한다.
- 만약 풀리지 않는 문제가 있다 해도 시간을 끌지 않는다. 체크해 놓고 다른 문제부터 푼다.

- 시간 배분을 잘 한다.
- 모르는 문제는 추측을 통해서라도 반드시 답한다.
- 문제가 많은 객관식 시험을 치를 때는 약 10개 단위로 정답을 옳게 썼는지 답지에서 확인한다.
- 답지를 제출하기 전에 옳게 체크했는지, 빠진 것은 없는지 반드시 점검한다. 답을 밀려 쓴 경우에는 침착하게 손을 들고 선생님께 도움을 청한다.
- 이름과 학년, 반, 번호 등을 제대로 기록했는지 최종적으로 확인한다.

3) 시험 유형별 대처 전략

시험 유형별 대처 전략은 선다형 문제, 진위형 문제, 단답형 문제, 괄호 넣기 문제 및 논술형 문제 등으로 나누어 살펴볼 수 있다.

① 선다형 문제 풀 때의 지침

- 선다형 문제는 유일한 답을 찾는 것이 아니라 가장 좋은 답을 선택하는 것이라고 이해하는 것이 바람직하다. 따라서 모든 답을 다 살펴본 후에 하나를 결정한다.
- 핵심 단어에 집중하며 문제를 읽는다.

> 최초의 한글 소설은…
> 거부권을 행사한 유일한
> 역사상 가장 의미 있는 사건은…

- 제거의 절차를 사용한다. 이는 알고 있는 지식을 활용하여 답이 아닌 것부터 단계적으로 제거해 나가는 방법으로, 정확한 답을 찾기 어려운 경우에 특히 유용하다.
- 절대적 표현에 유의한다. 항상, 반드시, 언제나 등의 절대적 표현이 실제로 적용되는 경우는 드물다. 이러한 표현이 사용되는 경우 특히 유의해서 보는 것이 필요하다.

> 아동기 인지 발달의 특성은? (d)
> a. 반드시 단계적으로 발달한다.
> b. 예외 없이 적용되는 발달 규준에 의거한다.
> c. 인지 발달에는 필히 운동 발달이 선행되어야 한다.
> d. 대부분의 경우 일련의 예측된 단계로 발달한다.

- 표현이 익살스럽거나 냉소적인 것은 오답일 확률이 높다.
- 복잡하고 포괄적인 답이 있다면 그것이 정답일 확률이 높다.

통신이 발달하면 우리의 생활은 어떻게 변하게 되는가? (c)
a. 외국 사람들과의 교류가 많아진다.
b. 나라 간 무역이 활발해진다.
c. 세계와의 소통이 쉽고 활발해져 경제적, 문화적으로 편리한 생활을 도모할 수 있다.
d. 다양한 교육적 혜택이 증가한다.

- 이중 표현 등에 유의한다(특히, 영어의 경우).

It is not unhealthy to be immature.
예외 준거에 해당되지 않는 것은?

- '위의 것 모두'는 비교적 정답일 확률이 높다.
- 동의어가 있는 경우는 둘 모두를 제외시킨다.

According to your study skills handouts, the most important thing for college freshmen to learn is ________________ (a)
a. time management
b. metacognition
c. monitoring your own learning
d. reading skills

- 보기의 내용이 비슷한 형식을 취하고 있는 경우는 그중 하나가 정답일 확률이 높다.

Before reading an assigned chapter, you should do which of the following? (b)
a. a textbook preview
b. a chapter preview
c. a time management chart
d. some deep-breathing exercises

- 적어도 시험 범위에 해당하는 내용을 공부했다면 생소하게 느껴지는 답은 오답일 확률이 높다.

② 진위형 문제 풀 때의 지침

- 진술된 문장이 참(眞)이기 위해서는 모순이 없어야 한다.
- 절대적 표현은 거짓(僞)일 확률이 높다.
- 한정적 표현은 참일 확률이 높다.
- 선다형 문제과 마찬가지로 이중적 표현에 유의한다.

③ 주관식 문제 풀 때의 지침

- 질문을 꼼꼼히 읽는다.
- 문항당 배점을 확인하고 배점이 큰 것에 집중한다.
- 답을 쓰기 전에 생각을 대략적으로 정리해 본다.
- 문장, 문법 및 철자법 등에 정성을 기울였다는 것을 보여 준다.
- 감이 오지 않는 경우 질문 그 자체나 주변적인 것에서부터 단서를 찾는다. 예컨대, 비교, 유사점, 차이점, 순서, 핵심 등의 낱말에 집중한다. 답을 위해 할당된 여백을 이상적인 답의 길이로 참조한다.

④ 논술형 문제 풀 때의 지침(설명식, 논술, 에세이 등)

- 기본적 접근법으로는 소개되는 POWER를 사용한다. POWER의 각 단계는 다음과 같다.

P(Point) : 문제의 요점과 요지를 파악하기

⇩

O(Organize) : 전개해 나갈 내용을 생각하고 조직화하기

⇩

W(Write) : 쓰기

⇩

E(Examine) : 검토하기

⇩

R(Rewrite) : 교정적 쓰기

- 질문에서 사용되는 지시어의 의미를 분명히 파악한다. 지시어의 종류와 예는 〈표 11-1〉에 제시되어 있다.

〈표 11-1〉 지시어의 종류와 예

지시어	강조점 및 의미	예
논하시오	사실, 설명 이상의 생각, 의견 및 관점 제시	학교 내 집단 따돌림 대처 방안에 대해서 논하시오.
기술하시오	특성이나 성격의 제시	조선 시대 조세 제도에 대해 기술하시오.
설명하시오	가능한 한 세세하고 구체적으로 제시	우울증의 원인에 대해서 설명하시오.
분석하시오	부분으로 나누어 설명	급증하는 범죄의 원인에 대해 분석하시오.
나열하시오	일련의 순서대로 정보를 제시	역대 대통령의 이름을 나열하시오.
밝히시오	논리적인 방식으로 사건이나 이론의 정립 과정을 제시	정신분석의 발달 과정을 밝히시오.
비교하시오	비슷한 점 중심으로 제시	to부정사와 동명사를 비교하시오.
비판하시오	판단의 근거를 제시	마르크스주의에 대해 비판하시오.
평가하시오	긍정적, 부정적 측면을 논하고 결론을 제시	우리나라 입시 제도에 대해 평가하시오.
예를 드시오	교과서나 개인적 경험의 예를 제시	맹신의 폐해에 대한 예를 드시오.
관련지어 보시오	주제들이 어떻게 관련될 수 있는지 제시	핵가족화와 사회성 발달을 관련지어 보시오.
정의하시오	의미와 뜻을 제시	접사에 대해 정의하시오.
요약하시오	핵심을 간결하게 제시	홍길동전의 줄거리를 요약하시오.
열거하시오	차례대로 혹은 목록으로 제시	염색체 이상으로 인한 질병에 대해 열거하시오.
증명하시오	증거를 통해 가설이나 원리가 참(眞)임을 제시	피타고라스의 정리에 대해 증명하시오.
적용하시오	특정 원리가 어떤 상황에 어떻게 적용될 수 있는지 제시	관성의 법칙을 일상적 생활에 적용해 보시오.
개괄하시오	포괄적이면서도 잘 조직화하여 제시	실존주의에 대해서 개괄하시오.
구분하시오	분류 기준, 차이점에 입각하여 제시	동물의 종류를 구분해 보시오.

- 요구되는 질문의 핵심에서 벗어나지 않는다. 질문에서 요구하는 것 외의 정보를 적거나 필요 이상으로 의견을 피력하는 데 시간을 허비하지 않는다.

- 답을 잘 모르겠으면 부분적으로 알고 있는 것만이라도 충실히 적는다.
- 글씨는 알아보기 쉽고 깨끗하게 적는다.
- 문장, 문법 및 철자 등을 살펴본다.
- 시험불안이 있다면 문제를 읽어 본 후에 분명히 알고 있는 문제부터 풀어 둔다.
- 검토와 교정을 위한 시간을 반드시 계산에 넣는다.
- 교정하거나 덧붙일 내용을 위해 여백을 남겨 둔다.

3 프로그램의 내용 및 지침

1) 프로그램의 내용

프로그램의 내용	세부 활동
시험 준비 기술	• 시험 준비 기술이란? • 시험 한 달 전 실천해야 할 10가지 • 실천해 보기
시험 치르기 기술	• 시험 대비를 위한 자기관리능력 향상시키기 • 효과적으로 시험 치르기 위한 방법
시험 유형별 대처 전략	• 선다형 문제 풀 때의 지침 • 진위형 문제 풀 때의 지침 • 주관식 문제 풀 때의 지침 • 논술 전략
시험 후 학습	• 오답노트 작성하기

2) 프로그램의 지침

① 이 프로그램은 앞에서 살펴본 대로 시험 전략의 구체적인 내용에 해당되는 시험 준비 기술, 시험 치르기 기술, 시험 유형별 대처 전략과 시험 치른 후의 학습 내용을 배우고 실천할 수 있도록 구성되었다.

② 시험불안 다루기, 시간 관리, 효과적인 읽기 및 필기 전략 등과 통합하여 시행하는 것이 바람직하다.

참고문헌

Carter, C., Bishop, J., & Kravits, S. L. (2000). *Keys to effective learning* (2nd ed.). New Jersey: Prentice-Hall.

Frander, G. (1990). *Learning to learn: Strengthening study skills and brain power.* Nashville, TN: Incentive Publication.

Roberts, J. M. (1999). *Effective study skills: Maximizing your academic potential.* New Jersey: Prentice-Hall.

Strichart, S. S., Mangrum II, C. T., & Iannuzzi, P. (1998). *Teaching study skills and strategies to students with learning disabilities, attention deficit disorder, or special needs* (2nd ed.). Boston: Allyn & Bacon.

제 12 장

효과적인 시간 및 공간 관리 전략

1. 시간 관리의 개념
2. 시간 관리의 제약이 되는 요소
3. 효과적인 시간 관리 방안
4. 효과적인 시간 관리를 위한 지침과 전략
5. 학습 공간의 관리
6. 프로그램의 내용 및 지침

1 시간 관리의 개념

시간 관리란 자기 관리 기술의 하나로, 효율적으로 일을 처리해 낼 수 있도록 시간을 계획하고 실천하며, 평가하고 조정하는 것이다. 효과적인 시간 관리를 위해 참조할 수 있는 개념으로는 이탈리아 경제학자 Vilfedo Pareto가 주창한 Pareto의 법칙과, 영국의 정치학자 Cyril Northocote Parkinson의 Parkinson의 법칙이 있다. Pareto는 어떤 결과의 80%는 그 원인이 되는 요소의 20%에 의해 결정된다고 보았다. 만약 공부에 소요한 시간이 총 10시간이었다면 그중 20%에 해당하는 두 시간이 결과에 결정적이라는 것이다. 아울러, Parkinson은 일은 허용된 시간의 끝까지 연장되는 경향이 있다고 보았다. 따라서 효율적인 시간 관리를 위해서는 가급적 어떤 일을 완수하는 데 들이는 시간 간격을 짧게 제한하는 것이 좋다고 하였다.

이를 통해 볼 때 학습과 시간 관리에서 중요한 측면은 학습에 들이는 총시간보다는 비록 제한된 시간일지라도 얼마나 효율적으로 사용하는가, 그리고 전체 시간을 어떻게 관리하는가라고 할 수 있다.

2 시간 관리의 제약이 되는 요소

시간 관리의 제약이 되는 요소는 크게 외적인 요소와 내적인 요소로 나눌 수 있다. 외적인 요소에는 요구의 증가, 제한된 시간, 많은 일, 생활하면서 겪게 되는 여러 가지 변수 및 무질서한 주변 환경 등이 포함된다. 내적인 요소에는 좋지 않은 생활습관, 목표지향적이라기보다는 일 자체에 집착하는 것, 지연 행동, 감정 문제 및 성격 문제 등이 포함된다. 따라서 시간 관리에 문제가 있는 경우 그것이 주로 어떤 요인에 의한 것인지를 확인하는 것이 필요하다.

3 효과적인 시간 관리 방안

효과적인 시간 관리를 위한 방안은 일반적 방안과 세부적 방안으로 구분할 수 있으며, 이는 다음과 같다.

1) 시간 관리를 위한 일반적 방안

① **시간 감각 발달시키기** : 시간 감각은 개인차가 있으나, 훈련을 통하여 개발될 수 있다. 시간 감각이 잘 발달하면 시간의 흐름뿐 아니라 주어진 시간 내에 자신이 얼마만큼의 일을 했는지도 알 수 있기 때문에 시간 사용을 조절하는 데 도움이 된다.

② **주기적 리듬 활용하기** : 개인마다 신체적, 생리적 주기에도 리듬이 있다. 자신의 주기를 파악하고 가장 효율적인 시간을 선택하여 중요한 일을 처리할 때, 양적으로나 질적으로 좋은 결과를 기대할 수 있다.

③ **휴식과 수면 적절히 취하기** : 휴식과 수면 시간의 양과 빈도는 해야 할 일의 양과 특성에 따라 적절히 조절하는 것이 바람직하다. 체육과 같이 활동량과 에너지 소비가 많은 일은 휴식을 자주 취하는 것이 좋은 반면, 지속적으로 집중해서 문제를 해결해야 하는 경우에는 오히려 잦은 휴식이 집중과 흐름을 방해할 수도 있다.

2) 시간 관리를 위한 세부적 방안

① **기술 습득** : 어떤 일을 보다 쉽고 신속하고 자연스럽게 하기 위해서는 나름의 기술과 방법의 습득이 필요하다. 다양한 학습 전략을 배우고 연습하는 것은 학습을 보다 용이하고 신속하게 해 나가는 데 도움이 될 수 있다.

② **시간 계획** : 복잡성에 따라 간단한 목록 작성, 일련의 계획안 작성 및 상세한 일정 작성으로 구분할 수 있다. 상세한 일정 작성의 방법으로는 해야 할 활동들의 나열, 우선순위 정하기, 시작 시점과 종료 시점 정하기, 필요한 총시간과 이용할 수 있는 시간 간의 균형 맞추기, 활동의 체계 세우기, 관련된 다른 사람들과의 조율 등이 있다. 일정을 효과적으로 실행하기 위해서는 개인의 욕구나 흥미, 선호도 및 기분 상태 등을 고려해야 하며, 융통성 있게 계획하고 일정 시간을 비워 두는 것도 필요하다.

③ **노동 생산 곡선의 이해** : 노동 생산 곡선에 따르면 생산성은 일정 기간 준비 단계가 있고, 점진적으로 증가되다가 일정 수준을 유지하는 정체기가 있은 후, 다시 점진적으로 저하된다.

일의 선호도, 개인차에 의해 약간의 차이는 있을 수 있으나 대부분 이와 같은 곡선을 그리게 된다. 따라서 생산성이 증가되는 시점에서는 다른 활동이나 휴식 시간을 계획하기보다는 진행하고 있는 일이나 공부를 지속하는 것이 바람직하다.

④ **작업의 단순화** : 신체 역학의 원리를 기초로 하여 불필요한 동작은 줄이고 효율적인 동작이 이루어지게 함으로써 신체의 균형과 작업의 효율성을 높이려는 데 목적이 있다. 과목이나 주제별로 책장 정리하기, 자주 사용하는 사전이나 자료집은 가까운 곳에 비치해 두기 등 공부방과 책상 정리 요령도 작업의 단순화에 해당될 수 있다.

이 밖에 제한된 시간을 잘 사용할 수 있는 방법으로 목표 설정, 우선순위 정하기, 꾸물거림과 지연 행동 방지, 위임, 일정표 짜기, 역할의 분담과 구획화 및 시간 사용에 대한 자기 평가 등이 있다(Roberts, 1999).

4 효과적인 시간 관리를 위한 지침과 전략

효과적인 시간 관리와 관련한 전략으로서 '9단계 전략(Brown & Forristall, 1980)', '시간 관리를 위한 6단계 연습 과정(Brown, 1972)', '일상생활 계획표 준비 방법(Brown & Holztman, 1972)' 등이 있다. 이들 각각은 내용 면에서 약간의 차이가 있을 뿐 대체로 공통된 요소를 포함하고 있다. 이를 참조로 효과적인 시간 관리를 위한 지침과 전략의 내용을 요약하면 다음과 같다.

1) 성공적인 시간 관리를 위한 지침

① 장 · 단기 목표를 세운다.

② 기록하는 습관을 지닌다.

③ 주간 일정표와 일일 일정표를 작성한다.

④ 꾸물거리거나 뒤로 미루지 않는다.

⑤ 학교에서 한 시간 공부한 과목에 대하여 2~3시간의 학습 시간을 계획한다.

⑥ 학습 시간을 여러 번으로 나누어 할당한다. 예컨대, 수학 공부를 토요일 하루에만 5시간을 할당하기보다는 월, 수, 토 각각 두 시간, 한 시간, 두 시간으로 나누는 것이 일반적으로

효과적이다.

⑦ 시간이 여의치 않을 때는 자투리 시간을 활용한다.

⑧ 해야 할 일이 너무 많다고 생각될 때에는 서슴없이 그중 일부를 제거한다.

2) 효과적인 시간 계획을 위한 전략

① 현재 보내고 있는 시간을 분석한다.

② 생활습관과 시간 사용 패턴을 확인한다.

③ 목표와 함께 우선순위를 정한다.

④ 공부 시간의 양을 정한다.

⑤ 공부할 과목의 순서를 정한다.

⑥ 학교, 학원, 식사, 수면 등의 고정 시간을 표시한다.

⑦ 복습 시간을 꼭 계획한다.

⑧ 휴식 및 여가 시간을 계획한다.

⑨ 어려운 과목은 가장 집중이 잘 되는 시간에 배당한다.

⑩ 실천할 수 있는 합리적인 시간 계획을 세운다.

⑪ 여가 시간에는 학습과 관련된 생각이나 활동을 하지 않는다.

⑫ 계획을 실천하기 위해 노력하고 달성한 후에는 자기 자신을 칭찬한다.

5 학습 공간의 관리

공부하는 주변 환경의 배치와 관리는 학업 능률에 상당한 영향을 미칠 수 있다. 이와 관련된 환경적 요인으로는 공부방의 위치, 조명, 채광, 환기, 온도 및 습도, 동선을 고려한 공간 배치, 주의 분산의 최소화, 쾌적한 가구 및 주변 자극의 통제 등이 고려될 수 있다. 공부방의 위치는 가족원의 통행이 너무 많은 거실, 부엌 등과 지나치게 인접해 있는 곳은 바람직하지 않다. 또한 무늬가 현란하고 채도가 높은 벽지를 사용하거나 장식품이 많은 것도 좋지 않다. 대체로 편안하고 안락한 의자이면 좋지만, 지나치게 푹신하거나 딱딱하거나 몸을 기댈 수 있는 큰 의자는 적당하지 않다. 공부하는 책상은 넓은 것이 좋고, 공부할 때 참고할 수 있는 자료가 많은 것이 좋다. 공부하는 책상에는 다음과 같은 것들이 구비되어 있으면 학업의 효율성을 높일 수 있다.

- 교과서
- 참고서
- 다양한 사전
- 다양한 필기구
- 다양한 종이
- 파일/파일 서랍과 캐비닛
- 교정용 지우개, 수정펜
- 집게용품(스태플러, 클립, 테이프, 집게 등)
- 제도 및 측정용품(자, 컴퍼스, 칼, 가위 등)
- 일정 관리, 메모 혹은 문제풀이용 화이트보드
- 컴퓨터와 프린터
- 책상용 조명기구
- 티슈와 휴지통

6 프로그램의 내용 및 지침

1) 프로그램의 내용

프로그램의 내용	세부 활동
시간 관리를 위한 지침	• 효과적인 시간 관리란? • 시간 관리의 장점 • 시간 관리를 방해하는 요인 • 효과적인 시간 관리를 위한 행동 지침

시간 관리 전략	• 나의 하루 일과는? • 목표 설정과 계획 세우기 • 늘 바쁜 훈이의 일과 • 생활 습관 점검 • 우선순위 정하기란? • 나의 우선순위 정하기 • 계획표 작성을 위한 가이드라인 • 계획표 작성하기
문제 분석	• 귀인성향 분석 • 사례 읽고 생각해 보기 • 지연 행동 점검 • 지연 행동 다루기
학습 환경 관리	• 나의 공부방 그리기 • 공부하는 장소 점검 • 공부방에 갖추어야 할 것들 • 학습 환경 개선하기

2) 프로그램의 지침

① 시간 관리 전략은 앞에서 살펴본 대로 성공적인 시간 관리를 위한 지침과 효과적인 시간 계획을 위한 전략을 배우고 실천하는 과정으로 이루어져 있다.

② 무엇보다도 일상생활에서 자기 실천이 강조되는 부분으로서 참여에 대해 동기화되어 있어야 한다. 따라서 개입의 초반에 다루어지기보다는 학습에 대한 동기화가 어느 정도 이루어진 뒤에 다루어지는 것이 적절할 수 있다.

③ 실천 과정에 대한 지속적인 관심과 적극적인 피드백이 필요하다. 특별히 저학년인 경우는 부모의 참여와 관심이 필요하며, 적절한 강화 계획도 세워야 한다.

참고문헌

Brown, W. F. (1972). *Effective study course: Instructors' manual.* Texas: Effective Study Materials.

Brown, W. F., & Forristall, D. Z. (1980). *Effective study exercise.* Texas: Effective Study Materials.

Brown, W. F., & Holtzman, W. H. (1972). *A guide to college survival.* Texas: Effective Study Materials.

Roberts, J. M. (1999). *Effective study skills: Maximizing your academic potential.* New Jersey: Prentice-Hall.

제 13 장

학업 스트레스 관리 전략

1. 스트레스의 개념
2. 유스트레스와 디스트레스
3. 스트레스의 원리와 심리적 스트레스의 근원
4. 스트레스의 조절 변인
5. 학업 스트레스의 개념
6. 청소년들의 스트레스 대처 방식
7. 효율적인 스트레스 대처 방안
8. 프로그램의 내용 및 지침

1 스트레스의 개념

스트레스는 라틴어 stringer에서 유래되어 17세기경에는 곤경(hardship), 곤란(straits), 역경(adversity) 및 고통(affliction)을 의미하는 것으로 받아들여졌으며, 18세기 후반부터는 사람의 신체 기관이나 정신력과 관련되어 나타나는 힘, 압력 및 긴장 등으로 인식되었다. 20세기에 이르러서 스트레스가 사람의 정신 및 신체에 미치는 영향에 관한 연구가 시작되었으며, 그때부터 'stress'라는 용어가 정식으로 사용되었다. 이어, 점차적으로 스트레스의 개념이 보다 체계화되면서 스트레스를 유발하는 외부적 자극은 '스트레스 요인(stressor)'으로, 이러한 스트레스 요인에 의한 반응을 '스트레스'로 구분하게 되었다. 그리고 이러한 반응을 '일반 적응 증후군(General Adaption Syndrome, GAS)'이라고 하고, 스트레스는 경고 반응 단계(stage of alarm reaction), 저항 단계(stage of resistance), 고갈 단계(stage of exhaustion)의 3단계로 구성되어 있다고 하였다(Seyle, 1956). 각각의 단계를 살펴보면 다음과 같다.

- **경고 반응 단계** : 신체가 스트레스 요인으로 인해 도전을 받음으로써 최초로 작동하는 것을 말한다. 스트레스 요인이 인지되면 뇌는 생화학적 정보를 모든 신체 시스템에 보내게 된다. 그렇게 되면 호흡 수의 증가, 혈압 상승, 동공 팽창 및 근육 긴장 등이 발생한다. 아울러, 거의 모든 유기체가 회피하거나 싸우는(flight-or-fight) 반응을 보인다.
- **저항 단계** : 저항 단계의 증상은 피곤, 분노 및 긴장 등을 포함한다. 이 단계에서는 초기의 충격으로 인한 피해가 복구되고 항상성(homeostasis)으로 회귀하려는 노력이 이루어진다. 그러나 스트레스가 계속되면 신체의 적응능력이 고갈된다.
- **고갈 단계** : 동일한 스트레스 요인에 지속적이고 장기간 노출되면 활용할 수 있는 적응 에너지는 결국 소진 상태에 이르게 된다. 이때 피로나 병, 무능력, 심지어 죽음과 같은 신체적 증상이 야기된다. 즉, 고갈 단계 동안 스트레스의 역기능적 결과가 육체적, 정신적 건강에 심각한 영향을 미치게 되는 것이다.

단순히 신경성 긴장(nervous tension)만이 아니라 심리적 사건들도 물리적 스트레스와 동일한 스트레스 반응을 일으킬 수 있다. 그러나 스트레스는 우리의 삶에서 불가피하고, 긍정적 결과를 가져올 수도 있기 때문에 피하려고 하기보다는 효과적으로 관리하도록 노력해야 한다.

2 유스트레스와 디스트레스

스트레스가 모두 나쁘거나 부정적인 것만을 뜻하는 것은 아니다. 좋은 의미의 스트레스를 유스트레스(eustress)라고 한다. 유스트레스는 그리스어 'eu(善, 美, 憂)'에서 비롯된 것으로 건강하고 긍정적이며, 건설적인 결과를 가져오는 스트레스를 말한다. 유스트레스를 건설적 스트레스로, 디스트레스(distress)를 파괴적 스트레스로 부르기도 한다(Shermerhorn, Hunt, & Osborn, 1991). 유스트레스 혹은 건설적 스트레스는 개인과 조직의 성장성, 융통성, 적응성, 높은 성취 수준과 관련이 있으며, 인간의 창조적 행동과 문제해결을 가능하게 해 준다. 반면, 디스트레스 혹은 파괴적 스트레스는 반응이 건강하지 못하고, 개인의 신체적, 정신적 체계에 부정적이며 파괴적인 결과를 가져오는 스트레스를 말한다([그림 13-1] 참조).

학업 부담은 분명히 스트레스가 될 수 있지만, 그것을 어떻게 받아들이고 관리하며 대처하느냐에 따라 성취와 발전이라는 긍정적 결과를 가져오는 좋은 의미의 스트레스가 될 수도 있다.

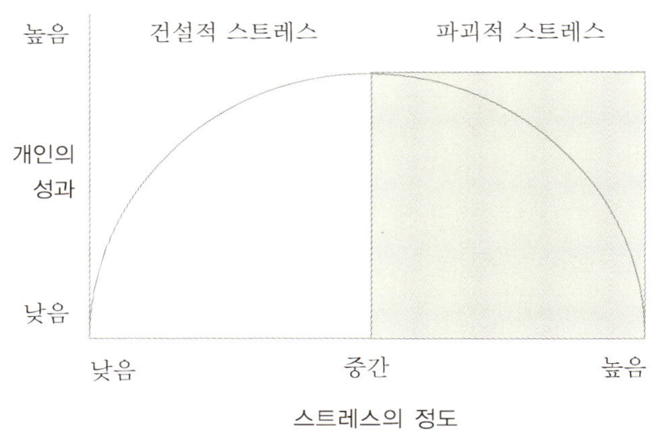

[그림 13-1] 유스트레스와 디스트레스

3 스트레스의 원리와 심리적 스트레스의 근원

1) 스트레스의 원리

스트레스 현상은 일반적으로 공통적인 원리를 갖고 있는데, 여섯 가지로 요약해 볼 수 있다. 첫째, 스트레스는 신체적이거나 심리적인 것이다. 신체적 스트레스로는 질병, 급격한 기후 변화, 수면 부족 등을 들 수 있다. 심리적 스트레스로는 성적 저하, 진학 실패, 전학, 친구와의 싸움 등이 예가 될 수 있다.

둘째, 신체적 스트레스나 심리적 스트레스는 중복되거나 서로 영향을 미친다. 두 가지가 분명하게 구분되는 경우도 있으나, 중복되어 나타나는 경우가 흔하다. 만약 건강하지 못한 상태에서 전학을 가거나 시험에 실패한다면 신체적 스트레스는 더욱 심화될 수 있다.

셋째, 스트레스의 평가는 반드시 객관적인 것은 아니다. 어떤 문제에 깊이 빠져 있을 때에는 객관적이고 합리적으로 판단하는 데 어려움이 있을 수 있다. 따라서 같은 상황이라 할지라도 어떤 이에게는 그것이 강한 스트레스로 받아들여지지만 또 어떤 이에게는 대수롭지 않게 받아들여질 수도 있다.

넷째, 스트레스는 종종 스스로 부과하는 것이다. 스트레스가 외부로부터 주어지는 경우도 많으나, 내부로부터 야기되는 경우도 있다. 예컨대, 지나치게 높은 기대나 완벽주의는 내적인 압력과 긴장감을 높일 수 있다.

다섯째, 스트레스에 대한 우리의 반응은 복잡하고 다면적인 것이다. 스트레스는 신체, 사고, 감정 및 행동에 두루 영향을 미치고, 또 다양하게 경험되거나 표출된다.

여섯째, 스트레스의 효과는 지속적으로 추가되고 누적되는 것이다. 스트레스는 급작스럽게 발생하는 경우도 있지만(예 : 천재지변, 사고) 대체로 만성적인 경우가 많다. 즉, 지속적인 학업 부담, 또래관계에 있어서의 문제 및 부모와의 갈등 등은 시간이 지나감에 따라 그 강도가 더해질 수 있다.

2) 심리적 스트레스의 근원

심리적 스트레스의 네 가지 근원은 좌절, 갈등, 변화 및 압력으로 볼 수 있다. 첫째, 우리는 원하고 바라는 것이 이루어지지 않을 때 좌절을 경험한다. 실패와 상실은 생활 속에서 가장 흔히 경험하는 좌절의 원천이 된다. 그러나 지나치게 높은 기대 수준이나 목표가 더 많은 좌절을 야기하는 경우도 있다.

둘째, 좌절과 마찬가지로 갈등도 일상의 삶 속에서 흔히 일어난다. 예를 들면, 우리는 '그 일을 해야 하나, 말아야 하나.'와 같은 상황에 자주 접하게 된다. 갈등은 두 가지 혹은 그 이상의 양립할 수 없는 동기로 인하여 혹은 신념과 가치, 신념과 행동 간에 존재하는 모순들로 인해 발생된다. 갈등의 형태는 접근-접근 갈등, 회피-회피 갈등 및 접근-회피 갈등으로 분류할 수 있다(Lewin, 1935).

셋째, 환경적 변화 역시 필연적인 삶의 한 부분이며, 이러한 변화 자체는 스트레스를 야기할 수 있다. Holmes와 Rahe(1967)는 사건들이 연속해서 발생하면 스트레스가 누적된다는 사실에 근거를 두고, 사회재적응평가척도(Social Readjustment Rating Scale)라는 스트레스와 관련된 질병, 쇠약, 사고들을 예측하는 데 유용한 점수 척도를 개발하였다(〈표 13-1〉 참조). 43개의 사건 하나하나에 대하여 상대적인 재적응 필요량이 부과되어 있는데, 상대적으로 비율이 높은 일련

〈표 13-1〉 사회재적응평가척도

사건(변화)	점 수	사건(변화)	점 수
배우자의 사망	10	아들이나 딸의 가출	29
이혼	73	법률상의 분쟁	29
별거	65	자신의 탁월한 성취	28
징역	63	아내가 직업을 새로 갖거나 그만둠	26
가까운 가족의 사망	63	학교의 입학이나 졸업	26
자신의 중대한 부상이나 질병	53	생활조건의 변화	25
결혼	50	개인적인 습관의 교정	24
해고	47	상관과의 분쟁	23
별거 후 재결합	45	근무시간이나 작업조건의 변화	20
은퇴	45	주거의 변화	20
가족의 건강상의 중대한 변화	44	전학	20
임신	40	여가생활의 변화	19
성생활의 어려움	39	교외활동성의 변화	19
새로운 가족의 획득	39	사회적 활동상의 변화	18
사업의 재조정	39	10,000달러 미만의 저당이나 대부	17
재무 상태의 변화	38	수면 습관상의 변화	16
절친한 친구의 사망	37	함께 사는 가족의 수 변화	15
다른 부서로의 전근	36	식생활 습관의 변화	15
배우자와의 말다툼 횟수의 변화	35	휴가	13
10,00 달러 이상의 저당이나 대부	31	크리스마스	12
저당권이나 채권의 상실	30	경미한 범법 행위	11
직무상의 책임의 변화	29		

의 사건을 단기간에 경험하는 사람은 어떤 형태로든 스트레스에 의해 건강상의 악화를 겪게 될 가능성이 높다고 보았다.

넷째, 압력은 우리가 특정한 방식으로 생각하거나 행동하게끔 만드는 내·외적인 요구와 기대다. 일반적으로 두 가지 종류의 압력이 있는데, 하나는 성취와 관련된 압력이고 다른 하나는 순응과 관련된 압력이다.

4 스트레스의 조절 변인

스트레스의 조절 변인은 크게 사회적 지지, 대처, 강인성, 인지적 복잡성, 통제력의 다섯 가지로 구분할 수 있으며, 이는 다음과 같다.

1) 사회적 지지

친구와 대화를 나누고 서로의 어려움을 나누는 것과 같은 사회적 관계는 스트레스를 관리하는 데 도움을 준다. 사회적 지지망은 문화적 규범, 사회적 기관, 집단 및 개인들과 같은 네 가지 원천으로부터 전개된다. 네 가지 유형의 지지는 다음과 같다(Kreithner & Kinicki, 1992).

① **존중감 지지** : 어떤 문제나 부적절함에도 불구하고, 개인이 인정받고 있고 존경받고 있다는 정보를 제공하는 것이다.

② **정보 지지** : 문제를 정의하고 이해하며, 극복하는 데 도움이 되는 정보를 제공하는 것이다.

③ **사회적 교류** : 다른 사람들과 친목을 도모하고 여가생활과 레크리에이션 활동 등을 함께 하는 것이다.

④ **도구적 지지** : 재정적 협력, 물질적 지원 및 필요한 서비스를 제공함으로써 도움을 주는 것이다.

2) 대처

스트레스에 어떻게 대응하느냐에 따라 스트레스로 인한 영향이 감소될 수도 있고 지속될 수도 있으며, 심화될 수도 있다. 대처 과정을 도식화하면 [그림 13-2]와 같다(Kreitner & Kinicki, 1992).

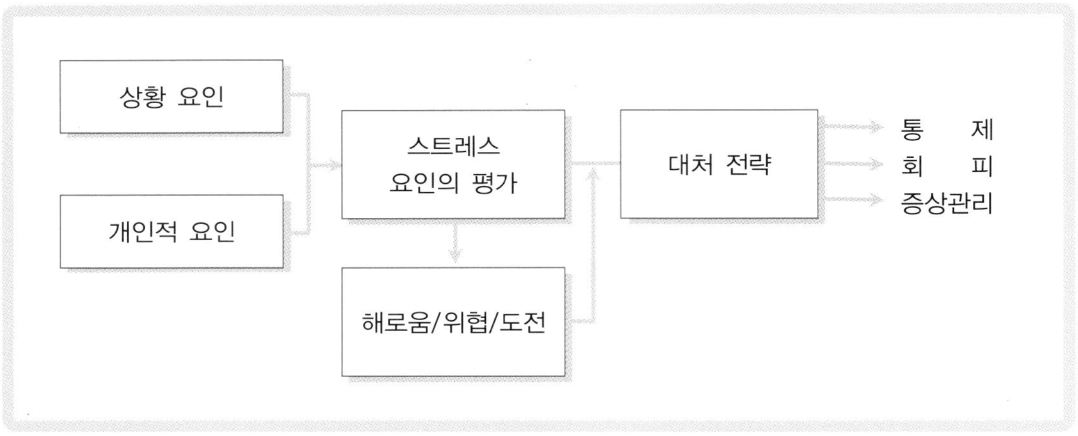

[그림 13-2] 스트레스 대처 과정의 모형

스트레스에 대한 대처 과정은 상황과 개인적 요인들, 스트레스 요인에 대한 평가 및 대처 전략 등 세 가지 요인으로 구성되며, 각각은 다음과 같다.

① **상황과 개인적 요인들** : 상황적 요인들은 개인이 스트레스 요인을 평가하는 데 영향을 미치는 환경적 특성으로서 상황에 대한 모호성, 스트레스 요인에 대한 노출의 빈도 및 사회적 지원망 등이 있다. 개인적 요인들은 스트레스 요인에 대한 평가에 영향을 미치는 개인의 사고 패턴과 성향을 말한다.

② **스트레스 요인에 대한 평가** : 평가는 상황이나 스트레스 요인에 대한 개인적 평가를 의미한다. 대표적인 것으로 상황을 해롭게 여기는 것, 위협적인 것으로 보는 것, 도전적인 것으로 받아들이는 것 등이 있다. 이러한 각각의 평가 방식은 대처하는 방법에 영향을 미치기 때문에 이를 이해하는 것은 중요하다. 해롭다고 인식하는 것은 이미 손실이 있다고 지각하는 것이고, 위협은 해로울 수 있는 잠재력을 지닌 것이라고 보는 것이며, 도전은 고된 상황에서 중요한 이익을 얻을 가능성이 있다고 보는 것이다.

③ **대처 전략** : 상황에 대처하는 데 사용되는 구체적 행위와 인식에 의해 특징지어진다. 사람들은 스트레스 요인과 스트레스를 극복하는 데 세 가지 접근법을 주로 사용한다. 첫째는 통제 전략으로서 문제해결을 위해 목표를 세우고 시간 계획을 하고 조직화하며, 실행에 옮기는 것 등이다. 둘째는 회피 전략으로서 직면한 문제 상황을 피해 버리는 것인데, 일시적인 안심과 긴장 완화의 효과를 줄 수 있을 뿐이지만 그렇기 때문에 지속되기도 한다. 셋째는 증상 관리 전략으로서 휴식, 명상 및 약물 투여 등과 같은 방법이다.

3) 강인성

강인성(hardiness)이란 부정적 스트레스 요인을 긍정적 도전으로 변환시키는 능력을 의미한다. 강인성이 있는 사람은 책임(commitment), 내적 통제 소재 및 도전 의식과 같은 심리적 강점을 지니고 있다. 책임은 수행하고 있는 일에 대한 개인의 관여 정도를 말하는 것으로, 목표 의식을 가지고 책임을 다하며, 압력에도 포기하지 않는 것 등을 말한다. 내적 통제 소재를 지니고 있는 사람은 환경과 외적 요소에 의해 자신이 좌우되는 것이 아니라 그들 자신이 그들의 인생에 영향을 미칠 수 있다고 믿는다. 따라서 스트레스 상황을 미리 예견하고, 근심을 불러일으키는 상황을 스스로 조절하거나 통제하려고 시도한다. 도전 의식이 있는 사람은 변화가 생활의 한 부분이라고 믿는다. 그러므로 변화는 안전에 대한 위협이라기보다는 성장과 발전을 위한 기회가 될 수 있다고 생각한다.

4) 인지적 복잡성

인지적 복잡성(cognitive complexity)은 의사결정을 하는 데 사용되는 정보의 양, 종류와 관계가 있다. 인지적으로 복잡한 사람은 다차원적이어서 상황을 바라볼 때 다양한 시각을 가지고 바라본다. 따라서 여러 가지 변수를 가지고 갈등하는 정보에 대처하고 복잡한 관계를 분별한다. 그러나 적정 수준 이상의 복잡성은 판단의 어려움, 피로감 등의 부정적인 결과를 초래하기도 한다.

5) 통제력

스트레스 상황에 대한 개인의 지각된 통제력은 스트레스에 대한 반응과 조절에 많은 영향을 미친다. 통제력에 대한 인식이 부족할 때는 스트레스에 보다 취약하고 민감해지며, 통제력에 대한 인식이 높을수록 스트레스 요인의 영향을 줄이고 더 잘 조절할 수 있다. 즉, 자신이 해결할 수 있다고 볼 때와 그렇지 않을 때 스트레스에 대한 반응은 다르다.

5 학업 스트레스의 개념

대부분의 청소년들이 겪고 있는 스트레스가 학업 스트레스다. 특히, 학습과 관련하여 경험하게 되는 스트레스로서 성적 부담, 성적 저하, 과제·학업 부담, 시험불안, 여가·휴식의 부족 및 성적으로 인한 부모와의 갈등 등이 학업 스트레스를 일으키는 요인이 될 수 있다. 오늘날 우리나라의 학교 교육은 대부분이 입시 위주여서 청소년들은 과도한 입시 경쟁의 부담과 성적에 대한 압박감을 겪고 있다. 고등학생들이 학교생활에서 받고 있는 스트레스에 관한 조사 연구에 따르면, 학생들은 시험과 평가에 대한 불안, 긴장 등으로 인해 심한 좌절과 우울, 초조감을 경험하고 있으며, 대인관계나 가정보다도 공부 문제가 더 큰 스트레스 요인이 되고 있다(원호택, 이민규, 1987).

이러한 학업 스트레스로 인하여 고등학생들은 교사에 대한 미움, 실망, 의욕 상실, 가출 유혹, 술, 담배 및 기성세대에 대한 비난 등의 부적응을 겪을 수 있다(이명희, 1989). 또한 대학 입시 스트레스에 대한 통제 가능성과 귀인 양상이 우울증과 자살에 미치는 효과에 대한 연구(박광배, 신민섭, 1991)에 의하면, 자살 생각은 주로 부모, 이성, 선생님과의 대인적 갈등에서 유발되며, 갈등의 원인으로 학습 문제와 외모에 대한 고민을 꼽았다. 또한 중학생들 역시 학업 성적 문제, 부모와의 관계 문제, 본인의 심리적 문제 순서로 스트레스를 받고 있음이 확인이 되고 있으며(이경희, 1995), 이러한 추세는 초등학생에게까지 확대되고 있는 것으로 보인다.

6 청소년들의 스트레스 대처 방식

스트레스 대처에 관하여 합의된 이론과 개념 정의에 관한 시도는 오늘날까지 계속되고 있는데, Lazarus(1966)에 의한 대처의 정의가 가장 많이 인용되고 있으며, 가장 많은 지지를 얻고 있다. 흔히 대처 방식은 문제중심적 대처와 정서중심적 대처로 구분된다. 문제 중심 대처는 스트레스 인자를 변경시켜 문제를 해결하려는 시도로서 정보 수집, 계획 세우기, 문제해결에 도움이 되는 지식이나 기술을 획득하기 등 도구적이며 과제지향적인 행위를 포함한다. 정서 중심 대처는 스트레스 인자가 수반하는 또는 스트레스 인자의 결과로 생기는 정서적 상태를 관리하거나 조절하려는 시도로서 소망적 사고, 수용, 사회적 지지 추구, 긍정적으로 생각하기, 자기 비난, 긴장 감소 및 다른 사람들이 알지 못하도록 간직하기 등과 같은 대처 방식을 포함한다.

청소년들을 대상으로 한 대처에 관한 연구들은 Patterson과 McCubbin(1987)이 〈Adolescent Self Report Coping Inventory〉를 제작하면서 시작되었다. 한편, Frydenberg와 Lewis(1993)는 청소년들이 주로 사용하는 18가지 대처 방식을 측정하는 도구를 개발하였다(〈표 13-2〉 참조). 국내에서도

〈표 13-2〉 **청소년 스트레스 대처 척도의 18개 하위 요인과 그 의미**

대처 방식	의 미
계획적 문제해결	문제해결을 위하여 다양한 입장에서 문제를 고려하고 해결하는 시도
근면 성취	성실하게 일에 몰두하여 대처하려는 시도
사회적 지원 추구	문제를 다루는 데 있어서 다른 사람들로부터 격려와 지지를 구하려는 시도
긍정적 사고	스트레스 상황을 긍정적으로 해석하거나 비교하려는 시도
소망적 사고	긍정적인 결과를 예상하거나 희망적으로 생각하여 대처하려는 시도
기분 전환	기분을 전환하거나 휴식을 취할 수 있는 방법으로 대처하려는 시도
운동 여가	운동을 하여 건강을 유지하려는 시도
긴장 완화	기분을 발산하여 긴장을 감소시키려는 시도
자기 비난	문제에 대한 자신의 책임을 강조하거나 비난하려는 시도
소속 추구	다른 사람들(그룹)과의 관계를 좋게 유지하여 대처하려는 시도
전문가 도움 추구	전문적 상담이나 도움을 청하려는 시도
걱 정	미래나 현재 상황에 관하여 걱정하며 대처하려는 시도
문제 · 감정 은폐	사회적으로 철회하여 다른 사람들이 자신의 문제나 감정을 알지 못하도록 하려는 시도
문제 무시	문제를 의식적으로 생각하지 않으려는 시도
친구와 친밀한 관계 유지	친구와 친밀한 관계에 몰입하여 대처하려는 시도
종교적 대처	기도를 하거나 종교적 신념을 강하게 갖고 대처하려는 시도
사회적 활동	다른 사람들에게 자신의 문제를 알리거나 문제를 다루는 모임에 참석하여 대처하려는 시도
포 기	문제를 해결할 능력이 없음을 받아들이거나 신체 증상을 나타내면서 포기하려는 시도

김교헌과 전겸구(1993)에 의해 중학생들의 대처 방식을 측정하는 척도가 개발되었는데, 적극적 문제해결, 외적 감정 발산, 사회적 지원 추구, 내적 감정 억제, 내적 감정 발산, 거리 두기, 체념과 철수 및 긍정적 비교 등 여덟 가지 대처 방식들이 포함되어 있다.

7 효율적인 스트레스 대처 방안

스트레스에 효과적으로 대처하는 데에는 두 가지 접근 방식이 있다. 첫째, 개인의 대처능력을 향상시키는 예방적인 준비다. 성장지향적인 생활 방식의 변화, 자존심의 향상이나 능력의 개발 및 인간관계 기술의 향상 등이 여기에 포함된다. 둘째, 특정한 스트레스 상황에 대처하는 좋은 방법을 익히는 것이다.

스트레스에 효과적으로 대처하려면 마음가짐이 중요한데, 이는 네 가지로 요약할 수 있다. ① 스트레스를 인생에서 불가피한 것으로 받아들인다. ② 스트레스를 해결할 수 있는 문제로 본다. ③ 스트레스를 성장을 위한 도전으로 받아들인다. ④ 직면하고 있는 스트레스의 성격과 특성을 잘 파악하고 이해한다.

스트레스에 대한 대처 방법과 관련하여, 외적 상황과 관련된 스트레스와 스트레스에 대한 개인적 대처능력 및 스트레스 대처를 위한 사회적 지지에 대해서 살펴보면 다음과 같다.

1) 외적 상황에 대한 스트레스

과도한 업무와 학업 부담, 생활 변화 및 상황의 불확실성으로 인한 스트레스가 여기에 포함될 수 있다. 이들 각각에 대한 효과적인 대응법을 살펴보면 다음과 같다.

① 과도한 업무와 학업 부담에 효과적으로 대응하는 법

- 우선순위를 정한다.
- 원만한 해결을 위해서 효과적인 의사소통 방식을 습득한다.
- 문제를 세분화하여 단계적으로 처리해 나간다.
- 사소한 일이라도 그때그때 끝맺음을 확실히 한다.
- 염려하거나 걱정에 소요되는 시간을 따로 할당한다.
- 결정을 미루지 않는다.

② 생활 변화와 관련된 스트레스에 효과적으로 대응하는 법

- 주어진 생활 변화를 검토하고 열거한다.
- 불가피한 변화와 조절 가능한 변화를 구분한다.
- 불가피한 변화는 수용하고, 조절 가능한 변화는 불가피한 변화에 적응할 때까지 잠시 미루어 둔다.

③ 상황의 불확실성과 관련된 스트레스에 효과적으로 대응하는 법

- 인생에 있어서 불확실성을 현실로 인정한다.
- 필요한 정보를 찾고 구한다.
- 새로운 상황에 익숙해질 수 있는 다양한 행동을 시도한다. 한 예로, 전학 간 학교에서 낯설음을 극복하기 위해 평소 즐겨 입던 옷이나 소품을 사용한다.

2) 스트레스에 대한 개인적 대처능력

스트레스는 외부 환경에 의해서만이 아니라 개인이 그 스트레스 사건을 어떻게 지각하고 해석하느냐에 따라서도 달라진다. 개인의 성격적인 요소, 내부 규칙과 사고방식이 여기에서 다루어질 수 있다.

① 스트레스와 관련된 개인의 성격적인 요소에 대한 재고 및 탐색

- 귀인 방식과 통제의 소재에 관한 이해와 재고 : 외적 통제자는 스트레스 상황에서 쉽게 위협을 느끼고 무기력한 반응을 보이는 반면, 내적 통제자는 정보를 추구하는 등 적극적인 대처를 행사하는 경향이 많다.
- 환경에 대한 민감성과 감정억압적 측면에 대한 이해와 재고 : 환경에 대한 지나치게 높은 민감성과 지나친 감정 억제는 일상생활에서 긴장도를 높이고 능률적이고 합리적으로 생각하는 데 어려움을 줄 수 있다.

② 개인의 내부 규칙과 사고방식에 대한 재고 및 탐색

- 내적인 규칙과 사고방식을 의식한다.
- 규칙이나 사고방식에 수반되는 생각을 검토한다.
- 규칙과 사고방식을 타인과 공유하며 토론해 본다.
- 규칙과 사고방식을 논박해 본다.
- 규칙과 사고방식을 바꾸어 본다.
- 기존의 것과 변경된 것 간의 차이를 비교해 본다.

③ **사회적 지지** : 스트레스 대처에 활용되는 자원 가운데 타인이나 사회 및 전문 기관에서 얻을 수 있는 도움이 있는데, 이를 사회적 지지라고 할 수 있다. 사회적 지지는 스트레스의 효과를 완충시키는 작용을 할 수 있다. 사회적 지지는 개인이 스트레스 상황에 대처할 수 있도록 직접 도움을 주는 경우와 정보 제공, 의견 제시 등으로 조력하는 경우가 있으며, 심리적, 정서적 지원을 제공해 주는 경우가 있다. 이는 특히 전문 기관에서 심리치료나 상담 과정을 통해 이루어질 수 있는 것으로 공감, 애정, 관심, 격려 및 적절한 교육과 해석 등을 통해 심리적인 성숙과 안정감을 도모하고, 자존감을 강화시키며, 스트레스에 대처할 수 있는 힘을 키울 수 있도록 하는 것이다.

원호택 등(1992)은 환경과 개인의 상호작용을 중시하는 Lazarus의 스트레스 대처 모형을 부분적으로 수정하여 대학생들의 공부 스트레스 대응 훈련 프로그램을 개발하였다. 이 프로그램에서는 스트레스 요인들에 대한 개인의 평가와 사회적 지지가 스트레스 반응을 유발하는 데 큰 영향을 주는 것으로 보기 때문에 각 단계별로 대처 훈련을 실시한다([그림 13-3] 참조).

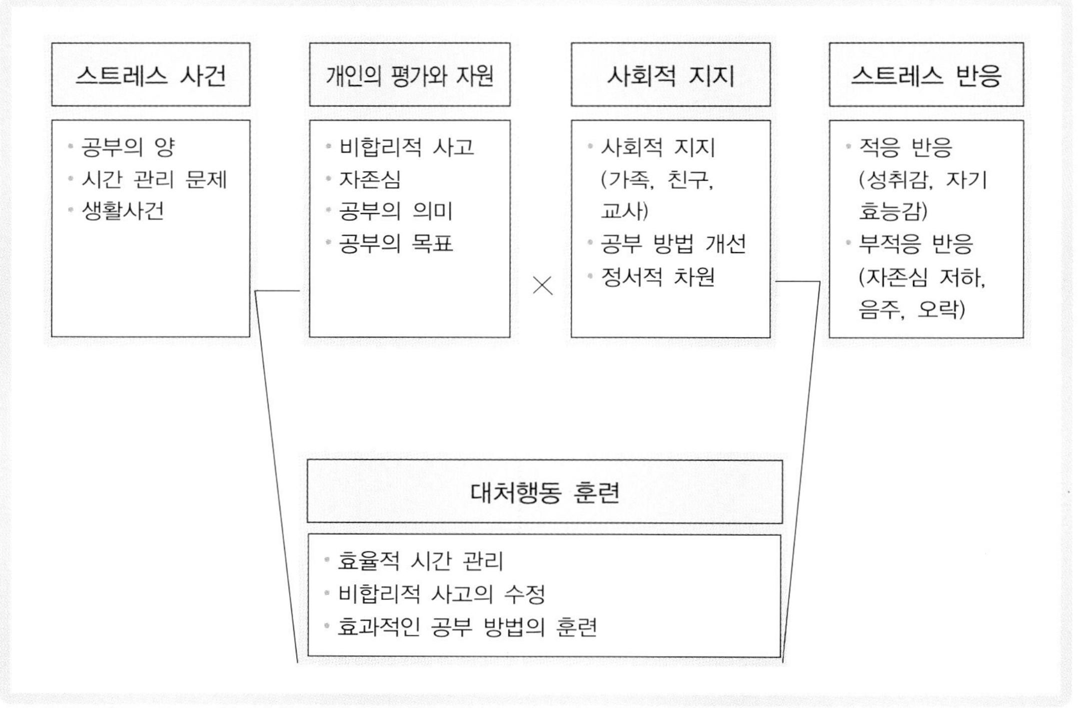

[그림 13-3] 학업 스트레스 대처 훈련을 위한 개념 모형

스트레스 사건에 대한 이해와 관련하여 공부, 시간 관리 및 기타 생활사건의 유무와 정도를 확인한다. 개인의 평가와 자원과 관련하여 비합리적 사고, 자존심, 학습 목표와 의미를 다룬다. 또한 사회적 지지 체계를 확인하고 수정하며, 결과로서 스트레스 반응에 대한 자기 인식과 이해를 높인다. 각 단계와 과정에서 효율적인 시간 관리, 비합리적 사고의 수정 및 효과적인 공부 방법에 관한 훈련이 적절히 활용된다.

8 프로그램의 내용 및 지침

1) 프로그램의 내용

프로그램의 내용	세부 활동	
스트레스의 개념 이해	• 스트레스의 정의 • 스트레스에 대한 반응	
스트레스의 탐색	• 스트레스의 평가 • 스트레스의 정도 확인 및 순위 매기기	
스트레스의 대처 전략	의사소통 중심의 문제해결 전략	• 스트레스의 출처를 확인하고 표현하기 • 스트레스와 관련된 생각, 감정 및 행동을 찾기 • 내가 알고 있는 감정의 종류 • 감정의 분류 • 감정을 세분화하기 • 생각-감정-행동의 결과를 인식하기 • 효과적인 의사소통법
	영역별 대응 방안	• 책임감 인식하기 • 스트레스에 효과적으로 대응하기 위한 마음가짐 • 과도한 과제와 학업 스트레스에 효과적으로 대응하는 법 • 대인 간 스트레스에 효과적으로 대응하는 법 • 불확실성과 관련된 스트레스에 효과적으로 대응하는 법 • 자신의 생각에 효과적으로 대응하는 법
	적응 및 예방 전략	• 스트레스와 친해지기 • 나 자신과의 약속

2) 프로그램의 지침

이 프로그램의 내용은 기본적으로 Lazarus를 비롯한 여러 학자들의 조망과 설명에 기초하여 구성되었다. 학업 스트레스 대처 훈련의 주 내용으로는 우선, 스트레스 개념에 대한 이해, 스트레스 근원에 대한 탐색, 개인적 차원에서의 비합리적인 사고의 수정(제10장 '시험불안 다루기 전략'에서 다루어지고 있음), 효율적인 시간 관리, 학습 목표의 확인과 동기 증진, 자기 주장과 효과적인 의사소통법, 효과적인 공부 방법의 습득 및 시험불안 다루기 등이 포함될 수 있다.

이 장에서는 다른 장에서 독립적으로 다루어지는 내용을 제외한 스트레스 개념에 대한 이해, 스트레스에 대한 자기 평가, 의사소통 중심의 문제해결 전략을 포함하는 몇 가지 스트레스 대처 전략에 해당하는 내용만을 다룬다. 효과적인 시간 관리, 학습동기, 시험불안 및 효과적인 공부 방법의 습득과 관련된 내용은 각각의 독립된 장을 참조하기 바란다.

참고문헌

김교헌, 전겸구(1993). 중학생용 생활 스트레스와 대처 척도의 개발연구 I. **한국심리학회지: 임상, 12**, 197-217.

박광배, 신민섭(1991). 고등학생의 지각된 스트레스와 자살생각. **한국심리학회지: 임상, 10**, 298-314.

원호택, 김계현, 이명선, 이훈진(1992). 대학생의 공부 스트레스 훈련 프로그램. **학생생활연구(서울대학교), 27**, 1-23.

원호택, 이민규(1987). 고등학교 재학생들의 스트레스. **한국심리학회지: 임상, 6**, 22-32.

이경희(1995). 청소년의 스트레스에 관한 연구. 숙명여자대학교 대학원 박사학위논문.

이명희(1989). 고등학생의 스트레스와 그에 따른 장애에 관한 연구. 계명대학교 교육대학원 석사학위논문.

Frydenberg, E., & Lewis, R. (1933). *Adolescent coping scale: Administrator's manual.* Australia: The Australian Council for Educational Research.

Holmes, T. H., & Rahe, R. H. (1967). The Social Readjustment Rating Scale. *Journal of Psychosomatic Research, 11,* 213-218.

Kreitner, R., & Kinicki, A. (1992). *Organizational behavior* (2nd ed.). Boston, MA: Irwin.

Lazarus, R. S. (1966). *Psychological stress and the coping process.* New York: McGraw-Hill.

Lewin, K. R. (1935). *A dynamic theory of personality.* In K. E. Zener & D. K. Adams (trans). New York: McGraw-Hill.

Patterson, J. M., & McCubbin, H. I. (1987). Adolescent coping style and behaviors: Conceptualization and measurement. *Journal of Adolescence, 10,* 163-186.

Schemerhorn, J. R. Hunt, J. G., & Osborn, R. N. (1991). *Managing organizational behavior.* (5th ed.) N.Y: John Wiely & Sons.

Seyle, H. (1956). *The stress of life.* New York: McGraw-Hill.

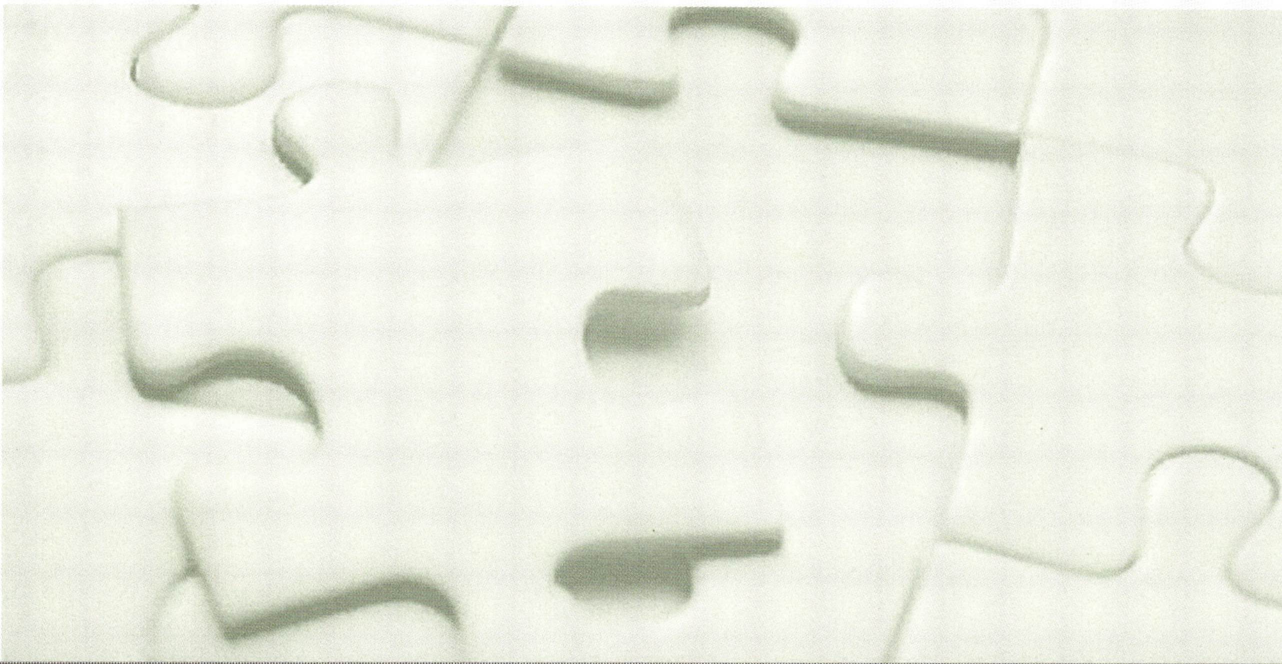

전문가용 학습치료 프로그램 지침서

문제 및 답안의 예시

사용 지침

답안의 예시는 주의집중력 향상 전략, 기억력 향상 전략, 효과적인 읽기 및 필기 전략, 효과적인 외국어 학습 전략, 수학적 문제해결 전략 및 기초학습능력 향상 전략에 제한하였다. 각자의 주관적 견해나 창의성이 강조될 수 있는 사고력 향상 전략의 예제, 추론 중심의 문제 및 답을 쉽게 확인할 수 있는 문제의 경우는 답안 예시에서 제외하였다. 답이 제시되어 있더라도 주관식 문제의 경우에는 하나의 예시로서만 참조하기 바란다.

3. 단계별 주의집중력 향상 전략 : 4) 청각적 주의집중력 향상 : (1) 듣고 따라 말하기 1

⇨ 워크북 p.44

들려주는 문장을 잘 듣고 그대로 따라 말해 보세요.

1. 새 집으로 이사 온 밤. 비 오고 바람 불고 천둥 치던 밤.

2. 뒷산에 뒷산에 도깨비가 나와 우리 집 지붕에 돌팔매질하던 밤.

3. 덧문을 닫고 이불을 쓰고 엄마한테 붙어 앉아 덜덜 떨다가
자려고 자려고 마악 드러누우면

4. 또, 탕 탕 떼구르르 통! 귀를 막고 눈을 감고
그래도 탕 탕 떼구르르 통!

5

이튿날 아침 뒷산에 뒷산에 가보니까 복숭아나무 썩은 열매가
바람에 불려 떨어져서 탕, 탕, 생철 지붕을 치고는 떼구르르 굴러내려 땅으로 퉁!

6

뉘 집 논이 얼만지 모두 알고
뉘 집 밭이 어딨는지 모두 압니다.
예로부터 살아오는 한 동네 사람

7

저 개는 뉘 집 갠지 그것도 알고
이 소는 뉘 집 손지 모두 알지요.
식구처럼 모여 사는 한 동네 사람

8

숙제를 좀 미루어도
엄마는 나를 사랑하시지만
안 놀아 주면

9

너랑 장난치다가
냄새 나는 화장실 청소를 한다.
그래도 좋은 나의 친구야.

10

아빠 말씀 선생님 말씀 까맣게 잊고
PC방 앞을 기웃거릴 때
가자, 공 차러 가자. 내 손을 잡아 끄는 너.

[출처 : 초등6 국어 교과서]

3. 단계별 주의집중력 향상 전략 : 4) 청각적 주의집중력 향상 : (2) 듣고 따라 말하기 2

⇨ 워크북 p.46

들려주는 문장을 잘 듣고 그대로 따라 말해 보세요. (학생의 수행 수준에 따라 차등을 두어 끊어서 읽어 주세요.)

1

혼자서 빈집을 지키고 있는 날 어쩐지 마음 한쪽 이상해진다.
두 손으로 꾹꾹 눌러 보지만 뭔지도 모르게 울컥해진 마음.
어쩌다 마주친 어머니 사진이 오늘따라 더욱더 가깝게 보인다.

2

"한마루! 이리 나와 봐."
일기 검사를 하시던 선생님께서 마루를 부르십니다. 순간 마루는 가슴이 철렁합니다. 어제 저녁, 일기가 너무나 쓰기 싫어서 시로 썼거든요. 연이 바뀔 때마다 한 줄씩을 띄어서 썼는데도 빈칸이 남아서 나머지는 그림으로 채워 놓았지요.

3

지구는 물이 풍부한 곳이야. 70퍼센트 이상이 물이거든. 하지만 그 물의 97퍼센트는 바닷물이고, 나머지도 대부분 남극과 북극에 있는 얼음이라서 우리가 쓸 수 있는 물은 그렇게 많지 않단다.

4

너희 부모님들이 너희만한 나이 때에는 비가 오면 항아리에 빗물을 한가득 받아 놓았어. 어느 집이나 장독대 옆에 물독대가 있었지. 받아 놓은 빗물로 청소도 하고 빨래도 했는데, 빗물로 빨래를 하면 때가 더 잘 빠졌단다.

5 즐거운 날 밤에는 한 개도 없더니 한 개도 없더니
마음 슬픈 밤에는 하늘 가득 별이다.
수만 개일까 수십만 개일까.
울고 싶은 밤에는 가슴에도 별이다. 온 세상이 별이다.

6 한 낱의 잎이 지면 뻥 뚫린 잎의 자리를 하늘이 채운다.
또 한 낱의 잎이 지면 그 허전한 잎의 자리를 햇살이 머문다.
또 한 낱의 잎이 지면 그 아픈 잎의 자리를 바람이 와 감긴다.

7 노인과 소년이 마을에 흘러든 것은 저녁 어스름이었다. 곱게 노을진 하늘에는 구름송이들이 바람에 밀려 흩어지고 있었다. 언뜻 보기에 두 사람은 아버지와 아들 같기도 했고, 또 달리 보면 할아버지와 손자 같기도 했다.

8 바로 그 순간 한 소녀가 그곳을 지나가고 있었다. 소녀는 맨발이었고, 부모가 가난했기 때문에 새 옷을 사 줄 수가 없어서 헝겊을 더고 기운 옷을 입고 있었다. 소녀가 눈을 커다랗게 뜨고 낡은 곰돌이를 바라보다가 물었다.

9 곰돌이 인형은 비록 몸 속이 톱밥과 스펀지로 채워져 있기는 했지만, 가슴이 온통 따스해지는 것을 느꼈다. 소녀가 그를 안고 콧잔등에 입맞춤했다. 그 순간부터 워셔블은 다시 누군가의 친구가 되었다. 그리고 둘은 행복했다.

[출처 : 초등6 국어 교과서]

3. 단계별 주의집중력 향상 전략 : 5) 청각적 주의집중력 향상 : (1) 잘못 읽고 있는 부분 찾기 1

⇨ 워크북 p.48

들려주는 글을 잘 듣고 잘못 읽고 있는 부분을 찾아서 표시하세요.

(밑줄 친 곳을 틀리게 읽어 주세요. 연습할 때마다 변화를 주어도 좋습니다.)

1 운동을 한 후에 호흡이 불규칙적으로 빨라지는 이유는 우리 몸에 산소가 많이 필요해져서 필요한 산소를 빨리 공급하기 위해서다.

2 소화 불량이나 설사는 음식물과 함께 유해한 세균이 우리 몸에 들어올 때나 불규칙한 식사를 할 때 또는 식사량이 지나치게 많을 때 일어날 수 있다.

3 우리 속담에 '아니 땐 굴뚝에 연기 나랴?'라는 속담이 있는데, 이와 비슷한 영어 속담이 있다. 'Where there is smoke, there is fire.'

4 오페라는 하나의 이야기를 노래, 대사, 몸짓, 무용 등으로 표현하는 종합 무대 예술로, '가극'이라고도 한다. 뮤지컬은 노래와 춤이 중심이 되어 무용과 연극적인 요소가 조화를 이룬 현대적인 음악극이다.

5 오스트레일리아는 18세기 말경 영국인 제임스쿡의 탐험으로 알려지게 되었다. 오스트레일리아는 풍부한 지하자원을 가지고 있어서 마치 거대한 광산과 같은 나라다.

[출처 : 초등6 과학 · 음악 · 사회 · 영어 교과서]

6 원뿔은 밑면이 원이고 옆면이 곡면인 뿔 모양으로 이루어져 있다. 원뿔의 뾰족한 점을 원뿔의 꼭지점이라 하고, 원 모양의 평면을 밑면이라고 하며, 곡면인 면을 옆면이라고 한다.

7 웨스트 사이드 스토리는 세익스피어의 비극 '로미오와 줄리엣'을 현대적인 배경으로 내용을 바꾼 것으로, 뉴욕의 뒷골목 웨스트사이드를 무대로 불량 청소년 집단의 싸움에 말려든 토니와 마리아의 비극적인 사랑에 관한 이야기다.

8 설계도는 실제 표현 작업에 필요한 준비와 계획, 생각 등을 자세히 기록하고 그림으로 나타낸 것이다. 주로 건축 조형물을 디자인할 때 필요하며, 이를 통해 건축물의 형태, 재료, 색, 치수, 구조, 설치 방법, 활동, 일정 등을 자세히 알 수 있다.

9 평판화라고도 하는 모노타이프는 평평한 면에 잉크를 묻혀 찍어 내는 방식이다. 물과 기름의 반발 원리를 이용한다. 펜이나 붓 등의 터치가 그대로 살아나 회화적인 표현이 가능하다. 일반 판화와 다른 점은 밑그림을 그리지 않기 때문에 단 한 장 밖에 찍을 수 없다는 것이다.

10 한국 전통 음악을 소개하는 자리에서 자주 볼 수 있는 공연의 하나가 사물놀이다. 사물놀이는 꽹과리, 북, 장구, 징 등 네 가지의 타악기만으로 구성된 놀이인데, 이는 예로부터 널리 행해진 풍물놀이에 뿌리를 두고 있다. 풍물놀이는 농악을 달리 이르는 말인데, 농사와 직접 관련하지 않고도 널리 행해지기 때문에 풍물놀이라는 말이 많이 사용되고 있다.

[출처 : 초등6 수학 · 음악 · 미술 교과서]

3. 단계별 주의집중력 향상 전략 : 5) 청각적 주의집중력 향상 : (2) 잘못 읽고 있는 부분 찾기 2

⇨ 워크북 p.50

들려주는 글을 잘 듣고 잘못 읽고 있는 부분을 찾아서 표시하세요.

1

마법의 왕국에서 이집트 왕자 타미노는 밤의 여왕의 딸인 파미나의 사진을 보고 사랑에 빠진다. 이때 밤의 여왕이 나타나 악마에게 잡혀 있는 자기 딸을 구해 달라고 한다. 타미노에게는 마술 피리를 주고, 새잡이 파파게노에게는 은으로 만든 마법의 종을 주고, 세 소년의 도움을 받게 한다. 우여곡절 끝에 밤의 여왕이 악인임이 드러나고 지옥에 떨어진다. 그리고 타미노와 파미나는 결혼식을 올린다.

2

옛날 어느 마을에 가난한 선비가 살았는데, 하루는 친구 집에서 아들을 장가 보낸다는 소식을 들었습니다. 가서 축하해 주는 것이 마땅하겠으나 당장 입고 갈 옷 하나 변변치 않아 선물만 보내기로 하였습니다. 선물이라고 하지만, 가난한 살림이라서 별다른 것을 보낼 수도 없었습니다. 그러나 축하하는 마음만은 누구 못지 않았습니다. 가난한 선비는 달걀 열두 개를 사람 편에 보내면서 편지를 썼습니다. "자네가 며느리를 맞이한다니 얼마나 기쁜 일인가? 여기 막 부화하려는 달걀 열두 개로 삼가 축하의 뜻을 전하네. 신랑 신부가 이 달걀처럼 둥글고 알차게 살기를 바라네. 또 달걀이 열둘이니 열두 달 내내 복을 받고 자손도 병아리만큼 많이 두고, 그 병아리가 자라듯 살림도 번창하기를 바라네. 겉으로 백옥 같고 속은 황금과 한 가지이니 옥으로 받아서 황금처럼 쓰시게." 선물과 편지를 받은 신랑 아버지는 무척 기뻤습니다. "아, 세상에 이보다 더 큰 축하의 뜻이 담긴 선물이 어디 있겠는가? 이 편지를 가보로 남겨 두리라." 그러면서 혼례를 마치면 술자리를 한번 마련하겠다고 답장을 써서 보냈습니다. 가난한 선비는 자기의 마음을 알아 주는 친구가 무척 고마웠습니다. 달걀 열두 개로 두 사람의 우정이 더욱 두터워졌습니다.

[출처 : 초등6 국어 교과서]

3

우리말에는 눈을 가리키는 다양한 말이 있습니다. 빗방울이 하늘에서 갑자기 찬바람을 만나면 부스러진 쌀 모양의 눈이 됩니다. 이런 눈을 싸라기눈이라고 부릅니다. 부스러진 쌀을 싸라기라고 하는데, 눈이 싸라기 모양을 하고 있다고 해서 그렇게 부르는 것입니다. 줄여서 싸락눈이라고도 합니다. 가늘게 내리는 비를 가랑비라고 하지요. 가랑비처럼 조금씩 잘게 내리는 눈은 가랑눈이라고 합니다. 가랑눈과 비슷한 가루눈이라는 것도 있습니다. 가루 모양으로 내린다고 해서 가루눈이라고 하는데, 날이 춥고 건조할 때에 볼 수 있습니다. 반대로, 탐스럽고 굵게 내리는 눈이 있습니다. 그것을 함박눈이라고 합니다. 갑자기 세차게 쏟아지다가 곧 그치는 비를 소나기라고 합니다. 소나기처럼 갑자기 많이 내리는 눈을 소나기눈이라고 하는데, 흔히 폭설이라고도 합니다. 비와 섞여서 내리는 눈도 있습니다. 이런 눈을 진눈깨비라고 부릅니다. 물기가 많은 밥을 진밥이라고 하듯이, 눈에 물기가 많아 진눈깨비라고 합니다. 그런가 하면, 비가 섞이지 않고 온전히 눈만 내릴 때가 있습니다. 이렇게 내리는 눈은 마른눈이라고 합니다. 이 마른눈이 내려야 눈꽃을 볼 수가 있습니다.

4

“너 남학생한테서 연애 편지 받았지?” 나는 시치미를 뚝 떼고 이렇게 말했다. 딸은 내 얼굴을 빤히 바라보며 생긋 웃었다. “아빠, 어떻게 알았어요?” 아비와 자식 사이에는 정말 텔레파시라는 게 있는 것일까? 딸은 제 방으로 가서 편지 하나를 가지고 나왔다. “아빠, 여기.” 편지를 건네주는 딸이 대견하다는 생각을 하면서 편지 봉투를 열었다. 남학생한테서 처음으로 편지를 받은 내 딸을 축복하듯 밝은 햇살이 거실 가득 쏟아져 들어왔다. 그러나 편지를 펴서 본 나는 정신이 아득해졌다. 그 편지의 첫 장은 알 수 없는 부호로 시작되고 있었다. (중략) 오후가 되어 중학생인 아들이 학교에서 돌아오자, 그 편지를 보여 주었다. 아들은 그것을 보더니 모스 무선 전신 부호라고 금방 알아보았다. 소년 소녀 백과사전에서 그런 부호를 본 적이 있다고 했다. 아들 녀석은 제 방으로 가서 한 시간도 더 넘게 뜸을 들이더니, 마침내 신비한 편지를 해석해 가지고 나에게로 왔다. 아들이 풀어 낸 편지는 이런 말이었다.

‘가혜, 안녕? 비록 짧지만 평소에 꼭 해 보고 싶었던 말이다.
추석 잘 지냈니? 별이 빛나는 밤에 연필을 들었다.
왠지 네 옆에만 가면 가슴이 두근두근하고 도망가고 싶었다.
기분 탓일까?
난 빨리 키가 크고 싶다.’

[출처 : 초등6 · 중2 국어 교과서]

3. 단계별 주의집중력 향상 전략 : 6) 청각적 주의집중력 향상 : (1) 듣고 생각해서 대답하기 1

⇨ 워크북 p.52

들려주는 문장을 잘 듣고 질문에 답해 보세요.

1

고구려의 시조는 주몽으로 압록강 중류 지역의 졸본에서 일어났다.

- 고구려의 시조는? 주몽
- 졸본의 위치는? 압록강 중류

2

어떤 우물가에 큰 알이 있어 사내아이가 태어났다. 박처럼 생긴 알에서 태어났다고 하여 성을 박이라 하고, 세상을 환하게 밝힐 인물이라 하여 이름을 혁거세라 하였다.

- 큰 알이 있던 장소는? 우물가
- 혁거세의 의미는? 세상을 환하게 밝힐 인물

3

태학은 고구려의 국립 학교로서, 우리나라 학교 교육의 시초가 되었다. 상류층 자제들에게 경학, 문학, 무예 등을 가르쳤다.

- 태학의 성격은? 국립 학교
- 태학에서 가르친 과목들은? 경학, 문학, 무예

4

진흥왕 37년 화랑도가 조직되었다. 화랑도는 신라 귀족 출신의 화랑과 낭도들로 구성되었으며, 화랑도 정신은 신라가 삼국을 통일하는 원동력이 되었다.

- 화랑도가 조직된 때는? 진흥왕 37년
- 화랑도는 어떻게 구성되어 있나? 신라 귀족 출신의 화랑과 낭도
- 신라가 삼국을 통일한 원동력이 된 정신은? 화랑도 정신

5

성덕대왕 신종은 보통 에밀레종이라고 한다. 우리나라에서 두 번째로 오래된 종으로 771년에 만들어졌다.

- 에밀레종의 다른 이름은? 성덕대왕 신종
- 에밀레종이 만들어진 때는? 771년

6

장보고는 완도에 청해진을 세워 군사를 기르고 배를 만들어 해적들을 소탕했다. 청해진을 중심으로 중국-신라-일본의 해상권을 잡았다.

- 청해진은 어디에 세워졌나? 완도
- 몇 개 나라의 해상권을 주도했나? 중국, 신라, 일본 세 나라

7

해동성국은 발해의 선왕 때 나라의 세력이 커지고 문화가 크게 발달하여 당으로부터 불려진 이름이다.

- 누가 해동성국이라 칭했나? 당나라
- 해동성국이라 칭해진 때는? 발해의 선왕 때

[출처 : 초등6 사회 교과서]

3. 단계별 주의집중력 향상 전략 : 6) 청각적 주의집중력 향상 : (2) 듣고 생각해서 대답하기 2

⇨ 워크북 p.55

들려주는 문장을 잘 듣고 질문에 답해 보세요.

1

초현실주의 작가인 달리는 흐느적거리는 듯한 모양의 시계를 통해 흘러가는 시간과 인간의 무의식을 표현하고자 하였다.

- 달리는 어떤 사조의 작가인가? 초현실주의
- 시계를 통해 무엇을 표현하고자 했나? 흘러가는 시간과 인간의 무의식

2

입체주의는 물체의 모양을 분석하여 그 구조를 기하학적인 점이나 선, 면 등으로 다시 구성한 것이다. 로망스의 '어릿광대'는 입체주의 작품의 한 예로, 어릿광대의 모습을 단순한 형태(원뿔과 원기둥)의 테두리를 이용하여 형상화한 작품이다.

- 입체주의란? 물체의 모양을 분석하여 그 구조를 기하학적인 점이나 선, 면 등으로 재구성한 것
- 어릿광대의 작가는? 로망스
- 어릿광대의 모습을 어떻게 표현했나? 단순한 형태(원뿔과 원기둥)

3

배색이란 목적과 기능에 알맞게 미적인 효과를 얻기 위하여 두 가지 이상의 색채를 의도적으로 짜서 맞추는 것을 말한다. 한 가지 색을 사용하는 것보다 다양한 느낌을 줄 수 있다. 유사색끼리의 배색은 적당한 통일감을 주고, 반대색끼리의 배색은 강렬한 느낌을 줄 수 있다. 계통색끼리의 배색은 온화한 느낌을 줄 수 있다.

- 배색이란? 미적인 효과를 얻기 위해 두 가지 이상의 색채를 의도적으로 짜서 맞추는 것
- 통일감을 주려면 어떤 배색이 좋은가? 유사색끼리의 배색
- 온화한 느낌을 주려면 어떤 배색이 좋은가? 계통색끼리의 배색

4

입체도형의 공통점과 다른 점을 찾을 때는 구성요소를 비교한다. 즉, 밑면의 모양, 옆면의 모양, 밑면의 수, 옆면의 수, 꼭지점의 수, 모선, 높이 등을 비교한다.

- 원기둥과 원뿔의 공통점은 무엇인가? 밑면의 모양, 밑면의 수
- 입체도형을 분석할 때 비교해야 할 각각의 구성요소들을 위의 물음에서 언급한 것을 제외하고 두 가지를 더 말해 보라. 꼭지점의 수, 모선, 높이 등

5

약 2300년 전 아르키메데스는 원주율이 약 3.14임을 알아내었다. 따라서 원주를 구하는 공식은 원의 지름×3.14 혹은 반지름×2×3.14이다.

- 지름이 16cm인 원의 원주는? 50.24cm
- 원주율을 발견한 사람은? 아르키메데스

6

It was a holiday yesterday. I visitec my grandparents in Busan. I played basketball with my cousins. It was great.

- 주인공은 언제 할아버지댁을 방문했나? 어제
- 할아버지댁은 어디에 있나? 부산
- 가서 누구와 무엇을 했나? 사촌과 야구를 했다.

7

This Saturday is my birthday. I will have a birthday party at pm 2. Would you li k eto come to my house? I want to invite you. Come and have some fun.

- 주인공의 생일파티가 열리는 요일, 시간과 장소는? 토요일, 오후 2시, 집

[출처 : 초등6 미술 · 수학 · 영어 교과서]

3. 단계별 주의집중력 향상 전략 : 7) 청각적 주의집중력 향상 : (1) 듣고 생각해서 대답하기 3

⇨ 워크북 p.58

들려주는 문장을 잘 듣고 질문에 답해 보세요.

1

풀밭의 한가운데 파란 호수가 있었다. 반짝이는 물살 위로 멋진 깃털이 있는 백조가 빙글빙글 돌고 있었다. "너, 정말 아름답구나!" 워셔블은 감탄해서 말했다. "나도 알아." 백조가 말하며 양쪽 날개를 펼쳐 마치 볼록한 돛처럼 보이게 했다.

"그런데 너는 왜 사는 거니?" 워셔블이 물었다.

"그런 한심한 질문을 하다니! 존재의 가장 중요한 이유는 아름다움이야. 그것말고 뭐가 또 있겠니?"

- 호수의 위치는? 풀밭 한가운데
- 워셔블이 알고 싶은 것은 무엇인가? 사는 이유
- 워셔블의 질문에 대해 백조가 가장 먼저 한 말은? 그런 한심한 질문을 하다니!
- 이 글에서 나온 존재의 중요한 이유는? 아름다움

2

워셔블은 나무가 울창하고 점점 더 어두워지는 깊은 곳으로 계속 들어갔다. 덩굴식물들과 칡들이 길을 막고 있었다. 밀림지대였다.

높은 나뭇가지 위에 앉아 신나게 떠들고 있는 한 무리의 원숭이들이 보였다. 원숭이들은 워셔블을 보자 갑자기 아무 말도 하지 않았다. 대장 원숭이가 나무 아래로 내려와 워셔블 앞에 버티고 섰다. "여기서 뭘 찾고 있는 거야?" 원숭이가 말하며, 이빨을 허옇게 드러내 보였다.

- 워셔블의 길을 막고 선 것들은? 덩굴식물과 칡
- 한 무리 원숭이들이 신나게 떠들고 있던 곳은? 밀림지대 높은 나뭇가지 위
- 워셔블에게 말을 붙인 원숭이는? 대장 원숭이
- 원숭이는 워셔블에게 뭐라고 물었나? 뭘 찾고 있냐고

3

워셔블은 그 짧은 다리로 최대한 빨리 그곳에서 도망쳤다. 그러다가 옆구리가 아파서 걸음을 멈추고 주변을 살펴보니, 나뭇가지에 눈부신 비단실로 둘러싸인 작은 주머니 같은 것이 매달려 있었다. 워셔블이 쳐다보고 있는데, 갑자기 그것이 터지면서 안에서 나비 한 마리가 화려한 색깔의 날개를 펼쳐 보이며 밖으로 나왔다.
"오!" 워셔블이 감탄하며 말했다.
"정말 멋있다! 어떻게 그렇게 할 수 있니?"
"그냥 한 거야." 나비가 속삭였다. "맨 처음에 난 알이었어. 그러다가 애벌레가 되었고, 그 다음에 번데기로 변했다가 이제 이렇게 나비가 된 거야. 항상 더 나은 것으로 발전해 가기 위해 생물은 존재하는 거야. 넌 더 발전할 수 없니?"
"없어."

- 워셔블이 걸음을 멈춘 이유는? 옆구리가 아파서
- 워셔블이 나뭇가지에서 발견한 것의 모양을 자세히 말해 보라. 눈부신 비단실로 둘러싸인 작은 주머니
- 나비가 말한 존재의 또 다른 이유는? 더 나은 것으로 발전하기 위해서
- 윗글에서 나비가 워셔블에게 던진 마지막 질문은? 넌 더 발전할 수 없니?

4

다음날은 좀 늦게 개울가로 나왔다.
이 날은 소녀가 징검다리 한가운데 앉아 세수를 하고 있었다. 분홍 스웨터 소매를 걷어 올린 팔과 목덜미가 마냥 희었다.
한참 세수를 하고 나더니, 이번에는 물속을 빤히 들여다본다. 얼굴이라도 비추어 보는 것이리라. 갑자기 물을 움켜낸다. 고기 새끼라도 지나가는 듯. 소녀는 소년이 개울둑에 앉아 있는 걸 아는지 모르는지 그냥 날쌔게 물만 움켜낸다. 그러나 번번히 허탕이다. 그래도 재미있는 양 자꾸 물만 움킨다. 어제처럼 개울을 건너는 사람이 있어야 길을 비킬 모양이다.

- 소년이 소녀를 처음 보았을 때 소녀가 하고 있던 일은? 세수
- 소녀는 어디에 앉아 있었나? 징검다리 한가운데
- 소녀는 어떤 옷을 입고 있었나? 분홍 스웨터
- 소년은 어디에서 소녀의 모습을 지켜보고 있었나? 개울둑

[출처 : 초등6 국어 교과서 '곰돌이 워셔블의 여행', 중1 국어 교과서 '소나기' 중에서]

3. 단계별 주의집중력 향상 전략 : 7) 청각적 주의집중력 향상 : (2) 듣고 생각해서 대답하기 4

⇨ 워크북 p.60

들려주는 문장을 잘 듣고 질문에 답해 보세요.

1

붓꽃이란 이름은 꽃봉오리가 마치 먹물을 머금은 붓과 같다고 해서 붙여진 것이다. 붓꽃은 서양에서도 많은 사랑을 받는데, 붓꽃의 서양 이름은 아이리스다. 아이리스는 무지개라는 뜻으로, 비 온 뒤에 볼 수 있는 무지개처럼 '생활에 기쁜 소식을 전해 준다.'는 꽃말을 지니고 있었다. [출처 : 중1 국어 교과서-'우리꽃 산책' 중에서]

- 붓꽃이라는 이름의 붙여지게 된 이유는? 꽃봉오리가 마치 먹물을 머금은 붓과 같다고 해서
- 아이리스의 뜻과 꽃말은? 무지개, 생활에 기쁜 소식을 전해 준다.

2

돌담에 속삭이는 햇살같이
풀 아래 웃음짓는 샘물같이
내 마음 고요히 고운 봄 길 위에
오늘 하루 하늘을 우러르고 싶다.

새악시 볼에 떠오는 부끄럼같이
시의 가슴에 살포시 젖는 물결같이
보드레한 에메랄드 얇게 흐르는
실비단 하늘을 바라보고 싶다. [출처 : 중1 국어 교과서-'돌담에 속삭이는 햇발' 중에서]

- 이 시의 주요 표현 방법을 두 가지 이상 말해 보라. 직유법, 의인법
- 이 시의 계절적 배경은? 봄
- 이 시에서 일정한 위치에 반복적으로 나타나는 시어는? ~같이

3

사람들이 착하게 사는지 별들이 많이 떴다.
개울물 맑게 흐르는 곳에 마을을 이루고
물바가지에 떠 담던 접동새 소리 별 그림자
그 물로 쌀을 씻어 밥 짓는 냄새 나면
굴뚝 가까이 내려오던
밥티처럼 따스한 별들이 뜬 마을을 지난다.

사람이 순하게 사는지 별들이 참 많이 떴다. [출처 : 중1 국어 교과서-'어떤 마을']

- 청각적 심상을 나타내 주는 시구는? 접동새 소리
- 후각적 심상을 나타내 주는 시구는? 밥 짓는 냄새
- 촉각적 심상을 나타내 주는 시구는? 따스한 별들
- 별을 직유법을 사용하여 비유적으로 표현하고 있는 것은? 밥티처럼
- 별들이 많이 뜬 이유를 무엇 때문이라고 생각했나? 사람들이 착하고 순하게 살아서

4

비 오자 장독간에 봉선화 반만 벌어
해마다 피는 꽃을 나만 두고 볼 것인가.
세세한 사연을 적어 누님께로 보내자.

누님이 편지 보며 하마 울까 웃으실까.
눈앞에 삼삼이는 고향집을 그리시고
손톱에 꽃물 들이던 그날 생각하시리.

양지에 마주 앉아 실로 찬찬 매어 주던
하얀 손가락 가락이 연붉은 그 손톱을
지금은 꿈 속에서 본 듯 힘줄만이 서노라. [출처 : 중1 국어 교과서-'봉선화']

- 이 시에 드러난 주된 정서는? 그리움
- 누님을 떠올리게 하는 매개물은? 봉선화
- 시각적 심상이 두드러지는 시구는? 하얀 손가락 가락이 연붉은 그 손톱
- 이 시의 정서를 뒷받침해 주는 소재들을 세 개 이상 말해 보라. 봉선화, 편지, 고향집

3. 단계별 주의집중력 향상 전략 : 8) 인지행동적 요법을 통한 주의집중력 향상 : (1) 자기교시적 문제해결

⇨ 워크북 p.64

1.

1) 문제는 음료수 한 개의 무개를 파악하는 것이지!
2) 24개에 6.1kg이니까, 6.1kg을 24개로 나누면 되는데, 상자의 무게인 0.9kg은 반드시 빼야 된다.
3) 차례대로 나누기표를 그리면서 계산해 보자. 기억해야 할 것은 소수 둘째짜리까지지.
4) 답은 0.22kg이다. 다시 한 번 확인해 보자. 확실해!
5) 잘하는데!

2.

1) 문제는 운동장의 넓이를 비교해 보는 것이지.
2) 운동장의 크기와 학생 수를 잘 따져 봐야 하는데, 나누기를 사용하면 되겠다.
3) 은혜네 학교 운동장은 8400÷700이고, 영호네 학교 운동장은 6500÷500이지. 그렇다면 은혜네는 $12m^2$, 영호네는 $13m^2$이니까, 영호네 운동장이 더 넓다.
4) 나누기에 실수가 없었는지 다시 한 번 확인하자.
5) 좋아, 정확하게 잘했어! 정답~영호네!

3.

1) 그러니까 총 길이는 260cm이고, 두 개는 길이가 같고, 하나는 그 길이보다 23cm 길고, 하나는 그 길이보다 15cm 짧다는 것이지.
2) 그림을 그려 보면 좋겠다. 두 개는 똑같이, 다른 하나는 그보다 23cm 길게, 나머지는 그보다 15cm 짧게…. 네 개의 길이가 같아지려면 23cm에서 15cm를 빼 주면 되겠지. 그러면 8cm. 그 다음으로 260cm에서 8cm를 빼 주면 252이고, 그것을 4로 나누면 63cm가 된다. 따라서 가장 긴 철사는 63cm+23cm=86cm, 가장 짧은 철사는 63cm−15cm=48cm, 똑같은 두 개의 철사는 63cm가 된다. 정답은 63cm, 63cm, 86cm, 48cm이다.
3) 다시 한 번 확인해 보자.
4) 그림으로 표현하니까 정말 문제가 쉽게 풀린다. 좋은 방법이었어.

4.

1) 아버지 나이는 43, 형제들 나이의 총합은 29, 그러니까 14년 차이가 난다는 것인데, 아버지와 자녀들이 각각 매해 몇 살씩 증가하는지 비교해 보면 이 문제를 풀 수 있다.
2) 그림으로 표현해 보아도 좋겠고, 한 해 한 해 증가하는 나이를 비교해 보자.
3) 아버지는 1년에 한 살이 많아지고, 형제는 세 살이 많아지므로, 매해 두 살 차이가 난다. 따라서 14년의 나이차를 좁히려면 14를 2로 나누거나, 2×( )=14. 그렇다면 7년이 되겠구나. 7년 후면 아버지와 자녀들의 나이의 합이 같아진다.
4) 다시 한 번 확인! 43-29=14…. 좋아 정확해!
5) 난 정말 침착하게 잘하는데!

5.

1) 오목 경기의 총 횟수를 파악하는 문제다.
2) 16명이 오목 경기를 하는 횟수를 차례대로 생각해 보면 해결할 수 있을 것 같다.
3) 처음엔 8번, 그 다음엔 4번, 그 다음엔 2번, 그 다음에 1번이 되니까…. 답은 15번이 되겠다.
4) 확인해 보자. OK.
5) 차분하게 생각하니 쉽게 해결할 수 있었어.

2. 기억 전략 실습 : 1) 범주화 : (4) 범주의 이름 붙이기

⇨ 워크북 p.26

다음 단어들의 집합을 보고 적합한 이름을 붙이세요(1단계).

내 용	집합의 이름
파랑 빨강 초록 노랑 회색	색깔의 이름
바지 점퍼 스웨터 신발 목도리	의류
컴퓨터 텔레비전 냉장고 가스레인지 전자레인지	가전제품
침대 책장 책상 의자 장농	가구
시츄 비글 말티즈 진돗개 불독	개의 종류
한국 영국 스위스 미국 오스트레일리아	나라의 이름
축구 야구 수영 배구 체조	운동의 종류
오렌지 포도 딸기 수박 참외	과일
봄 여름 가을 겨울	계절의 이름
돈가스 햄버거 김치볶음밥 탕수육	음식

다음 단어들의 집합을 보고 적합한 이름을 붙이세요(2단계).

내 용	집합의 이름
피아노 하프 오르간 첼로 바이올린	악기
스푼 젓가락 컵 접시 대접	식사도구
아침 점심 저녁 밤 새벽	때를 나타내는 말
father mother sister brother	가족 관련 영어 단어

대한민국 중국 일본 태국	아시아 국가
2 4 8 10 12	짝수(2의 배수)
독수리 매 올빼미	맹금류
바이올린 첼로 더블베이스 기타	현악기
스키 쇼트트랙 피겨스케이트	동계 스포츠
소 돼지 닭 염소	가축

다음 단어들의 집합을 보고 적합한 이름이나 설명을 붙이세요(3단계).

내 용	집합의 이름
야구 배구 베드민턴 테니스	구기 종목
8월 얼음 에어컨 모기	여름
ㄲ ㄸ ㅆ ㅉ	겹자음
노을 앵두 혈액(피) 연지곤지	붉은색
연필 볼펜 모자 선글라스	쓰는 것
추석 대보름 독서 결실 말(horse)	가을 관련 용어
행복 기쁨 만족 즐거움	긍정적 감정
배 밤 눈 말 잠자리	동음이의어
시간 세월 강물 나이	흘러가는 것
사슴 공기 우정 생일 죽음	두 글자로 된 단어

2. 기억 전략 실습 : 1) 범주화 : (5) 관련 없는 개념 제외시키기

⇨ 워크북 p.29

다음 중 성질이 다른 하나를 찾아 표시하고 집합의 이름을 붙이세요(1단계).

내 용	집합의 이름
당근 오이 호박 시금치 ✔수박	채소 이름
눈 코 ✔배 입 귀	얼굴에 있는 것(감각기관)
자동차 지하철 오토바이 자전거 ✔배(ship)	지상 교통수단
잠자리 메뚜기 ✔개구리 여치 사마귀	곤충류
boy chair school ✔차밍 good	영어로 쓰여진 단어
백조 앵무새 기러기 카나리아 ✔타조	날수 있는 새
테니스 ✔축구 배구 야구 핸드볼	구기 종목
에디슨 뉴턴 ✔쇼팽 노벨 아이슈타인	과학자
아침 ✔간식 점심 저녁	시간(때)을 나타내는 말
1월 2월 12월 ✔8월	겨울철

다음 중 성질이 다른 하나를 찾아 표시하고 집합의 이름을 붙이세요(2단계).

내 용	집합의 이름
양복 넥타이 ✔치마 와이셔츠	남성 의류
10 22 ✔71 42 64	2의 배수
노인과 바다 천국의 열쇠 ✔시인과 촌장 갈매기의 꿈	책이름
종로 동대문 광화문 ✔부산 을지로	서울 시내
미켈란젤로 로뎅 모네 피카소 ✔슈바이처	미술가
수정과 김치 ✔감자 식혜 인절미	전통 음식
들 ✔공기 산 강 바다	대륙과 해양
귀고리 오리 ✔손수건 거리 리본	'리'자가 들어가는 말
이메일 ✔우체국 워드프로세서 인터넷	컴퓨터로 할 수 있는 것
회색 ✔분홍색 검정색 흰색	무채색

다음 중 성질이 다른 하나를 찾아 표시하고 집합의 이름을 붙이세요(3단계).

내 용	집합의 이름
우울 불안 ✔감정 행복 흥분	감정의 이름
아기 아가씨 ✔고아 아줌마 아이	'아'자로 시작되는 말
하나 둘 ✔여럿 셋 넷	숫자 이름
쇠 ✔플라스틱 알루미늄 구리 은	금속류
교수 ✔은인 선생님 스승 은사	교육자를 일컫는 말
소나기 눈 ✔강물 지진 화산	자연현상
소설책 TV 영화 ✔음악 하늘 망원경	눈으로 볼 수 있는 것
주변인 사춘기 ✔죽음 정체감 위기 제2의 탄생	청소년기와 관련된 용어
✔생일 노력 희망 우울 철학 행복	추상적 용어
미래 어제 ✔기억 과거 10년	시간과 관련된 용어

2. 기억 전략 실습 : 1) 범주화 : (6) 범주화 실습하기

⇨ 워크북 p.32

기억해야 할 다음의 내용들에 범주화를 활용해 보세요(1단계).

[집합1] 학용품 : 연필, 필통, 노트, 자 (4)

[집합2] 꽃 : 개나리, 백합, 진달래, 아카시아, 수선화 (5)

[집합3] 색깔 : 그린, 레드, 블루, 옐로우, 블랙 (4)

[집합4] 놀이와 게임 : 퍼즐, 레고, 만화책, 축구공, 미끄럼틀, 체스 (6)

[집합5] 야채 : 버섯, 상추, 마늘, 호박 (4)

기억해야 할 다음의 내용들에 범주화를 활용해 보세요(2단계).

[집합1] 포유류 : 치타, 원숭이, 코끼리, 사슴 (4)

[집합2] 조류 : 비둘기, 오리, 부엉이, 독수리 (4)

[집합3] 과일 : 수박, 체리, 딸기, 감, 메론 (5)

[집합4] 나무 : 소나무, 은행나무, 떡갈나무, 밤나무 (4)

[집합5] 자연경관 : 하늘, 바다, 강, 구름, 산 (5)

[집합6] 해양 동물 : 고등어, 불가사리, 참치, 문어, 오징어 (5)

기억해야 할 다음의 내용들에 범주화를 활용해 보세요(3단계).

[집합1] 학과목 : 과학, 국어, 사회, 수학 (4)

[집합2] 사칙연산 : 곱셈, 나눗셈, 덧셈, 뺄셈 (4)

[집합3] 감각 : 시각, 청각, 촉각, 통각 (4)

[집합4] 서양악기 : 피아노, 오르간, 더블베이스 (3)

[집합5] 전통악기 : 꽹과리, 대금, 쟁, 가야금 (4)

[집합6] 스포츠 : 축구, 배드민턴, 골프, 사이클, 수영 (5)

기억해야 할 다음의 내용들에 범주화를 활용해 보세요(4단계).

[집합1] 법원 : 고등법원, 지방법원, 대법원, 특별법원 (4)

[집합2] 국민의 의무 : 근로의 의무, 국방의 의무, 납세의 의무, 교육의 의무 (4)

[집합3] 국민의 권리 : 평등권, 자유권, 참정권, 행복추구권 (4)

[집합4] 국회의원의 의무 : 지위남용 금지, 청렴의 의무, 국익우선의 의무 (3)

[집합5] 국회의원의 권리 : 발의권, 사회권, 표결권, 질문권 (4)

기억해야 할 다음의 내용들에 범주화를 활용해 보세요(5단계).

[집합1] 오대양 : 태평양, 남극해, 대서양, 인도양, 북극해 (5)

[집합2] 육대주 : 유럽, 아시아, 북아메리카, 남아메리카, 아프리카, 오세아니아 (6)

[집합3] 종교 : 기독교, 천주교, 이슬람교, 불교 (4)

[집합4] 지하자원 : 철광석, 구리, 석유, 석탄 (4)

[집한5] 지구의 : 경선, 위선, 적도, 날짜변경선, 축척 (5)

2. 기억 전략 실습 : 2) 머릿글자 활용법 : (3) 머릿글자 활용 실습 : 단어 만들기

⇨ 워크북 p.51

다음 낱말들의 머릿글자를 이용해 만들 수 있는 단어를 찾아 오른쪽 칸에 적으세요(1단계).

사자, 치타, 고양이, 강아지, 코끼리, 원숭이	강사, 원고, 코치
민들레, 국화, 수련, 목련, 진달래, 수국	국민, 목수, 진수
대한민국, 미국, 호주, 스위스, 프랑스, 벨기에	미대, 스프, 호프
서울, 경기도, 전라도, 경상도, 제주도, 충청도	재(제)충전, 전경
유럽, 아프리카, 아시아, 오세아니아, 아메리카	유아
구조, 점토, 가마	가구점
광, 대청, 누마루, 침방, 서고, 별당	침대, 서광, 광대
권리, 평등, 차별, 정의, 교화, 연대	교정, 연차, 평정
공간적 배경, 시간적 배경, 사건	사시공(부)
구금, 피의자, 공소	피구공

제시된 단어의 머릿글자를 모두 사용하여 단어를 만들어 보세요(2단계).

나비, 무당벌레, 사마귀, 진드기	나무사진
기행문, 전기문, 시나리오, 설명문	전기시설
기차, 잠수함, 자가용	잠자기
독수리, 소쩍새, 구관조, 기러기	소독기구

양파, 대나무순, 오이	오대양
배, 수박, 자두	수배자
이슬람교, 기독교, 무속신앙	이무기
주황, 노랑, 검정, 파랑	노파 주검
배수, 기수, 곱셈	곱배기
수선화, 아카시아, 장미, 라일락	아수라장

2. 기억 전략 실습 : 2) 머릿글자 활용법 : (4) 머릿글자 활용 실습 : 문장 만들기

⇨ 워크북 p.53

다음에 제시된 단어 중 3개 이상의 단어의 머릿글자를 활용하여 문장을 만들어 보세요(1단계).

는비, 이슬비, 가랑비, 소나기	가는 비가 내리는 소리(이) (4개)
국세청, 관세청, 조달청, 통계청	조국통일을 간(관)절히 바라다. (4개)
말레이시아, 베트남, 인도네시아, 싱가포르, 중국, 캄보디아	말콤(캄)X는 시(싱)니컬한 인상에 배(베)가 나오고 인중이 길다. (6개)
노르웨이, 스웨덴, 핀란드, 덴마크, 아일랜드	덴 상처에 아스피(핀)린은 노! (5개)
민사재판, 형사재판, 행정재판, 가사재판, 헌법재판	형! 이민 가는데 헌 행가는 버리자. (5개)
면적, 설피, 압력	서랍(설압) 속에 면봉 있다. 또는 앞서면(압설면) 이긴다. (3개)
한랭고기압, 온난고기압, 이동성 고기압	이혼(온)한 거니? (3개)
수은 기압계, 아네로이드 기압계, 자기 기압계	아들아, 자수하렴 (3개)
일산화탄소, 스모그, 산성비	스산한 바람이 일고 있다. (3개)
태양의 고도, 지표면, 기온	서태지의 인기 (3개)

다음에 제시된 단어 중 4개 이상의 단어의 머릿글자를 활용하여 문장을 만들어 보세요(2단계).

영웅, 운명, 전원, 합창, 비창, 월광, 열정	월드 영웅은 운명, 열정 및 비전이 합쳐져서 탄생된다. (7개)
공, 고리, 줄, 곤봉, 리본	피곤할 땐 공부양을 줄이(리)고 해. (5개)

구상, 스케치, 구상도, 제작도, 마름질, 가공, 조립, 칠하기(목제품 만들기 순서)	구 슬(스)리고 구워삶아 재(제)좀 막아(마가)줘(조). 칰(칠)해서 그래. (8개)
부영양화, 적조현상, 오존층 파괴, 산성화, 소음	오늘 한 산적은 소금양이 부족했어. (5개)
콜라주, 몽타주, 핑거페인팅, 파피에콜레, 태우기, 모자이크	모피(핑)를 입은 노파가 콜라는 먹는 꿈이 태몽은 아니겠지? (6개)
바이올린, 비올라, 첼로, 더블베이스, 플루트, 클라리넷, 호른, 비순	비바람이 치(첼)던(더) 호수에 비가 그치자 크(클)고 푸(플)른 숲이 보인다. (8개)
소금, 대금, 가야금, 좌고, 편종, 아쟁, 편경, 해금, 향피리, 거문고	좌편에 있는 아군의 소대를 향해 걸(거)어가라. (9개)
합판, 파티클보드, MDF, 집성재, 플로어링	플로리스트 Mrs. 김의 송년파티에 많은 팬들이 집합하였다. (5개)
묘사, 예시, 비교, 대조, 분류, 구분, 분석, 유추, 확인, 정의	유족과 함께 예비해 두었던 분묘의 위치를 확정짓기 위해 대구로 향했다. (9개)
시간, 공간, 논리, 인과, 주제, 문제해결	주인공의 논문 발표가 시작되었다. (6개)

2. 기억 전략 실습 : 3) 그래픽 조직화 : (3) 개념 간의 위계를 정하기

⇨ 워크북 p.59

〈연습 1〉

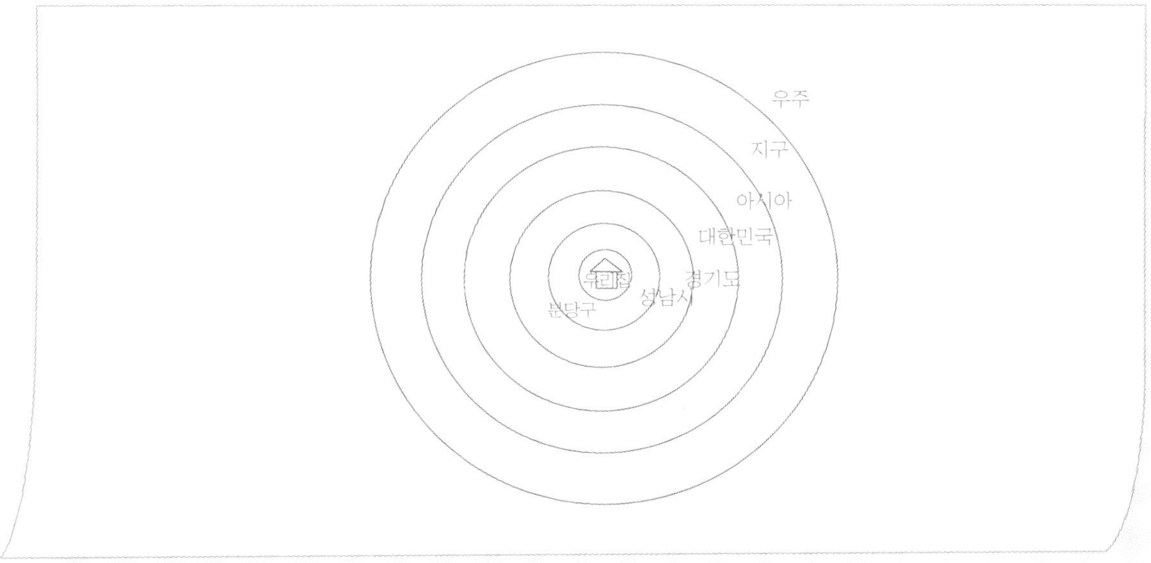

〈연습 2〉

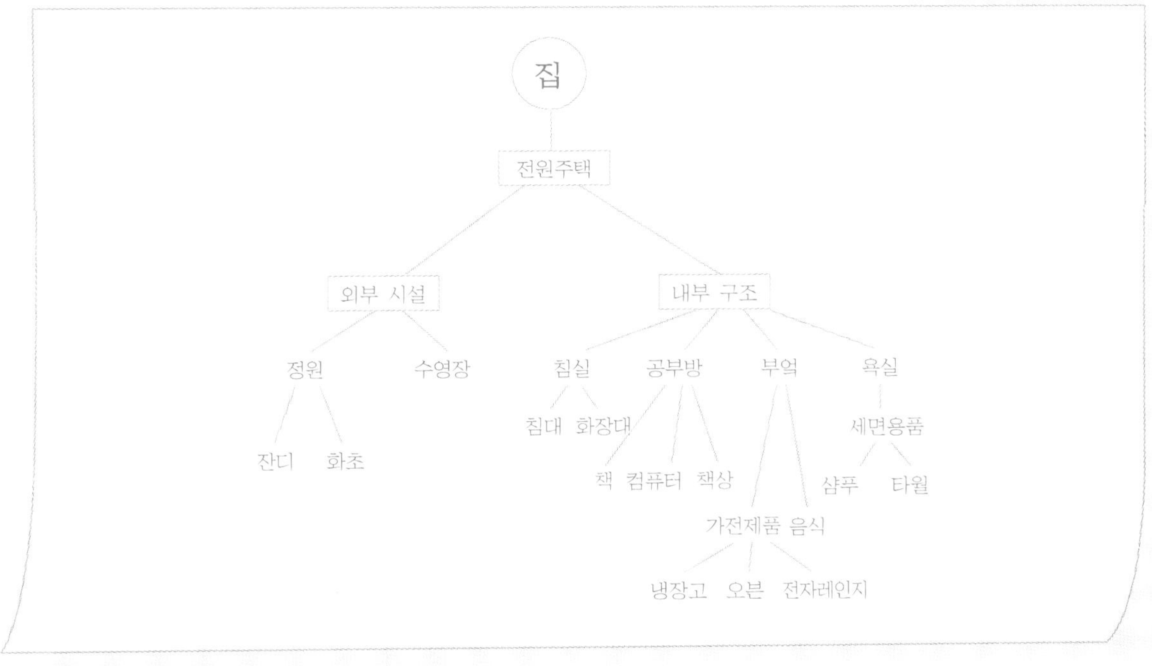

2. 기억 전략 실습 : 3) 그래픽 조직화 : (6) 글을 읽고 개념도 그리기

⇨ 워크북 p.65

〈연습 1〉

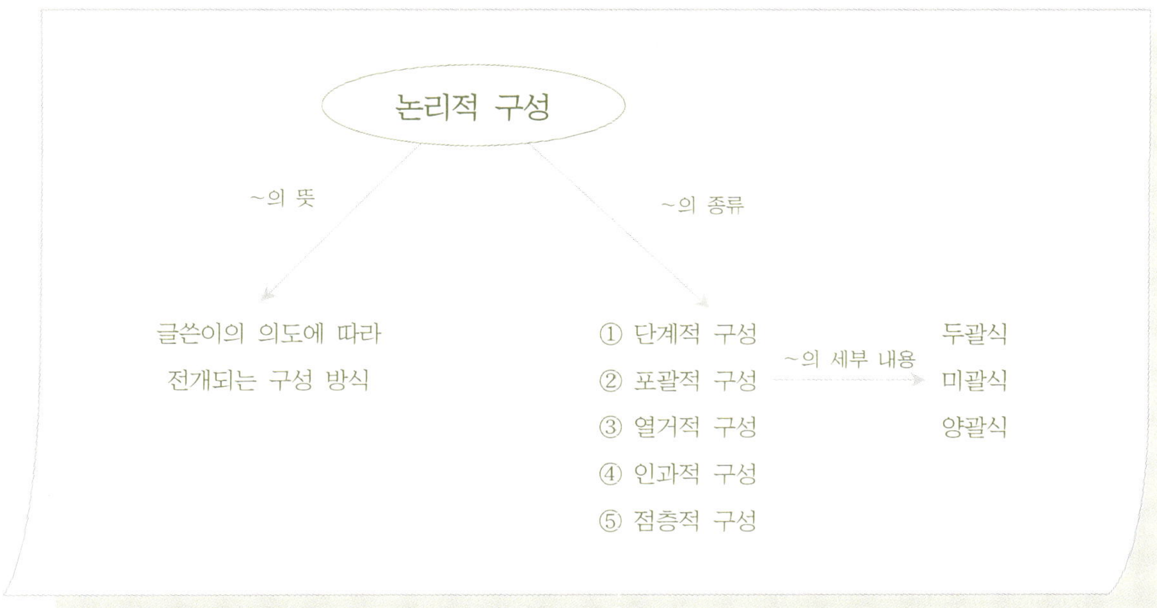

〈연습 2〉

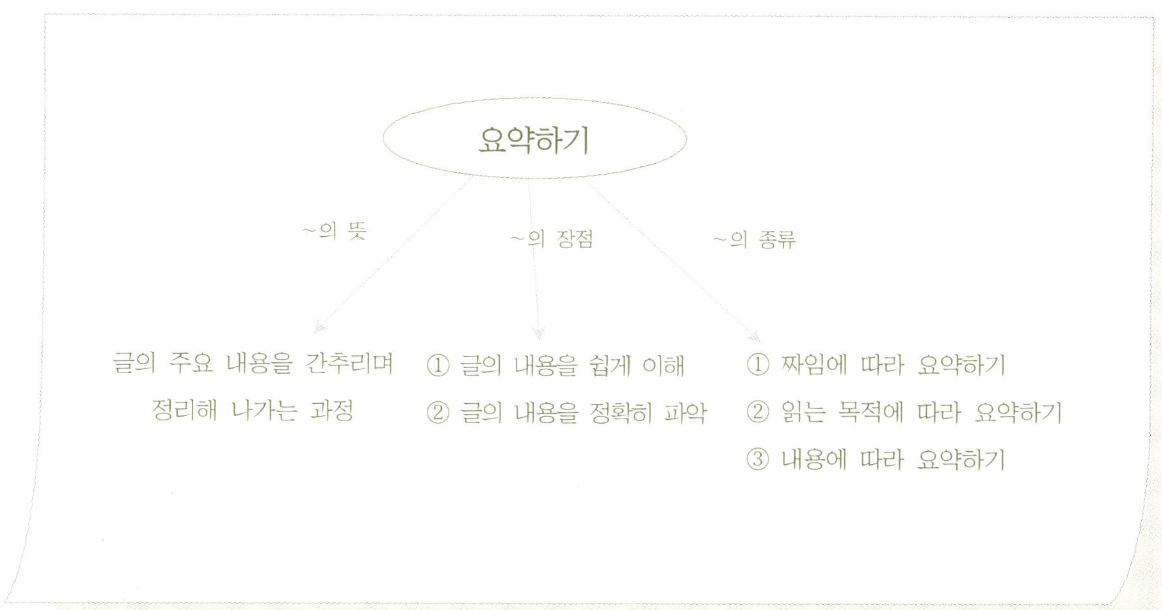

〈연습 3〉

태 풍

- 태 풍
  - 북태평양 남서부 해상에서 발생
- 사이클론
  - 인도양이나 뱅골만에서 발생
  - 인도, 파키스탄 등지에 영향
- 허리케인
  - 카브리해에서 발생
  - 미국 동해안과 쿠바에 영향
- 윌리윌리
  - 오스트레일리아 북쪽 주변의 바다에서 발생

〈연습 4〉

종묘제례악

~의 뜻

조선조 역대 임금들의 신위가 모셔져 있는 종묘에서
이분들에 대한 제사를 지낼 때 쓰이는 음악
무형문화재 제1호

~의 예

보태평, 정대업

〈연습 5〉

비교
~의 종류
~의 종류
~의 종류
원급
비교급
최상급
원래의 형용사
원급에 -er
원급에 -est
보통 형용사 -er
e로 끝날 경우에는 -r
~의 예
~의 예
fast(faster)
long(longer)
tall(taller)
fine(finer)
wise(wiser)
lage(larger)

2. 기억 전략 실습 : 3) 그래픽 조직화 : (8) 그래픽 조직화 연습

⇨ 워크북 p.72

〈연습 1〉

민족공동체통일방안

- 기본 철학
  - ① 인간의 존엄성
  - ② 평화 및 복지 강조
  - ③ 자유 민주주의
- 원칙
  - ① 자주의 원칙
  - ② 평화의 원칙
  - ③ 민주의 원칙

〈연습 2〉

시

- 시의 특징
  - 열과 행
  - 가락과 장단
  - 다양한 표현법 사용
  - 표현이 간결
- 시를 읽는 방법
  - 중심 생각 파악
  - 효과적인 표현들을 찾으며 읽기
  - 말의 아름다움을 생각, 말이 주는 느낌을 감상
  - 글쓴이가 된다면 어떻게 다르게 표현할지 생각
  - 이전 지식이나 경험과 관련

〈연습 3〉

잘못 사용되고 있는 영어의 예
(Broken English)

eye shopping ⇨ window shopping

ball pen ⇨ ball point pen

bond ⇨ glue

auto-bi ⇨ motorcycle

cunning ⇨ cheating

〈연습 4〉

소수의 나눗셈

소수 한자리수 사이의 나눗셈
소수점을 오른쪽으로 한 자리씩 옮겨 계산 (예) $2.8 \div 0.4 = \frac{28}{10} \div \frac{4}{10} = 7$
소수 두자리수 사이의 나눗셈
소수점을 오른쪽으로 한 자리씩 옮겨 계산 (예) $20.64 \div 0.48 = \frac{2064}{100} \div \frac{48}{100} = 43$
소수 두자리수 ÷ 소수 한자리수, 소수 세자리수 ÷ 소수 한자리수의 계산
소수점을 각각 오른쪽으로 한 자리씩, 두 자리씩 옮겨 계산 (예) $13.25 \div 2.5 = \frac{132.5}{10} \div \frac{25}{10} = 5.3$ (예) $6.372 \div 3.54 = \frac{637.2}{100} \div \frac{354}{100} = 1.8$

〈연습 5〉

- 제주도
  - 화산지형 발달
    - 한라산 중턱의 완만한 경사지에 발달한 넓은 초지를 이용
      - 목축업 발달
  - 화산암 지표
    - 물 부족
      - 밭농사 발달
      - 해안에 위치한 마을
  - 난류
    - 연평균 기온 높고 강수량 풍부
      - 열대성 작물 재배

〈연습 6〉

- 혈액
  - 혈구
    - 적혈구 : 둥근 원반 모양. 핵이 없고 가운데가 움푹 들어가 있음
      해모글로빈−산소 운반
    - 백혈구 : 적혈구보다 큼. 핵을 가지고 있고 모양이 불규칙적. 몸 속에 침입한 세균 등을 잡아먹어서 우리의 건강을 지킴
    - 혈소판
  - 혈장

2. 효과적인 읽기 및 필기 전략 : 2) 핵심 찾기 : (2) 핵심 개념에 표시하기

⇨ 워크북 p.21

다음의 지문을 보고 핵심 개념이라고 생각되는 단어나 문구에 표시해 보세요.

1. 국민의 기본권은 절대적인 것이 아니어서 국가의 안전 보장, 질서 유지 또는 공공복리를 위하여 필요한 경우에 제한할 수 있다. 그러나 이러한 기본권의 제한 내용은 법률로써만 가능하다.

2. 개인이 사회생활을 하면서 꼭 해야 하는 일을 의무라고 한다. 국민이 지켜야 할 의무로는 ① 근로의 의무, ② 납세의 의무, ③ 국방의 의무, ④ 교육의 의무, ⑤ 환경 보전의 의무, ⑥ 재산권 행사의 공공복리의 의무 등이 있다.

3. 물 속에서는 중력과 반대 방향으로 물이 물체를 밀어 올리는 힘이 생겨 물체의 무게가 줄어드는데, 이 힘을 부력이라고 한다. 부력이 물에 잠긴 물체의 무게보다 작으면 물체는 가라앉고, 같거나 크면 물체는 물에 뜬다.

4. The world is like a looking-glass; if you smile, it smiles; if you frown, it frowns back. If you look at it through a red glass, all seems red and rosy; if through a blue, all blue; if through smoked one, all dull and dingy. Always try to look at the bright side of things.

5. 우선, 글의 목적이 무엇을 알리는 데 있는가, 아니면 자신의 느낌을 표현하는 데 있는가에 따라 글의 구성과 표현 등이 달라진다. 예를 들어, 무엇을 알리는 데 목적이 있다면, 글쓴이는 정보를 정확하게 전달하기 위해서 논리적 순서를 고려하여 글의 내용을 구성하고 객관적인 표현을 많이 사용한다. 그러나 느낌을 표현하는 데 목적이 있다면 자유로운 구성과 주관적인 표현을 주로 사용한다.

2. 효과적인 읽기 및 필기 전략 : 3) 밑줄긋기 : (2) 밑줄긋기 연습

⇨ 워크북 p.23

다음의 지문을 보고 적절한 곳에 밑줄을 그어 보세요.

1. 세계의 4대 문명 중 중국 문명이 황하 유역에서 일어났다. 황화 유역은 대륙성 기후로 건조한 데다가, 비옥한 황토가 퇴적되어 황토 지대를 형성하여 농경에 적합한 조건을 가지고 있었다.

2. 지구 온난화란 이산화탄소 등 온실 기체에 의해 지구의 평균 기온이 올라가는 현상을 말한다. 이는 산업혁명 이전에도 자연계에 있었던 현상이나, 20세기 들어서 석탄, 석유와 같은 화석 연료 사용량의 증가, 삼림 벌채 등으로 인해 그 속도가 빨라지고 있다. 지구 온난화 현상을 방지하는 방법으로는 대체 에너지, 이산화탄소 고정화 기술 개발, 개개인의 에너지 절약을 위한 노력 및 국제 간의 협력 등을 들 수 있다.

3. 생태계란 일정한 지역의 생물 공동체와 이들의 생명 유지의 근원이 되는 무기적 환경이 서로 복잡한 상호 의존관계를 유지하면서 균형과 조화를 이루는 자연의 체계를 말한다.

4. 옴부즈맨이란 행정 기능의 확대 · 강화로 행정에 대한 입법부 및 사법부의 통제가 실질적인 효과를 거둘 수 없게 되자, 이에 대한 보완책으로서 국회를 통해 임명된 조사관이 공무원의 권력 남용 등을 조사 · 감시하는 행정 통제 제도다.

5. 서양 의학의 한계를 절감한 세계는 대체의학이라는 이름으로 동양 의학 등에 커다란 관심을 기울이고 있다. 우리 한의학은 동양 의학의 대명사처럼 불리는 중국 전통 의학과는 달리, 체질에 따라 치료를 달리하는 독특한 사상의학을 발달시켜 왔다. 우리의 소중한 문화유산인 한의학이 우리 땅에서 생산되는 한약재에 뿌리를 두고 있음을 말할 것도 없다. 그런데 최근 농산물 수입 개방과 함께, 값싼 중국산 한약재가 밀려들어 오면서 우리 한약재의 생산 기반이 무너질 위기에 처했다. 한약재 재배를 포기하는 농가가 늘어나면서 씨앗과 씨뿌리조차 사라져 가는 사태가 벌어지고 있다. 재배 농가를 위해서뿐만 아니라, 독특한 효능을 가진 생물 자원을 보호하고 한의학을 발전시키기 위해서도 우리 한약재를 지키고 살려 내는 일이 시급하다.

6. The physical geography of a country has much to do with molding the characters and shaping the history of its people. Mountains, isolating neighbouring communities, foster the sprit of local patriotism; the sea, rendering intercourse with distant countries easy, awakens the sprit of adventure and develops commercial enterprise.

7. A country's economic well-being and her role in international affairs depend in no small measure upon her skill in communicating with the rest of the world. And most important of all is the matter of understanding the outside world and being understood by it. For durable peace to be established, we need a fundamental basis of mutual understanding.

2. 효과적인 읽기 및 필기 전략 : 4) 줄여쓰기 : (4) 줄여쓰기 연습 : 문장 및 지문 줄여쓰기

⇨ 워크북 p.29

다음 문장이나 지문을 짧게 줄여 보세요.

1. 문장의 명료성 : 명확 · 간결하게 쓰기
2. 비유 : 낯선 것을 익숙한 것으로 표현하는 것
3. 설화
   1) 정의 : 대부분 구전되는 꾸며 낸 이야기
   2) 종류 : 신화, 전설, 민담
4. 판소리
   1) 정의 : 극적인 요소를 지닌 노래
   2) 종류 : 심청가, 춘향가, 적벽가, 수궁가
5. 문제와 해결의 짜임 글 : 문제제기와 해결 방식 제안
6. 요약하기 : 간략하게 글의 의미를 파악하거나 재구성한 것
7. 극의 상연 과정 : 극본 ⇨ 연출 ⇨ 연기 · 스텝 간의 협력 ⇨ 감상
8. 갈등
   1) 갈등 발생은 불가피
   2) 해결 방식은 선택 가능
   3) 평화적 해결(차이에 대한 이해와 존중)
9. 글은 목적에 따라 요약하는 방법이 다르다.
   ① 삶의 발자취 → 시간적 흐름
   ② 교훈/감동 → 인물의 말이나 행동 중심
   ③ 시대적 배경 → 관련 정보 중심

2. 효과적인 읽기 및 필기 전략 : 5) SQRW 전략 : (4) SQRW 연습

⇨ 워크북 p.35

다음 글에 대하여 SQRW를 연습해 보세요.

	컴퓨터의 증가는 곧 인터넷 사용의 증가를 가져왔다. 10여 년 전까지만 해도 인터넷은 전문가나 할 수 있는 것이었다. 그러나 초고속 통신망의 등장으로 인터넷은 우리 생활의 중심으로 자리잡았다. 자료 수집, 증권 거래, 물건 사기, 지도 검색, 날씨 확인, 신문 보기, 음악 듣기, 오락 등을 모두 인터넷을 통하여 할 수 있게 되었다.
긍정적 측면과 부정적 측면이 다 공존하고 있구나.	그러나 인터넷의 확산이 우리 생활에 긍정적인 영향만을 끼친 것은 아니다. 유해한 인터넷 사이트의 확산, 개인 정보의 누출, 표준어의 파괴 등이 새로운 문제로 떠올랐다. 가장 심각한 문제는 욕설이나 비방 등이 인터넷에서 난무하고 있다는 점이다.
문제가 일어날 수밖에 없는 이유는 뭘까?	인기 연예인이 개설한 홈페이지의 경우, 그 연예인을 지지하고 있는 팬클럽과 다른 연예인을 지지하는 팬클럽 간에 욕설이 난무하는 일이 있다. 또 학생들이 만든 대화방에서는 같은 반 친구를 헐뜯는 글들이 가득 실리기도 한다. 채팅을 하는 경우에도 욕설을 사용하는 경우가 많으며, 이름을 밝히지도 않고 전자우편을 통해 비방과 욕설이 가득한 글을 보내는 경우도 있다. 특히, 한참 유행하고 있는 컴퓨터 게임의 경우, 게이머들이 떼로 몰려다니며 다른 게이머에게 폭언과 욕설을 퍼붓는 일도 있다고 한다.
여기 이유가 있다 ⇨ 예방책은 무엇이 있을까?	이처럼 인터넷이 말의 쓰레기장으로 변한 가장 큰 원인은 직접 얼굴을 대하지 않는 데다 자신의 이름을 밝히지 않아도 된다는 특성 때문이다. 또 기성 세대 대부분이 인터넷에 적응하지 못한 상황에서, 인터넷 문화를 이끄는 10대와 20대가 네티켓을 정립해 나가지 못했기 때문이라는 지적도 많다.

이 단락의 요점

인터넷의 양지와 그늘

1) 양지 : 정보, 자료 수집, 금융거래, 취미 생활 등의 편의성

2) 그늘 : 유해 사이트 확산, 개인 정보 누출, 언어 사용 문제, 욕설과 비방

∵ 익명성, 인터넷 예절의 문제

2. 효과적인 읽기 및 필기 전략 : 6) 코넬 노트필기법 : (4) 코넬 노트필기법 연습

⇨ 워크북 p.39

다음 글을 읽고 코넬 필기법을 해 보세요.

글의 짜임과 설명문	년 월 일
1. 글의 짜임	
1) 정의	글의 내용을 효과적으로 전달하기 위해 일정한 질서에 의해 적절한 방법으로 구조화시켜 놓은 것
2) 필요성	① 글 전체 윤곽을 한눈에 파악 ② 이해와 기억
3) 고려점	① 각 문단의 중심 내용 요약 ② 글 전체를 부분으로 나눔 ③ 글의 내용 전개 방법을 알기
2. 설명문	설명문의 짜임 방식
두 가지 짜임 방식	• 자연적 질서에 의한 구성 방식 –시간적 구성 : 일이 일어난 순서에 따라 내용 전개 –공간적 구성 : 사물이 놓인 차례에 따라 내용 전개 –물리적 구성 : 대상이 바뀜에 따라 내용 전개 • 논리적 구성 –단계적 구성 : 구성 단계에 따라 전개 –포괄적 구성 : 중심 내용을 어느 한 곳에 두고 전개 –열거적 구성 : 중심 내용이 분산 –인과적 구성 : 원인-결과관계에 기초 –점층적 구성 : 사건이나 내용의 강도를 점점 고조

글의 짜임에서는 정의, 필요성, 고려사항이 언급되었다. 설명문은 1) 자연적 질서에 의한 구성 방식(시간, 공간, 물리적)과 2) 논리적 구성에 의한 구성 방식(단계, 포괄, 열거, 인과, 점층)으로 구분된다.

2. 효과적인 읽기 및 필기 전략 : 7) 글의 종류에 따른 노트필기의 다양한 형태 : (1) 기본적 맵핑법(지도 그리기법)

⇨ 워크북 p.45

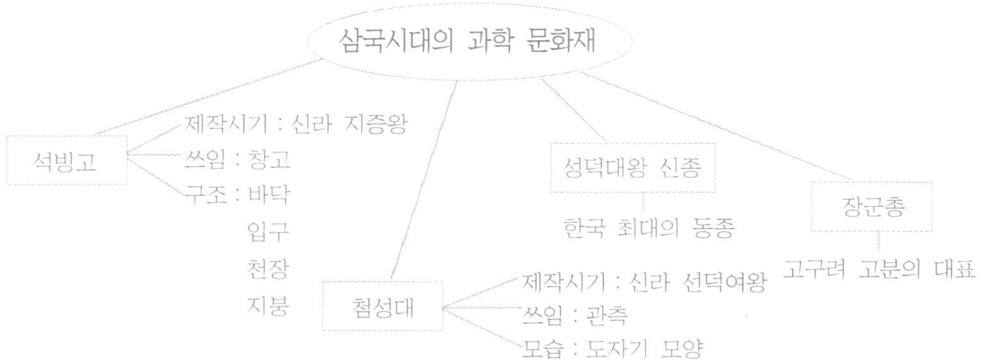

2. 효과적인 읽기 및 필기 전략 : 7) 글의 종류에 따른 노트필기의 다양한 형태 : (2) 수직형 맵핑법(폭포수 방법)

⇨ 워크북 p.50

국민의 권리를 보호하는 법원

사람들 사이에 다툼이 있는 경우에 법에 따라 판결을 내려 사회 질서를 유지

⇩

법원의 종류

헌법재판소, 대법원, 고등법원, 지방법원

⇩

재판의 종류

민사재판, 형사재판, 행정재판, 가사재판, 헌법재판

⇩

공정한 재판을 위한 제도

삼심 제도, 삼권 분립

2. 효과적인 읽기 및 필기 전략 : 7) 글의 종류에 따른 노트필기의 다양한 형태 : (3) 수평형 맵핑법(화살법)

⇨ 워크북 p.55

우리 문화의 특징

- 한국의 정서
  - ① 반만년 이상의 유구한 역사를 가진 문화
  - ② 문화의 독창성
  - ③ 효도 사상, 경로 사상
- 한국의 의생활
  - ① 여름 : 시원한 삼베
  - ② 겨울 : 견직물, 모직물
  - ③ 한복 : 한국을 대표하는 옷
- 한국의 식생활
  - ① 여름 : 시원한 챗국, 무침, 쌈
  - ② 겨울 : 뜨거운 국물, 찌개, 구이
  - ③ 발효 음식 발달 : 김치, 간장, 된장, 고추장
- 한국의 주생활
  - ① 마루 : 더위와 습기를 피하기 위해
  - ② 온돌 : 추위와 바람을 막기 위해
- 서양 사람들의 눈에 비친 우리의 정신 문화
  - 효(孝)=노인 문제 해결 방안으로서 제안

2. 효과적인 읽기 및 필기 전략 : 7) 글의 종류에 따른 노트필기의 다양한 형태 : (4) 핵심어 나열법(캔디법)

⇨ 워크북 p.60

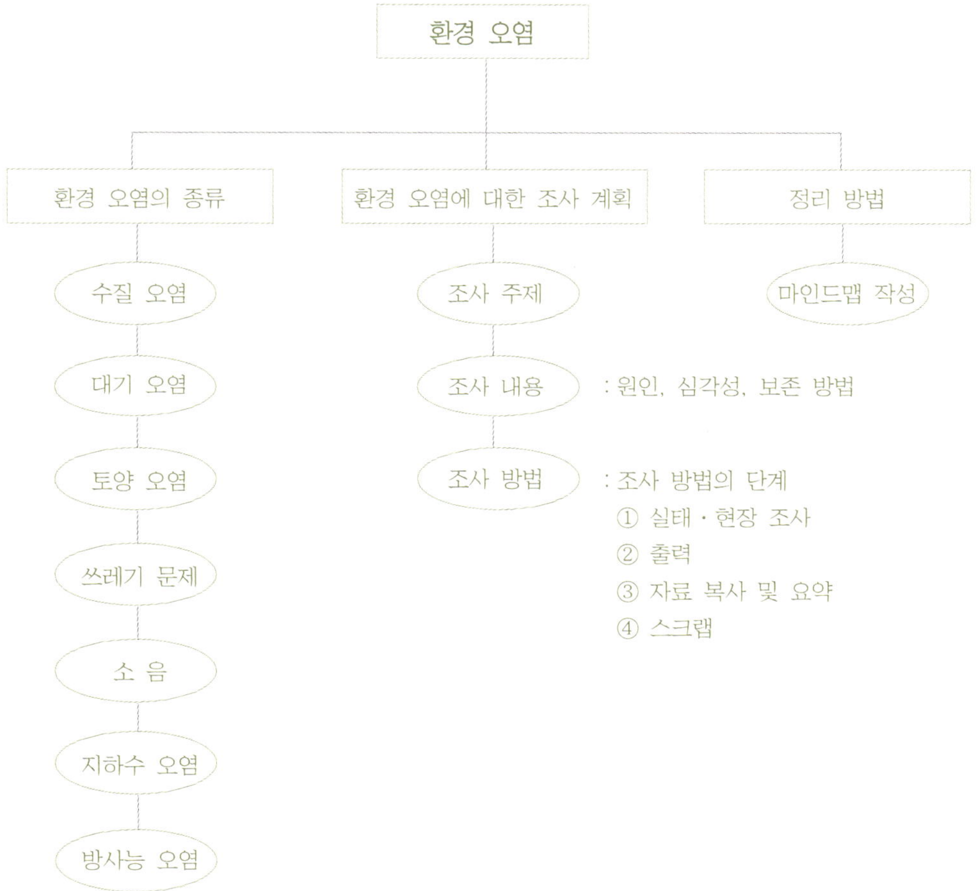

2. 효과적인 읽기 및 필기 전략 : 7) 글의 종류에 따른 노트필기의 다양한 형태 : (5) 주제별 정리법(나뭇가지법)

⇨ 워크북 p.65

희곡의 구성

희곡의 뜻

- 무대 상연을 목적
- 작가가 상상한 이야기
- 인간의 행동과 갈등을 대사와 지시문의 형식으로 표현

희곡의 갈등

주인공의 생각이나 의지가 다른 인물, 환경, 상황에 부딪힐 때 일어나는 대립

- 내적 갈등 : 갈등의 원인이 인물에 내재
- 외적 갈등 : 갈등의 원인이 외부(사회, 개인)에서 오는 경우

희곡의 구성 단계

발단 : 등장인물과 배경 소개
사건 시작, 갈등이 일어남

⇩

전개 : 인물 간의 갈등 심화
사건이 복잡해짐

⇩

절정 : 인물 간의 대립과 갈등이
최고조, 주제가 드러남

⇩

하강 : 사건이 발전하여 갈등 해결의
실마리가 잡혀 감

⇩

대단원 : 갈등과 대립이 해소
사건이 마무리

희곡의 특성

- 무대 상연을 전제
- 행동과 대사의 문학
- 대립과 갈등을 본질로 함
- 현재화된 인생을 보여 주는 문학
- 시 · 공간적 제약 많음

희곡의 형식상 구성요소

- 해설
- 대사
- 지시문

2. 효과적인 읽기 및 필기 전략 : 7) 글의 종류에 따른 노트필기의 다양한 형태 : (6) 논증법(추론법)

⇨ 워크북 p.70

한글의 우수성

한글의 우수성은 제자 원리에 있음.

게리 레드야드 : '글자 모양과 기능을 관련시킴.'
'소리 종류에 따라 글자 모양을 체계화함.'

한글의 닿소리 글자들은 조음 기관을 본떴음.

'ㄱ', 'ㄴ' : 이 글자들이 나타내는 소리를 낼 때 혀가 놓이는 모양을 본뜬 것.
'ㅁ' : 입 모양을 본뜬 것
'ㅅ' : 이 모양을 본뜬 것
'ㅇ' : 목구멍을 본뜬 것

소리 종류에 따라 글자 모양을 체계화함.

기본 글자(ㄱ, ㄴ, ㅁ, ㅅ, ㅇ)에 획을 더함으로써 소리나는 곳은 같되, 자질이 다른 새 글자들을 만들어 냄.
ㄱ ⇨ ㅋ, ㅁ ⇨ ㅂ, ㅍ

로마 문자에 비해 한글의 음운학 지식의 정교성

N, D, T : 이나 잇몸에 혀를 댔다 떼면서 내는 소리. 그러나 글자 사이의 형태적 유사성 없음.
ㄴ, ㄷ, ㅌ : 이와 비슷한 소리를 내는 글자들은 형태적으로 비슷하게 계열화

2. 효과적인 읽기 및 필기 전략 : 7) 글의 종류에 따른 노트필기의 다양한 형태 : (7) 대비법(도표식)

⇨ 워크북 p.75

〈작품 이해의 방법들〉

	정 의	특 징
역사전기적 방법	외적 환경요소나 작가에 대한 연구로 작품에 접근하여 해석하는 방법(외재적 방법)	• 원본 확정 • 언어에 대한 역사성 • 사회적 검토 • 작가가 어떻게 살았는가
형식주의적 방법	작품 자체의 내적 질서와 의미만을 탐구하는 방법(내재적 방법)	• 언어의 유기적 질서에 대한 분석 • 언어의 소리, 의미, 이미지, 어조 중시 • 반어 · 역설 · 비유 · 상징 등에 대한 관심
심리주의적 방법	프로이트의 정신분석학의 이론을 도입하여 문학작품을 해석하는 방법	심리주의이론을 이용하여 성격 분석, 개인적 상징 해명, 숨은 의미 파악
신화주의적 방법	인간의 원시적 경험의 형태가 작가에 의해 어떻게 재현되는가를 탐구하는 방법(원형 비평)	인간의 사고, 행동 체계가 원시적 제의나 신화적 우주관, 세계관과 밀접한 관련을 맺고 있다고 봄
사회학적 방법	문학을 사회적 소산으로 보고 사회 · 문화적 요인의 복잡한 상호관계의 반영이나 결과로 해명하려는 방법	문학과 사회 제도, 작가의 사회적 지위, 문학의 소재로서 사회의 모습, 문학의 전달과 공급의 문제를 다룸

2. 효과적인 읽기 및 필기 전략 : 7) 글의 종류에 따른 노트필기의 다양한 형태 : (8) 연대기법(시대 흐름법)

⇨ 워크북 p.80

우리나라의 통일 정책 변천 과정

1950년대 : 북한의 무력 남침, 국토분단 심화

1960년대 : 한국의 강력한 반공 체제
남북 협상 후퇴

1970년대 : 우리 정부의 적극적인 평화통일정책
'평화통일구상', '7 · 4공동성명'

1980년대 : '한민족공동체통일방안'
자주, 평화, 민주의 통일을 주장
남북한의 만남과 교류 활발

국제적으로 여러 공산국가 붕괴,
1989년 베를린 장벽 무너짐

1990년대 : 화해와 협력, 교류의 시대
1994년 남북정상회담 합의
고위급 회담, 통일 축구
세계탁구선수권대회 스포츠 교류
유엔 동시 가입

2000년대 : 베를린 4대 선언, 이산가족 상봉,
역사적인 남북정상회담

3. 언어적 추론능력 향상 : 2) 속담 추론 실습

⇨ 워크북 p.71

1. 가까운 길 마다하고 먼 길로 간다.

의미 : 편하고 빠른 방법이 있는데도 구태여 어렵고 힘든 방법을 택한다는 말.

적용 : 사먹으면 될 것을 굳이 자기가 요리를 해야겠다고 나서는 우리 누나.

2. 가까운 남이 먼 일가보다 낫다.

의미 : 이웃과 서로 사이좋게 지내면 왕래가 적은 친척들보다 더 친밀한 관계가 될 수 있다는 말.

적용 : 갑자기 사정이 생겨 이웃에게 부탁을 했는데, 흔쾌히 들어줄 때.

3. 가는 정이 있어야 오는 정이 있다.

의미 : 사람들 간의 관계는 상호적인 것이라 좋은 관계를 갖기 위해서는 서로 노력해야 한다는 말(가는 말이 고와야 오는 말도 곱다).

적용 : 지난번 생일 때 직접 만든 십자수 쿠션을 선물로 준 친구의 생일 선물을 마련하기 위해 용돈을 열심히 모으고 있는 나.

4. 가다 말면 안 가느니만 못하다.

의미 : 모든 일은 그 끝이 중요하니 끝까지 최선을 다하라는 말.

적용 : 태권도장을 겨우 한 달 다니고 힘들어서 못 다니겠다고 떼쓰는 동생.

5. 가랑비에 옷 젖는 줄 모른다.

의미 : 사소한 일이라고 가벼이 여기고 간과하지 말라는 말.

적용 : 매일 조금씩 게임을 하다보니 하루라도 게임을 하지 않으면 불안한 지경에 이르렀다.

6. 가랑잎이 솔잎더러 바스락거린다고 한다.

의미 : 제 허물이 큰 줄은 모르고, 남의 작은 허물을 꼬집는 어리석은 행동을 이르는 말(똥 묻는 개가 겨 묻은 개 나무란다).

적용 : 공부도 하지 않고 맨날 컴퓨터 게임만 하는 오빠가 나보고 TV 좀 그만 보라고 할 때.

7. 가을 부채는 시세가 없다.

의미 : 쓰는 시기가 지난 것은 값어치가 없다는 의미. 무엇이든 시기를 잘 고려해야 한다는 말.

적용 : 대학 입시철이 다 지났는데, 합격엿을 팔고 있는 빵집.

8. 고래 싸움에 새우 등 터진다.

의미 : 남의 싸움에 아무 관계없는 사람이 해를 입거나 윗사람들 싸움으로 아랫사람이 해를 입을 때 쓰는 말.

적용 : 형들 싸움에 괜히 끼어들었다가 한 대 얻어맞은 친구.

9. 고생 끝에 낙이 온다.

의미 : 어려운 일을 잘 겪고 나면 좋은 결과가 주어진다는 말.

적용 : 입시 준비로 힘겨워하는 나 자신과 친구에게 해 주고 싶은 말.

10. 굼벵이도 구르는 재주가 있다.

의미 : 아무리 보잘 것 없어 보여도 한두 가지 장점은 지니고 있다는 말.

적용 : 공부는 담 쌓았는데, 체육은 끝내주게 잘하는 친구를 볼 때.

11. 나는 새도 떨어뜨린다.

의미 : 권세가 대단하여 모든 일을 자기 뜻대로 한다는 말.

적용 : 우리 동네 고등학교를 주름잡고 있다는 내 친구의 형을 생각할 때.

12. 낙숫물이 댓돌 뚫는다.

의미 : 미미한 힘(일)일지라도 끈기 있게 계속하면 큰 결실을 이룰 수 있다는 말.

적용 : 시민 단체 활동을 통해 OO 기업의 비리를 사회에 고발하고 바로잡았을 때.

13. 남의 장에 가면서 거름 지고 따라간다.

의미 : 줏대 없이 남이 하는 대로 그저 따라하는 사람을 비웃는 말.

적용 : 힙합댄스 페스티발에 참석하는 형들 따라간다고 찢어진 청바지에 염색하고 나선 친구를 봤을 때.

14. 낫 놓고 기역자도 모른다.

의미 : 눈앞에 보이는 자명한 일조차 모르는 아주 무식한 사람을 보고 일컫는 말.

적용 : 뻔히 인터넷 사용하면서 international의 의미를 묻는 순진한 친구에게.

15. 내 코가 석자다.

의미 : 내 사정이 급해서 남을 돌볼 여유가 없다는 말.

적용 : 내일 모레가 중간고사인데, 자꾸 게임 하는 방법을 가르쳐 달라고 칭얼대는 동생에게.

16. 누워서 떡 먹기.

의미 : 매우 손쉽게 할 수 있는 일을 일컫는 말.

적용 : 바둑 유단자인 내게 친구가 오목을 가르쳐 달라고 할 때.

17. 눈엣 가시다.

의미 : 몹시 미워하여 보기 싫은 사람을 이르는 말.

적용 : 1년 전부터 걸핏하면 시비를 걸어오는 3학년 5반의 한 녀석.

18. 누울 자릴 보고 다리를 뻗는다.

의미 : 미리 살펴 다가올 결과를 생각해 가면서 일을 시작하라는 말.

적용 : 돈을 빌려간 사람이 파산하여 빚독촉을 하지 못하는 우리 이모.

19. 눈 가리고 아웅 한다.

의미 : 얕은 수로 남을 속이거나 얼렁뚱땅 넘어가려 한다는 말.

적용 : 지난번 싸움에 대한 정식 사과는 하지 않고 은근슬쩍 내 칭찬을 늘어 놓는 친구.

20. 늦게 배운 도둑질에 날 새는 줄 모른다.

의미 : 어떤 일에 재미를 모르다가 늦게서야 재미를 붙여 몹시 열중한다는 말.

적용 : 뒤늦게 인터넷을 배운 엄마가 날이 새도록 컴퓨터 앞에 앉아 계실 때.

21. 달걀로 바위 치기.

의미 : 비교가 안 될 만큼 약한 힘으로 강한 것을 이겨 내려는 시도를 가리키는 말.

적용 : 개선책 없이 감정에 대한 호소로 대형 마켓과 경쟁하려는 재래시장.

22. 닭 소 보듯 소 닭 보듯.

의미 : 서로 무관심하며 소원한 관계를 보고 이르는 말.

적용 : 이사 간 지 몇 년이 지나도 옆집에 누가 사는지 잘 모르는 도시의 삭막한 아파트 생활.

23. 닭 잡아먹고 오리발 내민다.

의미 : 시치미 떼는 것을 일컫는 말.

적용 : 분명히 내 책을 빌려가 잃어버리고서는 빌려간 적 없다고 발뺌하는 괘씸한 친구. 너 친구 맞냐?

24. 독 안에 든 쥐.

의미 : 아무리 애를 쓰고 노력하여도 벗어나지 못하고 꼼짝할 수 없는 처지에 놓여 있다는 말(사면초가).

적용 : 경찰에 쫓겨 도망가던 범인이 막다른 골목에 이르게 된 영화의 한 장면.

25. 돌다리도 두드려 보고 건너라.

의미 : 매사에 신중하라는 말.

적용 : 친구가 별로 위험하지 않다고 장담했지만, 나는 헬멧을 착용했다.

26. 등잔 밑이 어둡다.

의미 : 너무 가까이 있는 것은 오히려 간과하기 쉽다는 말(그래서 좋지 않은 결과나 피해를 입었을 때 주로 사용함).

적용 : 사촌이 학교생활에 어려움이 있다는 것을 뒤늦게 알고 놀란 고모 이야기를 들었을 때.

27. 뚝배기보다 장맛.

의미 : 겉보기에는 보잘 것 없으나 내용은 훨씬 실속이 있다는 말. 외양보다는 내실.

적용 : 어제 아빠랑 간 순대국집이 겉보기엔 허술했지만 맛은 기가 막혔다.

29. 바늘도둑이 소도둑 된다.

의미 : 나쁜 습관은 빨리 바로잡으라는 말(훈육과 습관의 중요성).

적용 : 친구가 문방구에서 바닥에 떨어진 지우개를 집어와 자랑할 때.

30. 바늘방석에 앉은 것 같다.

의미 : 마음이 불편하고 눈치가 보인다는 말.

적용 : 크게 잘못한 일이 있는데, 부모님이 아무 말씀 안 하고 계실 때. 차라리 혼내 주세요.~

31. 봄눈 녹듯 한다.

의미 : 금방 사라져 버린다는 뜻. 순식간에 불편한 마음 등이 해소될 때 사용되는 말.

적용 : 친구의 진심어린 사과 한 마디에 불편했던 마음이 사라졌을 때.

32. 비를 드니 마당을 쓸라 한다.

의미 : 어떤 일을 스스로 하려고 하는데, 마침 시켜서 일할 마음이 사라질 때 사용하는 말.

적용 : 때마침 공부하려고 하는데, 엄마가 공부하라고 하니 연필을 내려 놓고 싶다.

33. 백짓장도 맞들면 낫다.

의미 : 아무리 쉬운 일이라도 혼자 하는 것보다 서로 힘을 합쳐서 하면 더 쉽다는 말 (협동의 중요성).

적용 : 어린 동생이지만 내가 든 짐가방을 거들어 주니 한결 낫다고 느꼈다. 저 고사리 같은 손이 힘이 되다니…

34. 배보다 배꼽이 더 크다.

의미 : 어떤 일을 하는 데 치러야 할 댓가가 더 클 때 사용하는 말.

적용 : 세일을 할 때 산 바지를 고치려니 수선비가 생각보다 더 많이 들어 고민 중이다.

35. 비 온 뒤에 땅이 굳어진다.

의미 : 곤란한 일이나 어려운 일을 겪고 나면 더 강해지거나 성숙해질 수 있다는 말.

적용 : 싸워서 사이가 나빴던 친구들이 화해한 후 훨씬 더 사이좋게 지낼 때.

36. 뿌리 깊은 나무가 가뭄을 안 탄다.

의미 : 기초가 강하고 튼튼하면 여간한 일에 흔들리지 않는다는 말.

적용 : 강한 근성으로 집안의 어려움을 꿋꿋이 이겨 내는 친구를 보았을 때.

37. 사서 고생한다.

의미 : 쉽게 할 수 있거나 안 해도 되는 일을 자초해서 힘겹게 할 때 일컫는 말.

적용 : 친구들과 떠난 자전거 여행에 동생이 따라와서 고생할 때. 그러게 왜 왔니?

38. 서당개 삼 년이면 풍월을 읊는다.

의미 : 어떤 일이든 오래 보고 듣게 되면 자연히 견문이 생긴다는 말.

적용 : 아버지가 태권도 사범인 친구가 체육 시간에 멋들어지게 품새를 잡는 모습을 보았을 때.

39. 선무당이 사람 잡는다.

의미 : 잘 알지도 못하면서 아는 체하다가 일을 그르칠 때 쓰는 말.

적용 : 물구나무서기가 두뇌 회전에 좋다는 친구 말을 듣고 따라하다가 코피가 났을 때.

40. 새 발의 피.

의미 : 극히 일부이거나 분량이 매우 적음을 일컫는 말.

적용 : 국제 사회에 공개된 일제의 만행이 매우 제한된 사건에 그쳐 있을 때.

41. 쇠뿔도 단김에 빼라.

의미 : 무슨 일이든 때를 잘 활용하라. 기회를 놓치지 말라는 말.

적용 : 집중이 잘 되는 김에 내일 예습까지 하자.

42. 산 넘어 산이다.

의미 : 어려운 일과 고생이 끊이지 않고 계속될 때 사용하는 말.

적용 : 모의고사를 끝냈더니 기말시험이 남아 있을 때. 휴~

43. 실 가는 데 바늘 간다.

의미 : 매우 사이가 가깝고 친하다는 말.

적용 : 화장실이고 도서관이고 매점이고 늘 붙어 다니는 친구를 볼 때. 쟤네들 사귀니?

44. 십 년이면 강산도 변한다.

의미 : 세월이 흐르면 변하지 않는 것이 없다는 말.

적용 : 오랜만에 어린 시절 자라던 동네를 찾았는데, 도무지 어디가 어딘지 알 수 없을 때.

45. 아니 땐 굴뚝에 연기 나랴.

의미 : 무슨 일이든 그 이유와 원인이 있다는 말.

적용 : 여러 소문이 무성하던 친구가 정말 큰 일을 저질렀을 때.

46. 아닌 밤중에 홍두깨.

의미 : 예상치도 않은 일이 발생했을 때 사용하는 말.

적용 : 늘 건강하던 친구가 갑자기 중병에 걸렸다는 이야기를 들었을 때.

47. 앓던 이가 빠진 것 같다.

의미 : 매우 걱정되던 일이 해결돼 속이 시원하다는 말.

적용 : 오래 미루고 미루던 과제를 마무리했을 때.

48. 열 번 찍어 안 넘어가는 나무 없다.

의미 : 포기하지 않고 도전과 노력을 계속하면 결국 뜻을 이룬다는 말.

적용 : 열일곱 번 만에 운전면허에 합격한 할아버지 소식을 들었을 때.

49. 오르지 못할 나무는 쳐다보지도 마라.

의미 : 처지에 맞지 않는 과도한 욕심과 기대는 갖지 말라는 말.

적용 : 연예인 OO 씨와 반드시 데이트하겠다고 장담하는 친구를 볼 때. 너 내가 무슨 말 할지 알지?

50. 옥에도 티가 있다.

의미 : 아무리 훌륭한 사람이나 물건이라도 따져 보면 약간의 결점은 있다는 말.

적용 : 여러모로 완벽하다고 생각했던 친구가 자신은 심각한 음치라고 고백했을 때. 네가 그래야 나도 살지.

51. 개구리 올챙이적 생각 못한다.

의미 : 어려웠던 때를 잊고 지나치게 거만하게 행동하는 모습을 일컫는 말.

적용 : 예전에 친구관계로 고민이 많았던 한 친구가 같은 문제로 고민하고 있는 친구를 얕보거나 충고할 때. 사진 찍어둘 껄 그랬나?

52. 우물가에서 숭늉 찾는다.

의미 : 성미가 급하여 때와 장소를 가리지 않고 엉뚱하게 재촉하거나 서두를 때 쓰는 말.

적용 : 내일까지 준비해야 할 모둠 활동이 한창인데, 느닷없이 나타나 독후감 숙제 좀 도와달라고 하는 친구를 볼 때. 너 제정신이니?

53. 원수는 외나무다리에서 만난다.

의미 : 사이가 좋지 않는 사람을 결정적인 순간에 맞딱드리게 될 때를 일컫는 말.

적용 : 관계가 좋지 않았던 친구를 회장단 선거에서 만났을 때. 올 것이 왔구나.

54. 원숭이도 나무에서 떨어질 때가 있다.

의미 : 아무리 숙달된 사람일지라도 실수할 때가 있다는 말.

적용 : 체육 특기생인 친구가 뜀틀에서 실수했을 때. 푸하하~ 위로가 된다.

55. 자라 보고 놀란 가슴, 솥뚜껑 보고도 놀란다.

의미 : 어떤 것에 몹시 놀란 경험이 있으면 비슷한 것만 봐도 겁을 낸다는 말.

적용 : 오토바이에 부딪혀 다쳤던 친구가 오토바이의 '부웅' 소리만 들어도 놀라는 모습을 볼 때. 어쩌니…

56. 작은 고추가 맵다.

의미 : 외양은 작거나 어리지만 다부지고 강하다는 것을 일컫는 말.

적용 : 비쩍 마르고 키도 작은 내 친구가 태권도 시합에서 우승했을 때.

57. 젊어서 고생은 사서도 한다.

의미 : 젊었을 때 고생이 좀 고되더라도 부지런히 노력하면 훗날 큰 보람을 얻을 수 있다는 말.

적용 : 할아버지가 사업 때문에 힘들어 하시던 아버지께 자주 하셨던 말씀.

58. 쥐구멍에도 볕들 날이 있다.

의미 : 항상 힘들 때만 있는 것은 아니고 언젠가는 좋은 때가 온다는 말.

적용 : 늘 시험에 고전하는 친구에게 위로 섞인 말을 할 때. 근데 공부 좀 해라.

59. 지렁이도 밟으면 꿈틀거린다.

의미 : 아무리 보잘 것 없는 존재라 할지라도 감정을 느끼고 생각하는 것은 같다는 뜻. 무시나 모욕의 수준이 참을 수 없는 수위에 이르렀을 때 사용하는 말.

적용 : 매우 조용하고 유순했던 친구가 평소 장난이 심해 눈살을 찌푸리게 했던 녀석을 공격했을 때. 솔직히 대단하다.~

60. 찬물도 위아래가 있다.

의미 : 모든 일에는 질서와 순서가 있으니 그것을 존중해야 한다는 말.

적용 : 설날 세뱃돈을 주시는 할아버지께서 나보다 앞서 손을 벌리는 사촌동생들에게 자주 하시던 말씀. 아그들아, 할아버지 말씀 명심해야지?

61. 천리 길도 한 걸음부터.

의미 : 일의 과정은 다 순서가 있어서 하나하나 차근차근 시작해야 한다는 말.

적용 : 영어 실력이 늘지 않아 힘들어하고 있던 내게 과외 선생님이 하시던 말씀.

62. 첫술에 배부르랴.

의미 : 무슨 일이든 단번에 만족할 수 없다는 말.

적용 : 뒤늦게 맘 잡고 공부를 시작한 친구가 이번 중간시험에 실망하고 있을 때 해주고 싶은 말. 임마~ 너 10년 놀았잖아!

63. 콩 심은 데 콩 나고 팥 심은 데 팥 난다.

의미 : 무슨 일이든 이치를 따르게 된다. 뿌린 대로 거둔다. 인과응보, 자업자득 또는 자녀가 부모를 너무 닮았을 때도 사용하는 말.

적용 : 부단한 노력으로 성공한 사람과 나태한 생활로 실패한 사람을 극명하게 대비시켜 놓은 드라마를 보았을 때.

64. 두 마리 토끼를 잡으려다 한 마리도 못 잡는다.

의미 : 욕심이 지나치면 어느 한 가지도 이루지 못한다는 말.

적용 : 공부하랴, 운동하랴, 데이트하랴 이래저래 바쁜 친구를 보면서 드는 생각. 너 정말 산만하다.

65. 티끌 모아 태산.

의미 : 작은 노력이 모이면 큰 뜻을 이룰 수 있다는 말.

적용 : 하루에 3개씩 꾸준히 암기했던 영어 단어가 지금은 무려 2,000개가 넘었다. 언젠가는 성적도 오르겠지.

66. 팔은 안으로 굽는다.

의미 : 팔이 자기 쪽으로 굽듯이 누구나 가까운 사람에게 정이 더 간다는 말.

적용 : 전후 사정은 생각지도 않고 무조건 친구편만 드는 동료를 볼 때.

67. 하나를 보면 열을 안다.

의미 : 일부를 보고 전체를 미루어 짐작할 수 있다는 말.

적용 : 지난번에 친구와 싸웠던 한 아이가 또 다시 비행 문제를 일으키는 모습을 볼 때.

68. 하룻강아지 범 무서운 줄 모른다.

의미 : 철없이 함부로 행동하거나 멋모르고 경거망동할 때 쓰는 말.

적용 : 유도 선수인 친구의 저력을 모르고 찝쩍대는 이웃 중학교 학생들을 볼 때.

69. 한 귀로 듣고 한 귀로 흘린다.

의미 : 귀담아 듣지 않는 모습을 일컫는 말.

적용 : 몇 번을 말해 줘도 주의 깊게 듣지 않고 반복해서 실수하는 동생을 볼 때. 네가 여동생만 아니었어도…

70. 화가 복이 된다.

의미 : 처음에는 고되고 괴롭던 일이 후에는 도리어 행운이 되었을 때를 일컫는 말(전화위복).

적용 : A학교 진학에 실패했지만, B학교에 진학하여 국비유학생으로 선발된 삼촌을 볼 때.

효과적인 외국어 학습 전략

1. 외국어 학습 전략 리뷰 :
1) 외국어 학습 전략의 구성요소 : (2) 인지적 전략

⇨ 워크북 p.18

1. pineappl e s
2. hand
3. scissors
4. rain
5. octopus
6. bike
7. newspaper

1. 외국어 학습 전략 리뷰 :
1) 외국어 학습 전략의 구성요소 : (3) 보상 전략

⇨ 워크북 p.21

1. bed : A piece of bedroom furniture used for sleeping. This is long and flat. It has mattress, sheets, blankets and pillows on it.
2. alarm clock : This is usually found in bedroom, that can be set to ring a buzzer or bell at a certain time. It helps you wake up in the morning.
3. book : An item you read in order to learn things. They have pages that are bound together between two covers.
4. car : A machine that you ride in to get from place to place. It has four wheels, a body , windows , seats and a steering wheel.
5. doll : A toy that looks like a little person or animal. It is fun to play make-believ e with this. It can be a good make-believe friend.

2. 효과적인 외국어 학습 전략 실제 :
1) 정교화 기법 : (4) 영어 단어 정교화 연습

⇨ 워크북 p.27

1. soak(쏘욱) : 물에 잠기다. ⇨ 물에 쏘옥 잠기다.
2. murmur(뭐뭐) : 중얼거리다. ⇨ 뭐? 뭐? 하고 중얼거리다.
3. cache(카쉬) : 숨겨 두는 곳, 은닉처 ⇨ 보석을 숨겨 둔 곳으로 가시죠!
4. cur(커) : 쓸모 없는 개, 똥개 ⇨ 몸집만 커다란 개는 쓸모가 없지.
5. edifice(에더퍼스) : 크고 인상적인 건물 ⇨ 애들 버스 태워서 큰 건물로 데리고 가자.
6. aggressor(어그레서) : 침략자, 공격자 ⇨ 공격을 당해서 억울했어!
7. din(딘) : 소음, 시끄러운 소리 ⇨ 딩딩거리는 소음 때문에 한숨도 못 잤다.
8. velocity(벌라서티) : 속도, 속력 ⇨ 발로 시티홀까지 최고 속력으로 달려 보자.
9. accommodate(어코머데이트) : 수용하다, 호의를 베풀다. ⇨ 어, 고모! 데이트 신청을 수용했어?
10 fatigue(퍼티그) : 피곤하게 하다, 지치게 하다. ⇨ 버티고 버티더니 결국 지쳐 버렸구나.
11. urban(얼번) : 도시의 ⇨ 저 친구는 얼벙한게 도시 청년 같지가 않아.
12 duplicate(듀프리케이트) : 똑같은 것 중 하나, 복사물 ⇨ 뒤풀이 케잌을 뭐하러 두 개나 똑같은 걸 사왔냐?
13. rural(루럴) : 시골의 ⇨ 시골에서 룰룰라라 평화롭게 살고 싶어.
14. taciturn(택시턴) : 말수가 적은 ⇨ 택시 탄 손님은 말수가 적었다.
15. lineag (리네지) : 가계, 가문 ⇨ 니네집 가문은 어떠냐?
16. tenacious(터나셔스) : 강인한 ⇨ 강인한 분이셨는데, 갑자기 사고로 떠나셨어...
17. opulence(오퓨런스) : 부유 ⇨ 오피러스 타려면 부유해야 돼?
18. alias(아레어스) : 가명 ⇨ 선생님께 니 이름이 가명이라고 아뢰었어?
19. enigma(어니그마) : 수수께끼 ⇨ 그 수수께끼 정답이 아니구마.
20. divulge(더벌지) : 공개하다, 폭로하다. ⇨ 혼자만 알고 더 벌지 왜 뒤늦게 공개했을까?

21. antagonize(안타고니즈) : 적대시하다, 반감을 사다, 적대감을 갖게 하다. ⇨ 바쁜데 차를 세워 놓고 안 타고 있으니 반감이 생길 수밖에…

22. inflate : 팽창시키다. −in(in) +flare(to blow)

23. discord : 불일치, 불화, 내분−dis(apart) +cordis(heart)

24. congregat : 집합하다, 모이다. −con(together) +gregare(to gather)

25. decease : 죽음, 사망−de(from) +cedere(to go)

26. inaudible : 들을 수 없는−in(not) +audire(to here)

27. reverse : 뒤집다. 패배−re(back) +vertere(to turn)

28. retain : 보유하다. −re(back) +tenere(to hold)

2. 효과적인 외국어 학습 전략 실제 : 2) 사전 활용법 : (3) 효과적인 사전 활용 연습

⇨ 워크북 p.32

Lesson 1	사전 찾기 연습
문장에서 단어의 뜻을 생각해 보기	
All the women cherished the hope of their sons' safe return from the battlefield.	
추측한 내용을 적기/교정하기	
→ 희망을 키우다 혹은 갖다? (문맥과 hope라는 단어를 통해) → 모든 여성들은 자신들의 아들이 전쟁터에서 안전하게 돌아올 것이라는 희망을 간직하고 있었다.	
사전 찾기	
어 원	cheri/cher/chari=dear
의 미	hold dear, treat tenderly, keep in mind
동의어	appreciate, esteem, prize, treasure, adore, love, revere, value
반의어	disdain, despise

Lesson 2	사전 찾기 연습
문장에서 단어의 뜻을 생각해 보기	
The jury acquitted her of the crime.	
추측한 내용을 적기/교정하기	
→방면? 혹은 선고··· ?(crime이라는 단어로부터··· 문맥 단서가 부족하다) →배심원은 그녀를 무죄라고 선고하였다.	
사전 찾기	
어 원	ac=ad. quit=quite
의 미	let go
동의어	clear, exculpate, exonerate, pardon, vindicate, act, behave, comport, conduct
반의어	convict

2. 효과적인 외국어 학습 전략 실제 :
3) 어원 활용법 : (2) 어원을 통한 어휘 습득 방법 연습

⇨ 워크북 p.35

Lesson 1	어원을 통한 어휘 지도 : illuminate-비추다, 계몽하다
illuminate의 어원 분석	
il=in, lum/luc/lun/lus=light(빛나는)	
관련된 단어를 찾기	
lucent	빛나는, 투명한
luna	달의 여신
luminary	발광체, 권위자
elucidate	밝히다, 명백히 하다
lunatic	정신이상의, 미친

Lesson 2	어원을 통한 어휘 지도 : compassion-동정, 연민의 정
compassion의 어원 분석	
com=together, passi/pati=suffer, endure	
관련된 단어를 찾기	
patient	인내하는
passion	열정
passionate	성미가 급한
impassive	감정을 나타내지 않는
impassion	깊이 감동시키다

Lesson 3	어원을 통한 어휘 지도 : verify-확증하다
verify의 어원 분석	
ver/veri=true, genuine	
관련된 단어를 찾기	
veracious	성실한
verdict	평결, 판결
verily	참으로
veridical	진실의
veritas	진리(truth)

Lesson 4	어원을 통한 어휘 지도 : apprehension-이해, 염려, 불안
apprehension의 어원 분석	
prehend=take, take hold of	
관련된 단어를 찾기	
prehensible	잡아쥐기에 알맞은
comprehension	이해하다, 깨닫다
apprise	통보하다, 아리다
pregnable	점령하기 쉬운
pregnancy	임신

Lesson 5	어원을 통한 어휘 지도 : mortify-(정욕을)억제하다, 굴욕을 느끼게 하다
mortify의 어원 분석	
mort/mors=death	
관련된 단어를 찾기	
mortal	죽음을 면치 못할, 사람
mortalit	죽음, 운명
immortal	불멸의
moribund	죽어가는, 소멸해가는
morbid	음울한

Lesson 6	어원을 통한 어휘 지도 : faction–도당, 당파
faction의 어원 분석	
fac=do, make	
관련된 단어를 찾기	
facility	용이, 설비, 편익
fact	사실, 실제
factor	요소
faculty	공장, 제작소
manufacture	제조(업), 제품

Lesson 7	어원을 통한 어휘 지도 : hypothesis–가설, 가정
hypothesis의 어원 분석	
hypo=sub, under, less	
관련된 단어를 찾기	
hypochondria	건강염려증
hypochrosis	빈혈증
hypocrisy	위선
hypostasis	본질, 실체
hypopraxia	활동 부족

2. 효과적인 외국어 학습 전략 실제 : 4) 연어관계 활용법 : (2) 연어 활용 연습

⇨ 워크북 p.44

1. 점심은 각자 지불하자.	Let's go dutch!
2. 어서 서둘러.	Get a move on.
3. 오늘은 왠지 찌뿌드드해.	I feel under the weather.
4. 제발 질질 끌지 좀 마!	Don't drag on and on.
5. 수민이는 수다쟁이야.	Su-min has a big mouth.
6. 난 혼란스러워!	I am in the dark.
7. 그 일은 도무지 믿기지가 않아.	It's for fetched.
8. 지금 즉시 출발해.	Go, in no time.
9. 자화자찬일지 모르지만..	If I do say so myself...
10. 노력 없이 되는 일은 없지.	No pain, no gain!
11. 나랑 함께 갈래?	Let's come along.
12. 시간 참 빠르지?	Time flies, doesn't it?
13. 잘 차려입었는데! 멋지다.	You dress up! great.
14. 내가 아는 한 재원이는 정말 바빴어.	As far as I know, Jae-won was so busy.
15. 어떻게 그걸 알았어?	How did you figure it out?
16. 나 이해할 수 있어?	Do you catch on me?
17. 당연하지, 그럴 줄 알았어!	If figures!
18. 두고 보면 알아.	It remains to be seen.
19. 내 이야기 좀 귀담아 들어.	Pay attention all ears.
20. 그녀는 매우 침착해.	She is cool as a cucumber.

2. 효과적인 외국어 학습 전략 실제 : 5) 구조적 분석 및 파생어 분석법 : (1) 접두사 사용 연습

⇨ 워크북 p.47

1.

1) 일부일처제는 거의 모든 나라에서의 전통적인 결혼 제도다.
2) 그는 박식해. 무엇이든 궁금한 게 있으면 그에게 물어봐!
3) 그녀는 영어와 불어를 할 수 있어. 2개 국어를 구사할 수 있는 사람이지.
4) 그는 두 달에 한 번씩 도서관에 가곤 해.

2.

1) 그의 출생과 경력에 대해서는 알려진 게 별로 없어.
2) 오전(자오선 이전)의 반의어는 오후(자오선 이후)다.

3.

1) 눈으로 인해 통행이 불가능했다.
2) 아동에게 담배를 파는 것은 불법이다.
3) 비효율성이란 무엇인가를 하는 데 있어서 힘 또는 기술이 부족하거나 최선의 결과를 내지 못하는 것을 의미한다.
4) 아버지가 도착하는 시간이 확실치 않아.
5) 네가 마지막에 한 말은 논리적이지 않아. 관련성이 부족하다고 할까.
6) Tom은 아직 모든 것에 대해 피상적인 관점을 지니고 있는 애송이야.

4.

1) 지난달에 무슨 일이 있었는지 모두 말해 봐.

2. 효과적인 외국어 학습 전략 실제 : 5) 구조적 분석 및 파생어 분석법 : (2) 접미사 사용 연습

⇨ 워크북 p.49

1. cheerful
2. careful
3. portable
4. windy
5. psychological
6. portable
7. autonomy

2. 효과적인 외국어 학습 전략 실제 : 5) 구조적 분석 및 파생어 분석법 :
(3) 어근 및 어형 변화를 통한 어휘의 확장

⇨ 워크북 p.51

1. predict : dic=say, predictor=예언자, predispose=~의 소인을 만든다, predicative=서술적인
2. submissive : mit=mise=send, submit=복종시키다, mission=임무, missive=공문서
3. disorder : order=ordin=order, organize=조직화하다, ordinary=보통의, ordering=배열, 순서
4. society : soci=join, sociable=사교적인, sociocultural=사회문화적인, sociopath=사회병질자, sociology=사회학
5. signature : sign=mark, significant=의미 있는/중요한, signify=뜻하다, signboard : 간판/게시판
6. solitary : sol=sle=alone, solo=독주곡, solitude=고독, solifidian=유신론자
7. capable : able=abil=can, ability=능력, responsible=책임감 있는, portable=들고 다닐 수 있는
8. formation : form=form, conformation=구조/형태, formulation= 공식화, format=서식/형식
9. discord : cord=heart, cordial=친절함/성심성의의, cordiality=진심/정중함, core=중심부, 핵심
10. reject : ject=throw, project=계획하다/설계하다, introject=내사(자기 것으로 받아들이다), objector=반대자/항의자

2. 효과적인 외국어 학습 전략 실제 : 5) 구조적 분석 및 파생어 분석법 : (4) 동의어 및 반의어를 통한 어휘의 증강

⇨ 워크북 p.52

1. permanent=lasting, ⇔ temporary (c)

2.

avid	= eager, greedy
	⇔ devoted, unconcerned
affluent	= rich, wealthy, prosperous
	⇔ poor, impoverished
abundant	= plentiful, sufficient
	⇔ insufficient, meager, scanty
greedy	= mony-hungry, avaricious
	⇔ generous
deft	= skillful, expert, dexterous
	⇔ maladroit, slow
incoherent	= disjointed, inconsistent
	⇔ coherent
concord	= agreement, harmony
	⇔ discord, disagreement
accede	= agree to, assent to, grant
	⇔ reject, veto
conform	= follow, obey, comply with
	⇔ oppose
reluctant	= unwilling, averse, diffident
	⇔ eager, willing

수학적 문제 해결 전략

2. 논리적 탐구 활동을 통해 수학과 친해지기 : 1) 참-거짓 구분하기

⇨ 워크북 p.76

1. 거짓. 시계 방향과 반시계 방향으로 이동할 수 있기 때문에
2. 1) B　　2) A

2. 논리적 탐구 활동을 통해 수학과 친해지기 : 2) 조건의 분석과 정리를 통한 추론

⇨ 워크북 p.77

1. 1층(박 씨, 만화가), 2층(김 씨, 심리학자), 3층(이 씨, 프로게이머), 4층(윤 씨, 의사)
2. 시계 방향으로 지, 덕, 군, 장, 을, 문

2. 논리적 탐구 활동을 통해 수학과 친해지기 : 3) 연역적 탐구 활동을 통한 추론

⇨ 워크북 p.78

1. 2. 540° (삼각형 내각의 합은 180° 이기 때문)

3. 초인지적 수학능력 향상을 위한 ISLAND 전략 : 3) ISLAND 전략의 연습

⇨ 워크북 p.82

〈연습 1〉 총 지원자 수=합격자 수×경쟁률, 70×4=280(명)

〈연습 2〉 2할 8푼 8리 ⇨ 0.288, 안타 수=0.288×500=144(개), 따라서 더 좋은 성적을 거두려면 145개 이상의 안타를 쳐야 한다.

〈연습 3〉 80g

〈연습 4〉 지우개 11개, 연필 12자루

〈연습 5〉 105÷42=2.5, 2시간 30분

〈연습 6〉 24−6=18(명)

〈연습 7〉 8시 30분

〈연습 8〉 35개

〈연습 9〉 소 24마리, 말 16마리

〈연습 10〉 12가지

3. 어휘 유창성 향상 : 4) 문맥을 통한 어휘 지도

⇨ 워크북 p.111

〈Level 1〉

1. 나	2. 너	3. 우리	4. 가족	5. 남자
6. 어린이	7. 아버지	8. 할머니	9. 학교	10. 목소리
11. 동굴	12. 음식	13. 시장	14. 운동장	15. 공부
16. 여우	17. 벌	18. 감	19. 밤	20. 친구
21. 연필	22. 복도	23. 오른쪽	24. 바다	25. 식물
26. 버스	27. 허리	28. 귀	29. 마음	30. 동물
31. 안경	32. 준비물	33. 우표	34. 진달래	35. 왼쪽
36. 읽다	37. 신문	38. 스스로	39. 창문	40. 옷차림
41. 바지	42. 신발	43. 엉금엉금	44. 느낌	45. 웃는다 (웃으신다)
46. 걷다	47. 구른다 (구르는)	48. 운다	49. 쨍쨍	50. 짝짝

〈Level 2〉

1. 방문	2. 노래	3. 운동	4. 숙제	5. 언니
6. 편지	7. 방	8. 책상	9. 그네	10. 우유
11. 지퍼	12. 몽당연필	13. 학용품	14. 지우개	15. 색종이
16. 시소	17. 교무실	18. 회사원	19. 안내판	20. 흔들다
21. 활짝	22. 훨훨	23. 보슬보슬	24. 졸졸	25. 퐁당퐁당
26. 술술	27. 사랑	28. 닦다	29. 방학	30. 과일
31. 마당	32. 신호등	33. 산	34. 뿌리	35. 아침
36. 나무	37. 소리	38. 꽃	39. 병아리	40. 심부름
41. 환경	42. 자세	43. 보호	44. 질서	45. 생김새
46. 인물	47. 방법	48. 전통	49. 상상	50. 표시

〈Level 3〉

1. 마을	2. 떡	3. 경기장	4. 찹쌀	5. 지도
6. 지혜	7. 활발	8. 농촌	9. 이	10. 비
11. 선비	12. 나그네	13. 김장	14. 분단	15. 반복
16. 북	17. 도시	18. 횡단보도	19. 액체	20. 느낌표
21. 각	22. 몫	23. 어촌	24. 땅	25. 나침반
26. 비닐하우스	27. 교통	28. 기초	29. 누나	30. 소년
31. 동생	32. 언제나	33. 구슬	34. 참기름	35. 싹
36. 타박타박 (터벅터벅)	37. 무게	38. 양분	39. 푸릇푸릇	40. 공기
41. 온도	42. 내력	43. 문화재	44. 벼농사	45. 수입
46. 가로등	47. 문득	48. 전기	49. 여물	50. 정보

〈Level 4〉

1. 생선	2. 양보	3. 부모님	4. 새끼	5. 버릇
6. 허겁지겁	7. 소풍	8. 이동	9. 숲	10. 시절
11. 안타깝다	12. 송골송골	13. 표현	14. 파악	15. 심장
16. 폭포	17. 결코	18. 여간	19. 댐	20. 관람
21. 개최	22. 견학	23. 축구	24. 놀이터	25. 긍정
26. 공통점	27. 용돈	28. 물건	29. 근거	30. 주장
31. 감정	32. 판결	33. 참새	34. 논설문	35. 꿈
36. 잠	37. 우레	38. 묘사	39. 장면	40. 과정
41. 시간	42. 차례	43. 장마철	44. 장신구	45. 컴퓨터
46. 오염	47. 한글	48. 소수점	49. 구호	50. 덧니

〈Level 5〉

1. 행복	2. 토박이말	3. 의심	4. 도착	5. 위험
6. 연결	7. 어설프다	8. 적군	9. 행동	10. 별안간
11. 지겹다	12. 걱정	13. 햇살	14. 눈물	15. 이슬
16. 성공	17. 실패	18. 쉽다	19. 자랑	20. 낮
21. 낫	22. 거절	23. 입	24. 잎	25. 갈팡질팡
26. 원활	27. 광활한	28. 조화	29. 체면	30. 양성
31. 이바지	32. 부족	33. 넋	34. 메아리	35. 핑계
36. 수심	37. 공	38. 성화	39. 무식	40. 형식
41. 노력	42. 오솔길	43. 구실	44. 편입	45. 비유
46. 곱배기	47. 끔찍이	48. 사연	49. 귀국	50. 스승

〈Level 6〉

1. 시설	2. 용건	3. 단합	4. 자취	5. 자세히
6. 풍년	7. 자세	8. 유쾌	9. 매료	10. 감퇴
11. 극복	12. 감회	13. 흥미	14. 거듭	15. 순응
16. 그늘	17. 진행	18. 떼	19. 때	20. 몹시
21. 염려	22. 호의	23. 진학	24. 태산	25. 도전
26. 감수	27. 주렁주렁	28. 견딘다	29. 소복소복	30. 비추다
31. 누비다	32. 야영	33. 동포	34. 실천	35. 거울
36. 이루다	37. 이르다	38. 최고	39. 역시	40. 험하다
41. 발전	42. 발달	43. 젖	44. 젓	45. 세금
46. 담력	47. 건의	48. 맹세	49. 자정	50. 기근

저자약력

■ **최정원**

성심여자대학교 심리학과 학사
가톨릭대학교 대학원 심리학과 석사
가톨릭대학교 대학원 심리학과 박사과정
가톨릭대학교 학생생활상담소 상담 및 임상 인턴과정 수료
계요병원 신경정신과 임상심리전문가 수련
중앙 길병원 신경정신과 임상심리전문가 수련
한국발달심리연구소 연구원
한림인지학습연구원 임상심리전문가
(현) 임상심리연구소 학습과 사랑 대표

[저서 및 논문]
학습효율성증진 프로그램(한국발달심리연구소, 2003)
학습기술개입에 관한 개관(학생생활상담, 2002)외

■ **이영호**

서울대학교 심리학과 학사
서울대학교 대학원 심리학과 석사
서울대학교 대학원 심리학과 박사
서울대학교병원 신경정신과 임상심리전문가 수련
임상심리전문가
정신보건임상심리사 1급
한국임상심리학회 회장 역임
(현) 가톨릭대학교 사회과학부 교수

[저서 및 논문]
K-WAIS 실시요강(공저, 한국가이던스, 1992)
심리학-인간의 이해(공저, 학지사, 1996)
임상심리학입문(역서, 학지사, 2001)외 다수

전문가용
학습치료 프로그램 지침서 ⑩

2006년 8월 30일 1판 1쇄 발행
2018년 9월 10일 1판 8쇄 발행

지은이 • 최정원 · 이영호
펴낸이 • 김 진 환
펴낸곳 • (주) 학지사
04031 서울특별시 마포구 양화로 15길 20 마인드월드빌딩 5층
대표전화 • 02) 330-5114 팩스 • 02) 324-2345
등록번호 • 제313-2006-000265호
홈페이지 • http://www.hakjisa.co.kr
페이스북 • https://www.facebook.com/hakjisabook

ISBN 978-89-5891-360-3 94370
978-89-5891-350-9 (set)

정가 18,000원

저자약력

■ **최정원**

성심여자대학교 심리학과 학사
가톨릭대학교 대학원 심리학과 석사
가톨릭대학교 대학원 심리학과 박사과정
가톨릭대학교 학생생활상담소 상담 및 임상 인턴과정 수료
계요병원 신경정신과 임상심리전문가 수련
중앙 길병원 신경정신과 임상심리전문가 수련
한국발달심리연구소 연구원
한림인지학습연구원 임상심리전문가
(현) 임상심리연구소 학습과 사랑 대표

[저서 및 논문]
학습효율성증진 프로그램(한국발달심리연구소, 2003)
학습기술개입에 관한 개관(학생생활상담, 2002)외

■ **이영호**

서울대학교 심리학과 학사
서울대학교 대학원 심리학과 석사
서울대학교 대학원 심리학과 박사
서울대학교병원 신경정신과 임상심리전문가 수련
임상심리전문가
정신보건임상심리사 1급
한국임상심리학회 회장 역임
(현) 가톨릭대학교 사회과학부 교수

[저서 및 논문]
K-WAIS 실시요강(공저, 한국가이던스, 1992)
심리학-인간의 이해(공저, 학지사, 1996)
임상심리학입문(역서, 학지사, 2001)외 다수

전문가용
학습치료 프로그램 지침서 ⑩

2006년 8월 30일 1판 1쇄 발행
2018년 9월 10일 1판 8쇄 발행

지은이 • 최정원 · 이영호
펴낸이 • 김 진 환
펴낸곳 • (주) 학지사
04031 서울특별시 마포구 양화로 15길 20 마인드월드빌딩 5층
대표전화 • 02) 330-5114 팩스 • 02) 324-2345
등록번호 • 제313-2006-000265호
홈페이지 • http://www.hakjisa.co.kr
페이스북 • https://www.facebook.com/hakjisabook

ISBN 978-89-5891-360-3 94370
978-89-5891-350-9 (set)

정가 18,000원